신자유주의와 상황신학의
새로운 패러다임

신자유주의와 상황신학의 새로운 패러다임

2022년 3월 31일 처음 펴냄

지은이 | 박승인
펴낸이 | 김영호
펴낸곳 | 도서출판 동연
등   록 | 제1-1383호(1992년 6월 12일)
주   소 | 서울시 마포구 월드컵로 163-3
전   화 | (02) 335-2630
팩   스 | (02) 335-2640
이메일 | yh4321@gmail.com
블로그 | https://blog.naver.com/dong-yeon-press

ISBN 978-89-6447-769-4 93200

이 저서는 2017년 정부(교육부)의 재원으로 한국연구재단의 지원을 받아 수행된 연구임
(NRF-2017S1A6A4A01020565)
This work was supported by the Ministry of Education of the Republic of Korea and
the National Research Foundation of Korea (NRF-2017S1A6A4A01020565)

신자유주의와 상황신학의
새로운 패러다임

박숭인 지음

p a r a d i g m

동연

머리말

세상 모든 일에는 계기가 있듯이 한 권의 책을 펴내는 일에도 계기가 있다. 내가 이 책을 펴내게 된 과정을 돌이켜 보면 긴 세월을 두고 세 가지의 계기가 작동했다는 생각이 든다. 이러한 계기를 숙고해 보면서 이 책의 머리말을 대신하고자 한다.

첫 번째 계기는 연세대학교 시절 나의 스승 김광식 선생님과 나누었던 대화다. 신학계에 있는 사람이라면 다 알듯이 김광식 선생님은 우리나라 토착화신학의 대가이다. 나에게 있어서 그분은 신학의 깊이와 즐거움을 가르쳐 주신 탁월한 스승이었을 뿐 아니라, 미숙한 나를 인정하면서 의견 교환을 자유롭게 나눌 수 있는 통로가 되어 주신 분이다. 한 가지 예로 석사 학위 논문을 쓸 때, 나는 김광식 선생님이 책에 쓰신 견해에 감히 반박하는 내용을 썼다. 그리고 그 내용에 대하여 심도 있는 토론을 나누었다. 그러고 나서 김광식 선생님이 하신 말씀은 평생 나의 학문에 귀감이 되었다. "자네 말을 듣고 보니, 자네 말도 일리가 있군. 나는 나의 견해를 고수하겠지만, 자네의 견해로 논문을 써도 좋다고 생각하네." 당신과 견해가 다른 제자의 논문을 용납하시는 선생님의 넓은 학문적 태도는 나의 학문의 길에 잊을 수 없는 이정표가 되었다.

본격적인 내용으로 들어가서 신자유주의와 상황신학이라는 주제가 등장하게 된 계기를 말하고자 한다. 김광식 선생님의 토착화신학이 종교문화적인 영역에만 머물러 있던 것에 대해서 불만을 가졌던 제자는 감히 스승에게 도발적인 질문을 한다. "선생님, 이제는 토착화신학이 정치경제 영역도 다루어야 되지 않겠습니까? 종교문화적인 영역이 정치경제적 영역과 분리될 수 없는 시대에 신자유주의는 다루어야 할 주제 아니겠습니까?" 돌이켜 보면 그에 대한 선생님의 답변이 이 책을 저술하게 된 첫 번째 계기이다. "그 과제가 바로 자네가 담당해야 할 과제가 아닐까?" 선생님의 말씀 이후로 긴 시간이 흘렀다.

선생님이 말씀하신 과제를 본격적으로 수행하지는 못했지만, 단편적인 연구는 수행되었다. 종교문화적인 영향에다가 정치경제적인 요소를 추가로 고찰하기 위하여 나는 토착화신학이라는 주제 대신 상황신학이라는 주제로 용어를 변경하며 연구의 범주를 넓혔다. 그 첫 번째 연구가 스위스 바젤대학에서의 박사학위 논문이었다. "Kontextuelle Theologie und Hermeneutik"(상황신학과 해석학)이라는 제목의 논문은 토착화신학보다는 넓은 의미의 상황신학을 해석학적으로 정초하고자 하는 시도였으나, 정치경제적인 요소를 제대로 다루지는 못했다. 아울러 신자유주의도 주제로 다루지는 못했다.

공부를 마치고 교육과 연구 활동을 하면서 단편적으로나마 여러 편의 논문과 여러 권의 공저를 통해서 나는 신자유주의를 연구하고 발표했다. 그러나 신자유주의는 물론 상황신학이라는 주제도 일관된 주제로 정리하여 발표한 적이 없었고, 이것은 마음속의 과제로 계속 남아 있었다.

첫 번째 계기가 나의 스승과의 대화를 통한 계기였다면, 두 번째 계기는 제자이자 동료와의 대화를 통해서 주어졌다. 현재 한세대학교 교수로 재직 중인 이관표 박사와의 대화가 그것이다. 김광식 선생님으로부터 사사 받은 공동의 경험을 가진 우리는 어느 날 저녁 토착화 내지 상황신학에 대한 대화를 나누었다. 그때 나는 신자유주의라는 전 세계적 상황에 직면한 상황신학이라는 문제를 제기했고, 그러면서 상황신학이 다루어야 하는 주제의 스펙트럼이 한 국가나 한 문화권에 머무를 수 없다는 이야기를 했다. 이관표 박사도 그런 면에서 상황신학이 다룰 주제가 예전과 다른 차원에 있다고 동의하였다. 여기서 '상황신학의 새로운 패러다임'이라는 주제가 설정되었다. 아름다운 만남과 대화는 아름다운 열매를 맺는다.

세 번째 계기는 한국연구재단의 '저술출판지원사업'이었다. 김광식 선생님으로부터 시작된 계기가 빛을 보지 못했다는 부담감은 마음속에 존재하고 있었으나, 구체적으로 그것을 실행할 계기가 없었다. 더욱이 대학교에서 계속 많은 보직을 담당해야 했던 상황은 나에게 핑곗거리를 제공해 주었다. 한국연구재단의 저술출판지원사업은 이 핑계로부터 나를 탈출시켜 주었다. 사업에 지원한 것, 과제로 선정된 것 그리고 구체적으로 기간이 주어진 것, 매년 연구 결과를 보고해야 했던 것 등이 이 책을 저술하는 세 번째 계기가 되었다. 수행하고자 했던 과제가 '해야만 하는' 구체적 과제가 된 것이다.

실제로 과제를 수행하는 일은 가슴속에 막연하게 가지고 있던 과제에 대한 구상과는 결을 달리한다. 게다가 상황신학이라는 주제는 박사학위 논문을 위한 연구의 과정이 있었기에 연구의 토대가 어느 정도는 갖추어져 있다고 자평할 수 있으나, 신자유주의라는 주제는 단편적인 식견으로 정리하기에는 많은 도전이 되는 과제였다. 그럼에도 불구하고 이 과제를 끝까지 수행할 수 있게 만든 계기는 '해야만 하는' 과제로 자리매김한 덕분이다.

많은 면에서 부족함에도 불구하고 신자유주의에 관한 수많은 연구 옆에 비슷한 아류의 연구를 또 하나 추가하고 싶지는 않았다. 이는 상황신학에 대해서도 마찬가지이다. 연구의 모든 부분이 창의적일 수는 없겠지만, 그중에서도 나의 독창적인 해석과 전개를 만들어 내고 싶었다. 그러한 나의 소망이 얼마나 달성되었는가 하는 평가는 나의 몫은 아닐 것이다.

'신자유주의와 상황신학의 새로운 패러다임'이라는 어찌 보면 거창한 제목으로 연구를 시작한 것도 그런 이유에서이다. 신자유주의가 전체 세계를 자신의 논리로 추동해 버린 작금의 현실 앞에서 상황신학도 이전의 신학적 모티브의 연장선에 머무르면 안 된다는 생각이 '새로운 패러다임'이라는 도발적인 표현을 사용하게 만들었다.

이 책을 출판하는 일을 흔쾌히 맡아 주고, 세심한 노력을 기울여 주는 도서출판 동연의 김영호 대표께 감사의 인사를 드린다. 오랜 기간 뜻을 같이하는 신학자로서 김영호 대표는 연구실의 신학자인 나와는 달리 실천적 현장의 신학자이다. 그와 뜻을 같이하는 것은 즐거운 일이다. 꾸준한 요구가 있었고, 공저로서는 뜻을 같이하였지만, 단독 저서는 처음으로 같이하는 작업이다.

노력했더라도 많은 부분이 부족할 것이다. 그러나 부족한 부분은 드러나야지만 수정, 보완이 된다. 이 책을 통하여 나의 부족한 점들이 나에게 알려지기를 바란다. 신자유주의가 미래를 추동해 가는 주제들, 예컨대 제4차 산업혁명, 메타버스 등 이 책에서 다루지 못한 주제들이 많다. 그뿐만 아니라 다루었더라도 기본소득, 고령화, 효율적 이타주의 등은 더 깊은 연구를 요하는 주제들이다.

모든 작품은 저자의 손을 떠나는 순간 이미 저자의 것이 아니라, 독자의 것으로 생각된다. 부족한 저자의 머리에서 탄생한 이 책이 현명한 독자의 해석과 이해로 그리고 실천으로 더 풍성한 내용을 지니게 되기를 소망한다.

연구실과 행정실과 집에서

박숭인

차 례

1부

신자유주의

1장
신자유주의 논의를 시작하며
— 1부의 개요

본서의 제목을 "신자유주의와 (상황)신학의 새로운 패러다임"으로 정했다. 이 두 가지 큰 주제를 하나의 제목으로 묶는다는 것은 대단한 용기를 필요로 한다. 두 가지 큰 주제를 하나의 제목으로 설정하여 한 권의 책을 펴내기 위한 연구를 한다는 것은 각각의 주제를 따로 연구하여 그저 나열하는 방식을 추구하는 것이 아니다. 만약 그런 병렬적 나열식 연구라면 구태여 이런 두 주제를 제목으로 설정할 필요도 없었을 것이다. 사실 신자유주의를 따로 연구하고, 상황신학을 따로 연구하여 두 연구 내용을 단순하게 접목할 수 있을지도 모른다. 어차피 각각의 연구는 독자적이다. 신자유주의를 연구하는 일은 나름대로 독자적인 연구이며, 상황신학을 연구하는 것도 하나의 독립적인 연구일 수 있다. 그리고 실제 자료를 조사하고 연구하는 작업은 외면적으로는 독자적인 형태를 띤다. 두 주제를 동시에 연구할 수는 없다. 그렇다면 서두에서 말한 두 주제를 하나로 묶는다는 의미는 무엇인가? 이 두 주제를 하나로 묶어서 연구를 진행하는 것은 도대체 어떤 의미가 있을까? 이 의미에 관한 고찰은 이 장 뒷부분에서 다시 논의할 것이다. 우선 신자유주의를 논하는 의미부터 새롭게 정리해 보자.

본서는 신자유주의에 관한 내용을 담고 있다. 사실 신자유주의에 관한 연구는 이미 넘칠 정도로 많다. 이미 수십 년을 이어 온 신자유주의의 역사를 감안할 때 그리고 신자유주의의 물결이 전 지구촌을 휩쓸아가고 있음을 생각할 때, 신자유주의에 관한 연구가 양적으로, 질적으로 풍부함은 미루어 짐작할 수 있다. 신자유주의에 대한 찬반의 입장 차이부터 각각의 학문 분야에 따른 다양한 접근은 물론 신자유주의라는 주제와 다른 주제를 접목할 때 발생하는 새로운 통찰에 이르기까지 신자유주의에 관한 연구는 그 분량에 있어서도 대단한 양을 드러낼 뿐만 아니라 그 스펙트럼 또한 다양하다. 한 권의 책으로 이 모든 분량과 다양한 입장을 대변한다는 것은 불가능하다. 그것은 분명한 사실이다. 그렇다면 신자유주의에 대한 지금까지의 연구 논문들과 저서들 옆에 또 하나 신자유주의에 관한 책을 펴내는 의미는 무엇인가? 여기에 대한 나름대로 의미 부여는 본서 1부의 골자를 이야기하는 것으로 갈음한다. 그 개략적 골자를 밝히는 것이 바로 의미 부여에 상응한다고 생각한다. 왜냐하면 거기에 나의 생각과 의도가 담겨 있기 때문이다.

무엇보다도 신자유주의는 오늘날 우리 사회 전체를 규정하고 통치해 가는 원리임에도 불구하고 분명하게 드러나지 않는 내적인 통치와 규제의 틀을 가지고 있다. 그리고 그러한 내적인 통치 구조를 드러나지 않게 포장하는 논리가 바로 신자유주의라는 용어 자체에 숨어 있다. 그뿐만 아니라 신자유주의가 표방하는 여러 정책도 일반인들이 듣기에는 시민들의 자유를 보장할 뿐만 아니라 전체 경제 질서도 효율적으로 이끌어 가는 가장 합리적인 제도요 정책적 술어로 묘사되어 있다. 그리하여 신자유주의는 오늘날 전 지구촌을 휘몰아 가는 가장 강력한 도구임에도 불구하고 일반인들에게는 그 정체가 가장 드러나지 않은, 혹은 거짓으로 포장된 힘이다. 여기에는 신자유주의를 추동해 가는 세력들의 의도도 작용한다. 실제로 일반 대학생들에게 신자유주의를 설명하기 전에 그들이 생각하는 신자유주의에 관한 의견을 들어보면, 거짓 교육의 영향으로 상당할 정도의 편향된 의견을 쏟아 낸다. 놀라운 것은 그들과 함께 본서의 2장에 등장하는 '신자유주의에 관한 허상과 진실'을 공부한 후 보고서를 요구하면, 대부분 신자유주의에 대한 잘못 알고 있었던 사실을 고백하며 새로운 사실을 알게 되었음을 토로한다. 이는 어쩌면 신자유주의적 자본주의 체제하에서 최대의 피해자인 젊은이들에게조차도 신자유주의의 본질이 제대로 알려지지 않았다는 증거이다.

본서 1부의 2장에서는 이러한 거짓된 신자유주의의 가면을 벗기는 일에 주력한다. 2장의 제목은 신자유주의에 관한 허상과 진실이다. 지금까지 오해하고 있는 신자유주의의 거짓된 가면을 벗기는 일은 그 이름에 대한 분석부터 시작한다. '신-자유-주의'의 세 개념의 조합으로 이루어진 용어가 '신자유주의'라는 하나의 이념인 바, 이 세 개념의 의미를 고찰하면서 신자유주의라는 용어의 허구성을 밝히고자 노력한다.

이어서 신자유주의가 주장하는 유토피아적 시장만능주의를 비판적으로 검토한다. 애덤 스미스, 하이에크, 칼 폴라니 등 학자들의 이론을 소개하며 자유시장경제에 대한 찬반 논쟁 그리고 문제점 및 보완점을 기술한다. 특히 신자유주의에 의하여 의도적으로 오해되는 애덤 스미스의 의도를 바르게 밝히는 일에 주력한다. 애덤 스미스의 경제 이론은 4장에서 자본과 노동의 문제를 다룰 때 상세히 재론된다.

신자유주의는 단순히 경제 이론에 머무르는 것이 아니라 경제 이론을 넘어서 전체 사회를 자체의 논리로 추동해 가는 전체 사회 추동 정책이다. 여기에서 분명히 드러나는 신자유주의 정책의 핵심은 사회 전반에 걸친 경쟁 구도의 도입이다. 신자유주의 이전에는 경쟁 구도가 존재하지 않았던 부분에까지 경쟁 구도를 도입하고 종국에는 전 사회를 무한 경쟁의 격투기장으로 만들어 가는 신자유주의의 통치 원리를 밝힌다. 이러한 경쟁 구도를 전체 사회에 도입하는 형태는 구체적으로 노동의 유연화, 복지의 후퇴, 구조개혁, 상대평가 등으로 드러난다. 이러한 실상은 본서에서 지속적으로 고찰된다.

일반인들을 현혹시키는 신자유주의 용어 중 하나가 **작은정부**라는 표현이다. 이는 자유경쟁시장, 경쟁 구도 등과도 맞물려 있는 정책적 표방인 바, 정부의 간섭을 최소화함으로써 자유시장 기능을 더 효율적으로 강화한다는 주장을 하는 정책적 기조이다. 이는 독재 정권의 폭거를 경험한 나라들에서는 더욱더 국민의 정서를 자극하는 바, 정부의 역할을 최소화함으로써 시민의 권리를 최대로 보장하는 듯한 심리적 착각을 불러일으킨다. 그러나 작은 정부를 표방하는 신자유주의 정책은 기업의 이윤을 극대화하는 일에 불개입, 불간섭하는 양태로 드러난다. 케인지안 경제 정책에 대한 반동으로 탄생한 신자유주의 경제 정책은 복지를 위한 정부의 규모를 축소한다는 의미에서만 작은 정부이다. 이러한 작은 정부의 허구는 3장 신자유주의의 형성을 통하여 역사적으로 더 상세히 고찰된다.

신자유주의 경제 정책을 추동하는 주체가 전가의 보도처럼 인용하는 말이 **낙수효과**이다. 세계 경제가 오히려 낙수효과의 주장과는 정반대의 길을 걷고 있다는 사실을 구체적, 역사적으로 증명한 학자가 장하준이요, 토마 피케티이다. 구체적인 사실에 근거한 그들의 이론을 소개하면서 낙수효과의 허구성을 밝히고자 한다.

신자유주의의 영향은 경제 영역에 국한되지 않는다. 신자유주의의 영향이 단순히 경제 영역에 그치는 것이라면 그 문제를 인문학적, 신학적 입장에서 다룰 이유가 없을지도 모른다. 그것은 경제학자의 몫이다. 그러나 오늘날 신자유주의는 전체 사회를 휘몰아 가는 정책으로 드러나며, 그 영향은 사회 구석구석에까지 미치고 있다. 신자유주의 통치 아래에서 사회적 가치와 공공의 문제가 왜곡되어 가는 현상을 적시하며, 그 원인이 되는 신자유주의 통치 원리를 지적한다. 인문학자요 신학자인 내가 신자유주의를 비판적으로 논하는 이유와 논할 수 있는 근거가 바로 이 점에 있다.

신자유주의가 스스로를 방어하는 가장 강력한 무기는 바로 효율성의 문제이다. 신자유주의가 주장하는 경제적 효율성의 실체가 무엇인지 그리고 신자유주의가 주장하는 경제적 효율성이 사실인지를 먼저 밝힌다. 이미 낙수효과의 거짓을 서술한 부분과 연계하여 경제적 효율성의 허구성을 밝히는 것은 물론 여기서는 정치경제학에 대한 근원적인 접근을 다룬다. 즉, 효율성의 의미를 물으며 이를 윤리성과의 관련하에서 새롭게 조명하고자 한다. 효율성과 윤리성을 묻는 이 물음은 본서의 후반부에도 다시 등장하여 본서를 저술한 목적으로 이끌게 될 것이다.

2장에서 연구한 내용을 구체적으로 뒷받침하기 위한 내용으로 3장에서는 신자유주의의 형성 과정을 역사적으로 고찰한다. 우선 브레튼우즈 체제가 붕괴되고 세계 경제를 휘몰아 가는 워싱턴 컨센서스가 형성되는 역사를 고찰한다. 아울러 세계 대공황의 위기를 겪으면서 케인즈 경제 정책이 탄생하는 동기와 성격을 설명한다. 이는 신자유주의 체제와 대비되는 경제 정책이므로 그 내용 면에서 신자유주의 체제와 비교하며 설명될 것이다. 케인즈주의가 어떤 역사적 계기와 정치적 맥락에서 신자유주의 경제 정책으로 변화되었는지 그 논리를 분석하는 것이 중요한 요소로 생각한다.

사실 역사적으로 신자유주의가 등장한 배경에는 단순히 경제 논리만 작용한 것이 아니라 영국과 미국의 정치적 보수화도 동시에 작용한 바, 소위 대처리즘과 레이거노믹스로 일컬어지는 신자유주의 경제 정책의 도입과 그 구체적인 정치적 행보도 아울러 고찰되어야 한다. 이에 대한 상세한 서술을 시도한다. 대처리즘과 레이거노믹스로 비롯된 신자유주의 경제 정책이 남아메리카를 필두로 아시아, 아프리카 등 전 세계로 확장된 역사적 계기를 분석하여 오늘날 신자유주의적 세계화의 역사적 과정을 비판적으로 고찰하는 것 또한 중요한 내용이다. 대한민국도 겪은 바 있는 외환위기가 그 중요 동인으로 작용하는 바, 외환위기로 인한 신자유주의적 세계화의 역사적 과정을 비판적으로 고찰하는 것은 매우 중요하다. 우리나라의 외환위기에 관하여는 5장 대한민국의 신자유주의에서 별도로 더 상세히 다루게 된다.

4장은 2장과 3장의 연구 결과에 기초하여 신자유주의의 본질을 더 세밀하게 밝히는 장이다. 2장이 신자유주의에 관한 일반적인 오해를 불식시키고자 하는 목적에서 기획되었고, 3장이 객관적 확증으로서 신자유주의 형성과 확산에 대한 역사적 서술이라면, 4장은 오늘날 전 세계를 휘몰아 가는 신자유주의의 본질적 성격을 더 세심하게 고찰하여 그 내면의 논리를 파헤치고자 하는 시도로 이루어진다. 2장에서 신자유주의의 허상을 밝히고자 했고, 3장에서 신자유주의가 형성된 과정을 설명했지만, 그것만으로는 신자유주의가 전 지구촌의 제도와 삶을 어떻게 형성해 가는지 정확히 해명되지 않는 부분이 있다. 우리에게 중요한 것은 신자유주의가 오늘날 어떠한 가치를 심어 주고 있으며, 우리 자신 또한 모르는 사이에 신자유주의의 어떠한 논리에 길들여져 있는지를 정확히 아는 것이다. 이를 위하여 신자유주의의 경제 논리를 더 자세히 고찰할 필요가 있어서 경제 문제를 엄밀하게 분석하고 나서 신자유주의를 통한 전 지구촌의 왜곡된 모습을 고찰한다.

4장에서 분명히 밝히고자 하는 내용은 세계적인 신자유주의 체제를 특징짓는 중심 개념인 금융자본주의의 특징 및 그 축적제도 그리고 이러한 금융자본주의가 세계를 지배하는 데 기여하는 국제적 금융질서에 대하여 고찰하여 그 실체를 밝힌다. 특히 예전의 금융경제와 구별되는 신자유주의적 금융자본주의의 실상을 드러낸다.

이어서 2장에서 소개한 애덤 스미스의 경제 이론을 자본과 노동이라는 키워드를 중심으로 상세히 고찰한다. 사실 자본과 노동의 문제는 신자유주의에서 비로소 발생한 문제는 아니다. 인류사에서 자본주의 체제가 자리 잡으면서부터 자본과 노동의 문제는 경제의 중심 문제로 부각되었다. 이 모든 내용을 고찰하는 것은 또 하나의 저서가 될 것이다. 여기서는 애덤 스미스의 경제 이론을 중심으로 고전적 자본주의에서 이야기되는 자본과 노동의 개념과 신자유주의에서의 개념을 비교하면서 논의를 전개한다. 특히 애덤 스미스가 국부론에서 제기한 노동의 가치문제를 제기하면서 오늘날 주주가치 극대화 전략하에 자본과 노동의 문제를 고찰한다.

누차 이야기한 것처럼 신자유주의의 논리와 정책은 경제 부문에 국한되어 등장하지 않는다. 이미 신자유주의 형성의 역사와 세계화 과정에서 드러나는 것처럼 신자유주의 정책은 사회 전반으로 확대되어 전 지구촌의 사회 전체를 추동해 가는 원리로 작동한다. 이는 신자유주의가 가지는 기본적 특성에 기인한다. 신자유주의 통치 원리를 가장 먼저 정착시키고 오늘날 전 세계 신자유주의 금융자본주의의 중심인 미국의 현실을 중심으로 이러한 실태를 분석한다. 신자유주의 체제하에서 자유의 개념이 어떻게 변질되었는지, 즉 시장의 자유를 확대시키면서 개인의 자유를 희생시킨 현실에 대한 비판적 논의를 열어간다. 아울러 빈부격차, 세대 간 갈등, 공교육의 쇠퇴 등 신자유주의 체제하의 미국의 현실을 분석한다.

5장은 대한민국의 신자유주의를 기술한다. 3장 신자유주의의 형성에서 신자유주의의 세계화 과정을 간략히 소개했지만, 여기서는 특별히 대한민국에 신자유주의가 유입되는 역사적 계기를 자세히 살펴보고, 그로 인한 대한민국 사회 전체의 변화상을 고찰한다. 대한민국에서 신자유주의 체제가 확고해지는 역사적 계기는 외환위기이다. 대한민국이 외환위기를 맞게 된 역사적 정황과 외환위기를 맞아 도입하게 된 IMF 의향서 내용 및 당시 정부의 대응에 대하여 상세히 고찰하여 오늘에 이르기까지 대한민국 사회를 규정하는 신자유주의의 역사적 계기를 명확히 한다.

외환위기로 말미암아 본격적으로 도입된 대한민국의 신자유주의 체제는 일반 국민의 경제생활도 전폭적으로 변화시켰는데, 가장 두 드러진 변화가 노동의 유연화로서 구체적으로는 비정규직의 양산으로 드러난다. 또한 소득의 양극화 문제도 그 결과로서의 현상이다. 이러한 실상을 엄밀히 고찰하여 설명한다.

경제 분야에서 가장 먼저 그리고 가장 특징적으로 드러나는 신자유주의의 영향은 경제 분야에만 국한되지 않는다. 이러한 양상은 전 세계적으로 공통된 현상일뿐만 아니라 대한민국의 신자유주의의 양상이기도 하다. 그중에서도 대한민국을 특징짓는 교육 현장에서의 신자유주의의 현실은 심각한 모습이다. 대개가 그냥 지나치는 교육 현장에 미친 신자유주의의 영향을 고찰하는 것은 교육 강국으로서의 대한민국에서 간과할 수 없는 과제이다. 무엇보다도 교육 현장에까지 연장된 비정규직의 현실을 목도하면서 그 심각한 사태를 고찰한다. 교육 현장에서의 비정규직으로 빚어지는 양극화 현상은 교육 내용 자체에도 영향을 끼친다. 그뿐만 아니라 오늘날 대한민국 대학교의 현실에서 벌어지는 구조개혁 평가 및 대학교에서의 성적 처리에서도 드러나는 신자유주의 통치 논리도 분석한다.

대한민국에 도입된 신자유주의의 역사와 그로 인한 양극화 현상은 이제는 대한민국 사회 전체를 휘몰아 가는 눈에 보이지 않는 추동 세력으로 자리 잡았다. 이러한 현상은 대한민국 사회 전체의 성격을 규정하는 바, 이렇게 대한민국 전체 사회를 지배하는 신자유주의 논리를 점검한다.

이제 앞부분에서 이야기한 주제, 즉 신자유주의와 (상황)신학이라는 두 주제를 엮어서 고찰한다는 것이 무슨 의미가 있는가 하는 문제를 논하고자 한다. 이는 내가 신자유주의에 관한 연구를 하는 이유는 물론이거니와 경제 전문가가 아닌 사람이 신자유주의를 연구할 수 있는 근거가 되기도 한다.

그 어떤 학문적 연구도 연구자의 실존적 상황과 범주를 벗어날 수 없다. 이는 신자유주의 연구에도 마찬가지로 적용된다. 경제 전문가라 할지라도 그가 공부한 배경과 가진 입장에 따라 신자유주의에 대하여 상이한 접근 방식을 취할 수도 있고, 다른 평가를 내릴 수도 있다. 나는 이러한 상이한 입장 차이를 더 확대해서 생각하고자 한다. 경제 전문가의 상이한 입장뿐 아니라, 상이한 학문 영역에서의 접근 방식의 차이와 결론 및 강조점의 차이를 상정할 수 있다고 생각한다. 그리고 이러한 다양한 영역과 방향에서의 연구는 신자유주의의 전체 그림을 구성하는 데 있어서 나름대로 기여한다고 생각한다. 더구나 본문의 개요를 설명한 앞의 글에서 강조한 것처럼 신자유주의는 경제 분야에 국한된 모습으로 등장하지 않는다. 그러므로 사회의 다양한 분야와 다양한 학문 영역에서 연구되는 것이 당연하고도 절실한 것으로 평가된다. 혹자는 신자유주의를 연구하는 나의 시도를 정치경제학 분야의 문외한인 사람의 무모한 시도로 평가절하할지도 모른다. 그러나 나는 정치경제학 전문가로서 신자유주의를 연구하고 서술하는 것이 아니다. 인문학자요 신학자로서 우리 사회를 추동해 가는 신자유주의를 나름대로 분석하고 그에 대한 대안을 말하고자 하는 것이다. 이를 위하여 필요한 부분은 나름대로 연구를 통하여 보완해 가는 과정을 거쳤다. 이 책은 바로 그러한 새로운 배움의 과정을 겪으면서 탄생한 책이다.

"신자유주의와 상황신학의 새로운 패러다임"이라는 주제의 후반부, 즉 '상황신학의 새로운 패러다임'이라는 주제는 2부 서두에서 설명하기로 한다.

2장
신자유주의에 관한 허상과 진실

1. 신자유주의라는 용어의 문제

　오늘날 지구촌의 문제를 진단할 때, 부정적 함의를 담아 이야기하는 주제의 핵심은 신자유주의라는 용어이다. 문제는 일반인은 물론이요, 학자들 사이에서도 신자유주의라는 용어 및 그 내용을 서술함에 있어서 일치된 견해를 보이지 않는다는 데에 있다. 신자유주의를 경제적 논의에만 국한시키는 부류가 있는가 하면, 오늘날 지구촌 전체를 휘몰아 가는 정치·경제·사회는 물론 교육의 현장에까지 그 논의를 확장시키는 학자들도 있다. 대개 신자유주의를 추진한 국가정책 및 세력들은 신자유주의를 다룸에 있어서 경제적 효율성을 강조한다. 그러나 신자유주의에 대한 부정적 견해를 밝히는 대부분의 학자들은 신자유주의라는 개념을 단순히 경제적 영역에 머무르지 않는 사회 전체와 신자유주의 체제하의 인간들을 규정하는 통치 방식으로 규정한다. 본서에서는 신자유주의에 관한 다양한 견해를 그 자체로 분석, 정리하기보다는 신자유주의에 대한 허상과 오해를 진단하는 과정을 통해 신자유주의에 대한 이해를 하고자 한다. 이렇게 오해를 제거하면서 하나의 가능한 그림을 그려가는 것이 다양한 논의를 포용하면서도 가능한 개념을 산출해 내는 첩경이라고 생각한다. 이러한 시도는 계속되는 주제별로 다양하게 시도될 것이나 먼저, 신자유주의라는 용어 자체에 대해서 물음을 던지는 것으로 논의를 시작하고자 한다.

일반인들이 신자유주의에 대하여 잘못된 이해를 가지게 되는 가장 큰 이유는 그 용어 자체에 있다. 신자유주의를 구성하는 세 개념, 즉 신-자유-주의 이 세 용어의 결합이 신자유주의 본질을 흐리게 만드는 가장 큰 요인이다. 우선 '신'이라는 용어는 '구'를 상정한다. 그리하여 구(고전적) 자유주의의 연장선으로 신자유주의를 생각하기 쉽다. 그러나 신자유주의와 고전적 자유주의는 그 배경과 내용에서 확연히 구별된다. 유종일은 신자유주의와 고전적 자유주의가 시장 만능주의적 경향을 공유하는 점은 같으나, 상이한 역사적 맥락에 따라 구별되는 몇 가지 점을 지적한다. 금본위제에 입각한 고전적 자유주의와 달리 신용화폐를 기반으로 하는 신자유주의 체제는 통화 공급을 신축적으로 할 수 있는 여지가 있으며, 이에 따라 시장의 수급 조절을 가능하게 하며, 이러한 금융시스템의 안정성을 위한 정부 규제와 감독의 필요성을 인정한다. 무엇보다도 고전적 자유주의와 신자유주의의 상이한 발생 배경을 강조한다. "고전적 자유주의는 전제군주에 의한 정치권력의 독점과 경제활동의 통제에 맞서 시민적 자유와 경제적 자유를 추구한 전형적인 정치이념이었지만, 신자유주의는 노동권과 시민권의 확대에 위협을 느낀 자본가와 특권계층의 반격이라는 성격을 지닌다."[1] 유종일의 견해를 다른 말로 이해하면 고전적 자유주의가 시민적 자유를 추구한 이념이었다면, 신자유주의는 시민의 자유를 억압하는 이념이자 폭거라는 것이다. 즉, 신자유주의의 자유는 자유가 아니라 오히려 억압으로 이해해야 한다는 것이다.

　김진영은 애덤 스미스의 국부론을 분석하면서 고전적 자유주의와 신자유주의를 철저히 구별한다. 신자유주의자들의 이론의 원천일 수 있는 고전적 자유주의 이론의 선구자인 스미스가 "자유경쟁시장을 주장하고 시장의 자율조정기능 그리고 경쟁의 긍정적 효과를 신봉"한 것이 "정부의 시장 개입 축소와 시장의 자유 확대 그리고 경쟁 강화를 그 핵심으로 하는 신자유주의 정책과 동일해"보이나, 중요한 것은 그 시대의 사회·경제적 맥락을 고려해야 한다는 점이다. 그리하여 김진영은 고전적 자유주의의 경제 이론을 현대의 신자유주의 경제 이론에 접목시키면 안 된다고 결론짓는다.

　그러나 애덤 스미스의 주장을 그것이 씌어진 이백여 년 전의 사회·경제적 맥락을 고려치 않고, 오늘날의 시장경제에 문자 그대로 이식하는 것이 타당할까? 스미스의 『국부론』(*An Inquiry into the Nature and Causes of the Wealth of Nations*)이 출간된 것은 1776년이다. 그러니까 애덤 스미스의 경제사상은 18세기 후반 봉건적 특권이 여전히 잔재하고, 자유시장경제가 막 시작될 무렵의 영국과 유럽 등의 사회·경제 및 정치적 상황을 배경으로 하였고, 국부론은 그런 역사적 맥락에서 씌어졌다. 이 백여 년 이후의 거대하고 복잡 고도화된 자본주의 시장경제에 그 시대적 맥락을 사상(捨象)한 채 애덤 스미스의 처방을 문자 그대로 이입한다는 것은 오히

---

1 유종일, "신자유주의, 세계화, 한국 경제," 최태욱 엮음, 『신자유주의 대안론. 신자유주의 혹은 시장만능주의 넘어서기』 (파주: 창비, 2009), 60-61.

려 그의 사상을 오도할 위험이 있다고 본다.[2]

스미스의 이론을 포함한 시장만능주의에 관해서는 다음 절에서 자세히 논구하기로 한다. 여기서는 일단 신자유주의의 '신'이라는 용어가 사실상 고전적 자유주의와 연계가 될 수 없는 허구적 용어라는 점만 밝히기로 한다.

그다음 등장하는 용어는 '자유'라는 용어이다. 이에 관해서도 계속되는 절에서 자세히 다루겠으나, 여기서는 서론적으로 신자유주의가 표방하는 자유가 사실은 자유와는 전혀 관계없는 양태를 띠게 된다는 점만을 지적하고자 한다. 지주형에 의하면 "신자유주의 경제학의 핵심은 국가개입을 최소화하여 재산권을 근간으로 한 개인 자유를 극대화하고 시장 메커니즘에 의해 자원 배분을 효율화하는 것이다."[3] 그러나 사실상 "신자유주의 개혁은 신자유주의 사상이 표명한 것과는 정반대로 자유의 확대와 국가의 후퇴가 아니라 자유의 억압과 국가의 적극적 개입으로 시작되었다"[4]는 점을 지주형은 강조한다. 이러한 결과로 신자유주의는 소득분배의 악화를 초래했다는 점을 지주형은 데이비드 하비의 말을 통해 강조한다. "비판적 지리학자 데이비드 하비에 따르면 개인의 자유를 강조하고 국가의 개입을 공격한 신자유주의는 사실 케인즈적 사회복지국가가 제한했던 자본가계급의 권력을 복원하고 부유층에 유리하게 소득을 재분배하는 정치적 기획"[5]

---

2 김진영, "자유주의 정치경제학의 과제: 신자유주의의 퇴진과 그 이후," 「국제정치연구」 제 19집 2호(2016), 230.
3 지주형, 『한국 신자유주의의 기원과 형성』(서울: 책세상, 2011), 54.
4 앞의 책, 57.
5 앞의 책, 58-59.

이었다는 것이다.

다음으로 세인들의 오해를 불러일으키는 용어는 '주의'라는 용어이다. 이미 앞에서 어느 정도 예견된 것이지만, 신자유주의는 단순한 경제 이론이 아니다. 이를 정확히 밝히기 위해서 장하성이 이야기하는 신자유주의에 대한 정의를 살펴보고자 한다. 신자유주의라는 용어의 역사적 배경과 의미를 장하성은 다음과 같이 설명한다.

'신자유주의'는 미국과 유럽에서 1980년대 초부터 시작된 극단적인 시장 근본주의를 말하는 것이고, 제2차 세계대전 이후 경제 정책의 틀이었던 케인지안(Keynesian) 패러다임으로부터의 전환을 의미한다. 여기에서는 그간 지속적으로 확대되어 왔던 복지비용 부담이 단지 정부 재정을 압박하는 것에서 그치는 것이 아니라 성장 동력 자체를 훼손한다는 시장 근본주의자들의 진단에 근거한 것이었다. 복지 예산의 삭감을 위한 재정 감축에서 출발했던 논의가 한 발짝 더 나가서 일반적인 감세 논쟁으로 이어지고, 기업 활동의 자유를 극단적으로 허용하는 자유방임과 규제 완화 논쟁으로 발전하였다. 떡 본 김에 제사 지낸다고 노조 때문에 기업 경쟁력이 저하된다고 노동시장의 유연성 논쟁으로 번지더니, 아예 노조에 적극적인 공세를 펼치는 정치적 이념으로까지 치달았다. 이것이 신자유주의의 선봉격인 레이거니즘(Reaganism)과 대처리즘(Thatcherism)이 등장한 배경이다.[6]

이러한 역사적 배경을 가진 신자유주의는 그 이전 단계의 경제

---

6 장하성, 『한국 자본주의』 (성남: 헤이북스, 2014), 96.

정책들에 대한 반동에서 발생한 것이다. 그런 까닭에 신자유주의는 단순한 경제이념이나 경제원리가 아니라, 경제 **정책**임을 파악하는 곳이 중요하다. "신자유주의에 관한 많은 연구들은 신자유주의를 경제이념으로 논의하기보다는 1980년대 초부터 미국과 영국 그리고 유럽에서 나타난 규제 완화, 민영화, 자유화, 세계화, 작은 정부 등으로 상징되는 일련의 시장 기능의 학대와 정부 역할의 축소를 특징으로 하고 있는 경제 정책들로 정의한다."[7]

이상으로 신자유주의라는 용어로 인하여 생길 수 있는 오해와 그 허상을 밝힌다. 이제는 각각의 주제들을 하나씩 자세히 논구하기로 한다.

2. 유토피아적 시장만능주의

신자유주의가 주장하는 자유경쟁시장의 이론적 원조는 애덤 스미스로 볼 수 있다. 우리는 여기에서 애덤 스미스의 자유경쟁 이론을 좀 더 자세히 볼 필요가 있다. 그는 자유경쟁시장을 가능하게 하는 근본 동기를 인간이 지닌 이익 추구와 이기심에서 본다. 인간만이 지닌 본성의 중요한 하나로서 애덤 스미스는 교환 기질을 이야기한다. 그런데 이 교환은 각 개인이 추구하는 이익에 상응한다. "우리들이 식사를 준비할 수 있는 것은 푸주, 술집 또는 빵집의 박애심 때문이 아니라 그들 자신의 이익에 대한 그들의 관심 때문인 것이다. … 우리 자신의 필요를 그들에게 말하는 것이 아니라 그들 자신의 이익을 그

---

7 앞의 책, 126-127.

들에게 말하는 것이다."8

이기심과 자기 이익이라고 하는 인간 본성이 전체 사회를 위한 유익이 될 수 있다는 점을 설명하는 애덤 스미스의 말이 저 유명한 '보이지 않는 손'(an invisible hand)이라고 하는 개념이다. 그의 설명에 따르면 자기 자본을 국가 내의 근로에 사용하는 개인은 그가 생산하는 생산물이 가능한 최대의 가치를 얻는 방향을 추구한다는 것이다. 이러한 그의 노력이 그가 의도하지는 않았을지라도 공공의 이익을 증진시킬 수 있다는 것을 설명하는 동인으로 스미스는 '보이지 않는 손'을 이야기하는 것이다. 흔히 오해하듯이 자유경쟁시장 경제를 가능하게 하는 동력으로서 이야기하는 것이 아니라는 것이 중요하게 짚고 넘어갈 점이다. 이 사실을 정확히 규명하기 위하여 그의 국부론의 부분을 인용해본다.

> 그(기업주를 말함)가 외국의 산업을 유치하지 않고 국내의 산업을 선호하는 것은 오로지 자기 자신의 안전을 기도하기 때문이고, 그가 그 산업을 그 생산물이 최대의 가치를 가지도록 운영하는 것은 오로지 그 자신의 이득만을 기도하는 것이다. 그리하여 그는 이 경우에 다른 많은 경우에 있어서와 같이 보이지 않는 손(an invisible hand)에 이끌려 그가 전연 의도하지 않았던 한 목적을 촉진하게 되는 것이다. 그것이 그가 의도한 바가 아니라는 것은 반드시 사회에 대해서 나쁜 것은 아니다. 그는 자기 자신의 이익을 추구함으로써 진실로 사회의 이익을 증진코자 의도하였을 때보다도 더욱 유효하게 사회의 이익을 증진시키는 수가 많은 것이다. 나는 사회의

---

8 애덤 스미스/최호진 · 정해동 옮김, 『국부론』(서울: 범우사, 1994), 31-32.

복지를 위해서 사업을 하는 체하는 사람들에 의해서 진실로 복지가 이루어진 예를 아직 알지 못한다.[9]

이러한 스미스의 말에 대해서 제리 멀러는 그의 '보이지 않는 손'이라는 이미지를 "사회적으로 긍정적이고 의도하지 않은 결과를 가져오는 시장 제도에 대한 은유"로 해석한다.

시장은 이윤추구의 동기와 가격 메커니즘을 통해 개인적 이기심을 집단 이익으로 이끌어 낸다. 스미스는 의도적으로 집단 이익을 앞세우는 경우가 있음을 부정하지 않았다. 그러나 이기적 욕구가 항상 필연적으로 사회에 긍정적인 영향을 미친다고도 보지 않았다. 스미스가 단언했던 바는 적절한 제도가 마련됐을 때 이기심은 사회에 긍정적일 수 있다는 것이었다.[10]

자유시장만능주의를 주장하는 사람들이 흔히 그 전거로서 예를 드는 애덤 스미스의 '보이지 않는 손'은 사실 시장만능주의에 대한 옹호의 전거라기보다는 긍정적으로 작용할 수도 있는 요인이라는 점을 상기할 필요가 있다. 게다가 애덤 스미스는 국부론 전체에서 이곳 한 곳에서만 '보이지 않는 손'이라는 표현을 사용한다. 그러므로 그의 이 말을 시장만능주의를 뒷받침하는 전거로 이용하는 것은 애덤 스미스의 본 의도에 맞지 않는 것이다.

애덤 스미스가 국부론을 통해 밝히고 싶었던 것은 "시장경제가 대다수 대중의 생활 수준을 향상시킨다는 것이며, 이것이 스미스가

---

9 앞의 책, 553.
10 제리 멀러/서찬주·김청환 옮김,『돈과 시장의 경제사상사. 자본주의의 매혹』(서울: Human & Books, 2006), 109.

'보편적 풍요'(universal opulence)라고 부른 것이다. 이 책은 계몽주의 사상에 근거하여 세속적인 행복은 선한 것이며 물질적 부를 사회의 소수 최상류층만 누릴 수 있는 '사치'로 여길 필요가 없음을 보여주려 했다."[11] 이러한 스미스의 의도를 조사이어 터커는 다음과 같이 요약한다.

애덤 스미스가 말하고자 하는 것은 이기심을 완전히 없애거나 감소시키자는 것이 아니다. 이기심에 올바른 방향을 제시함으로써, 공공에 이익이 되는 길을 찾자는 것이다.[12]

자유무역과 경쟁의 우위를 강조하는 애덤 스미스의 이론을 정확히 파악하기 위해서는 그가 자유무역과 경쟁을 강조한 이유를 바로 알아야 한다. 사실상 그는 "모든 종류의 배타적 특권—즉, 독점무역이든, 수출보조금이든, 관세이든, 동업조합이든—에 대해 비판적이며, 폐지되어야 한다고 주장했다는 것이다."[13] 사실상 애덤 스미스가 국부론을 통해 자유무역과 자유로운 시장경제를 주장한 시기의 유럽에는 봉건적 특권조직과 관행들이 많이 존재하는 시기이었음은 그의 책에 등장하는 예시들로 분명하게 드러난다. 18세기와는 전혀 다른 현대 자본주의 시장경제를 고려하여 김진영은 애덤 스미스의 이론을 현대에는 전혀 다른 방식으로 적용시켜야 한다고 주장한다. "21세기의 자본주의 시장경제에 대해 애덤 스미스의 지혜를 빌린다면, 시장경제가 진정 자유롭기 위해서는 특권과 독점이 배제되고 경쟁이 공

---

11 앞의 책, 92.

12 Josiah Tucker, *The Element of Commerce and Theory of Taxes* (1755), quoted in T.W. Hutchison, *Before Adam Smith: The Emergence of Political Economy, 1662~1776* (Oxford, 1988), 230. 앞의 책, 92에서 재인용.

13 김진영, "자유주의 정치경제학의 과제: 신자유주의의 퇴진과 그 이후," 231.

정해야 한다는 것이다. 공정한 경쟁이란 단순히 정부의 규제철폐로 이루어지는 것이 아니라 18세기와는 반대로 오히려 공정한 게임의 규칙을 만들고 이를 감시 감독하는 정부의 역할을 필요로 한다."[14] 애덤 스미스의 이론을 이렇게 해석, 적용하면서 김진영은 신자유주의와 애덤 스미스의 이론의 관계를 새롭게 재해석한다.

> 신자유주의는 탈규제와 경쟁 강화를 금과옥조의 원칙으로 한다. 그런데 애덤 스미스가 말한 자유시장의 탈규제와 경쟁은 거대자본이 방만하게 시장을 지배하도록 방치하라는 것이 아니라 소수의 특권과 독점을 폐지해야 함을 의미한다. 신자유주의에 의한 탈규제와 경쟁 강화는 오히려 거대자본의 독과점과 세계적 기동력을 가진 초대형 금융자본들의 특권을 가져오는 결과를 낳았다. 애덤 스미스의 정신을 따른다면 역설적으로 정부가 그것들을 다시 규제해야 한다는 뜻이 된다.[15]

애덤 스미스가 주장하는 바, 특권이 배제된 공정한 경쟁이 중심이 되는 자유시장이 극복해야 하는 외부 요소가 당시에는 특권적 봉건 귀족의 그릇된 억압이었다면, 오늘날 극복해야 할 외적 요소는—그 당시보다 겉으로 확연하게 드러나지는 않는— 거대 자본과 독점적 기업들에 의한 기술적 횡포요 억압이다. 당시와 오늘날 대비되는 상황을 고려할 때, 애덤 스미스의 이론을 문자대로가 아니라 그 의미에서 추구하고자 한다면, 오히려 정부의 역할은 축소가 아니라 확대되어야 할 것이다. 물론 이는 애덤 스미스의 견해조차도 바르게 적용되

---

14 앞의 논문, 233.
15 앞의 논문, 234.

지 않고 있다는 점을 지적하는 것이지, 오늘날 애덤 스미스의 이론을 답습해야 한다는 이야기는 아니다.

애덤 스미스보다 유토피아적 시장만능주의의 대변자로 꼽히는 사람은 오히려 오스트리아 경제학자 프리드리히 A. 하이에크이다. 하이에크는 공정한 시장 질서를 통한 인류 사회의 발전을 이룩해 가는 가장 탁월한 방식을 '경쟁'이라고 말한다. "경제적 자유주의는 경쟁 대신에 인간의 노력을 조정하는 보다 열등한 방법으로 경쟁을 대체하는 일에는 반대한다. … 대부분의 환경에서 경쟁은 지금까지 알려져 있는 가장 효과적인 방법일 뿐만 아니라 더욱이 경쟁은 당국의 강제적인, 또는 자의적인 개입 없이 우리의 활동이 상호 간에 조정될 수 있는 유일한 방법이기 때문이다."[16] 경쟁을 찬양하는 하이에크에게 있어서 국가의 역할은 경쟁을 가능한 한 효율적으로 작동하게 하고, 혹시 경쟁이 비효율적일 때 그것을 보완하는 일에 국한된다.[17]

원초적으로 경쟁이 가장 효율적인 방법이라고 주장하는 하이에크는 논의를 더 발전시켜서 현대의 복잡한 사회 구조, 경제 과정 전체, 복잡한 사회적 분업 체계 등을 생각할 때 경쟁 체제는 불가피하다고 역설한다. 조율해야 하는 주어진 조건이 단순하다면 혹시 중앙 정부의 계획이나 통제로도 조율이 가능할지 모르나, 수많은 조건이 주어진 복잡한 사회, 경제 체제하에서는 그러한 조율이 불가능하다는 것이다. 수많은 요소 각각을 조율하는 권한의 분산이 불가피할 것이고, 그러면 각 권한 간의 조정도 필요하게 되는 등 중앙의 계획에 의한 조율이 불가능한 상황에 다다를 것이며, 이러한 상황하에서 가장 효

16 프리드리히 A. 하이에크/김영청 옮김, 『노예의 길』(서울: 자유기업센터, 1999), 69.
17 앞의 책, 72.

율적인 방법은 수많은 조건 모두를 아우를 수 있는 개인들의 자유로운 경쟁이라는 것이 하이에크의 주장이다. 이러한 개인의 자유로운 경쟁이 드러나는 것이 가격기구이며, 이는 개인의 자유로운 경쟁을 통해서만 바르게 조율될 수 있다. "이것이 바로 경쟁하에서 가격기구가 정확하게 행하는 일이며, 어떠한 다른 장치도 그 일을 완수할 것 같지는 않다. 이것은 마치 엔지니어가 몇 개의 바늘을 지켜보고 있듯이, 기업가가 비교적 소수의 가격변동을 지켜봄으로써 그의 행동을 다른 기업가의 행동에 따라 조정하는 것을 가능하게 한다. … 전체가 더 복잡하면 복잡할수록 우리는 개개인 사이의 지식의 분할에 더욱 의존하게 되는데, 여기서 개개인의 노력은 우리가 알고 있는 관련 정보를 전달해 주는 비인격적 메커니즘(mechanism)인 가격기구를 통해 조정된다."[18]

하이에크의 시장만능주의는 그의 세계관과 인간관에 근거한다. 그의 세계관은 "진화적 합리주의 (evolutionary rationalism)이다. 그는 인류사회는 어느 누구의 의도적 설계의 산물이 아니라 그 자체가 하나의 자연발생적 질서라고 본다."[19] 또한 인간에 대한 그의 견해는 인간이 사회의 모든 특정한 상황이나 그들의 인과관계를 파악할 수 없다는 전제에서 출발한다. "어떤 개인도 사회의 구체적인 특정 사실과 상황(particular facts and circumstances), 그것의 결과 또는 그것들 사이의 인과관계를 모두 파악할 수 없고, 또한 알고 있지도 못하다는 것이다."[20] 이러한 하이에크의 사상이 위에서 말한 자유로운 경쟁을

---

18 앞의 책, 85.

19 안청시· 최병선· 임혁백· 김용호· 박찬욱· 이영조· 백종국· 정진영· 이수훈, 『현대 정치경제학의 주요 이론가들』 (서울: 아카넷, 2000), 48.

통한 자연적인 조화에 다다른다고 하는 시장만능주의로 귀결된다.

이러한 시장만능주의 혹은 자기조정 시장에 대한 무조건적인 믿음을 강하게 비판하는 학자가 칼 폴라니이다. 칼 폴라니는 19세기 문명을 떠받치던 네 개의 제도를 유럽 강대국들 사이의 세력 균형 체제(balance-of-power system), 국제 금본위제(international gold standard), 자기조정 시장(self-regulating market), 자유주의적 국가(liberal state)로 이야기한다.[21] 이 중에서 폴라니가 특히 관심을 가지는 제도는 '자기조정 시장'이다. 그는 자기조정 시장을 한마디로 완전히 유토피아라고 일축한다. "그런 제도는 아주 잠시도 존재할 수가 없으며, 만에 하나 실현될 경우 사회를 이루는 인간과 자연이라는 내용물은 아예 씨를 말려버리게 되어 있다. 인간은 그야말로 신체적으로 파괴당할 것이며 삶의 환경은 황무지가 될 것이다"[22] 자기조정 시장은 사회를 정치 영역과 경제 영역으로 제도적으로 분리한다고 하는 오류에 근거한 것이다. "경제 질서란 그것을 안에 포함하고 있는 사회적인 것들(the social)의 한 기능일 뿐이다."[23]

칼 폴라니의 책 『거대한 전환』의 해제를 기술한 프레드 블록은 폴라니의 이러한 사유의 출발점을 '묻어 들어 있음'(embeddedness)의 개념으로 설명한다. "이 '묻어 들어 있음'이라는 용어는 경제란 경제 이론에서 말하는 것처럼 그렇게 자율적인 것이 아니라 정치·종교·사회 관계들에 종속되어 있다는 생각을 표현하는 말이다."[24]

---

20 앞의 책, 49.
21 칼 폴라니/홍기빈 옮김, 『거대한 전환』(서울: 도서출판 길, 2009), 93.
22 앞의 책, 94.
23 앞의 책, 241.
24 앞의 책, 38-39.

프레드 블록은 이러한 폴라니의 사상이 오늘날 신자유주의의 허구를 진단하고 교정하는 데에도 중요한 역할을 하고 있음을 강조한다. 신자유주의자들이 주장하는 자기조정 시장의 허구성이 폴라니의 사상으로 밝혀진다는 것이다. 폴라니의 사상 중에서 중요한 부분은 그가 그 당시에 시장의 상품으로 인식되는 세 가지 허구 상품을 지적한다는 점이다. 이 부분은 오늘날에도 유효한 통찰로서 오늘날 지구촌 신자유주의를 진단하는 데에 있어서 중요한 계기가 된다고 본다. 폴라니에 의하면 노동, 토지, 화폐는 산업의 필수 요소이기는 하지만, 시장의 다른 상품들과 같은 방식으로 취급되거나 거래되어서는 안 된다. 이 부분은 오늘날 신자유주의를 진단하는 일에 특별히 중요하기 때문에 폴라니의 통찰을 상세히 인용하고자 한다.

> 결정적인 핵심은 다음과 같다. 노동·토지·화폐는 산업의 필수 요소이며, 이것들도 시장에서 조직되어야 한다. 사실 이 시장들이야말로 경제 체제에서 다른 무엇보다도 중요한 부분을 형성한다. 그러나 토지·노동·화폐는 분명 상품이 아니다. 매매되는 것들은 모두 판매를 위해 생산된 것일 수밖에 없다는 가정은 이 세 가지에 관한 한 결코 적용될 수 없다. 다시 말해서 상품에 대한 경험적 정의를 따르면, 이 세 가지는 상품이 될 수 없다. 노동이란 인간 활동의 다른 이름일 뿐이다. 인간 활동은 인간의 생명과 함께 붙어 있는 것이며, 판매를 위해서가 아니라 전혀 다른 이유에서 생산되는 것이다. 게다가 그 활동은 생명의 다른 영역과 분리할 수 없으며, 비축할 수도 사람 자신과 분리하여 동원할 수도 없다. 그리고 토지란 단지 자연의 다른 이름일 뿐인데, 자연은 인간이 생산할 수 있는 것이 아니다. 마지막으로 현실의 화폐는 그저 구매력의 징표일 뿐이며, 구매력이란 은행업이나

국가 금융의 메커니즘에서 생겨나는 것이지 생산되는 것이 아니다. 이들 어떤 것도 판매를 위해 생산되는 것이 아니다. 그러므로 노동·토지·화폐를 상품으로 묘사하는 것은 전적으로 허구이다.

그럼에도 불구하고 현실에서 노동·토지·화폐가 거래되는 시장들은 바로 그러한 허구의 도움을 얻어 조직되는 것이다. 이것들은 시장에서 실제로 판매되거나 구매되고 있으며, 그 수요와 공급이라는 것도 현실에 존재하는 수량이다. 어떤 법령이나 정책이든 그런 요소 시장이 형성되는 것을 억제한다면 결과적으로 시장 체제의 자기조정을 위태롭게 만든다. 따라서 이러한 상품 허구(commodity fiction)는 사회 전체와 관련하여 결정적인 조직 원리를 제공하는 셈이며, 이 원리는 사회의 거의 모든 사회 제도에도 아주 다양한 방식으로 영향을 끼친다. 즉, 이 원리에 따르면, 시장 메커니즘이 현실 세계에서 상품 허구의 원칙에 따라 작동하는 것을 방해하는 것이라면 어떤 제도나 행위도 결코 허용되어서는 안 된다는 것이다.

그런데 노동·토지·화폐에 관해서는 이런 원리를 적용할 수 없다. 인간과 자연환경의 운명이 순전히 시장 메커니즘 하나에 좌우된다면 결국 사회는 완전히 폐허가 될 것이다. 구매력의 양과 그 사용을 시장 메커니즘에 따라 결정하는 것도 똑같은 결과를 낳는다. 비록 사람들은 '노동력'도 다른 상품이나 똑같은 것이라고 우겨대지만, 그것을 일하라고 재촉하거나 마구 써먹거나 심지어 사용하지 않고 내버려 두거나 하면 그 특별한 상품을 몸에 담은 인간 개개인은 어떻게든 반드시 영향을 받지 않을 수 없게 마련이다. 이런 체제 아래서 인간의 노동력을 그 소유자가 마음대로 처리하다 보면 그 노동력이라는 꼬리표를 달고 있는 '사람'이라는 육체적·심리적·도덕적 실체도 소유자가 마음대로 처리하게 된다. 인간들은 갖가지 문화적 제도라는 보호막이 모두 벗겨진 채 사회에 알몸으로 노출되고 결국 쇠락해 간다. 악덕 · 인격 파탄 · 범죄 · 굶주림 등을 거치면서 격심한 사회적 혼란의 희생양이 되어갈 것이다. 자연은 그 구성 원소들로 환원되어버리고, 주거지와 경관은 더럽혀진다. 또 강이 오염되고, 군사 안보가 위협당하며, 식량과 원자재를 생산하는 능력도 파괴된다. 마지막으로 구매력의 공급을 시장 기구가 관리하게 되면 영리 기업들은 주기적으로 파산하게 될 것이다. 원시 사회가 홍수나 가뭄으로 인해 피해를 입었던 것처럼 화폐의 부족이나 과잉은 경기에 엄청난 재난을 가져올 것이기 때문이다. 노동 시장, 토지 시장, 화폐 시장이 시장경제에 필수적이라는 점은 의심의 여지가 없다. 하지만 인간과 자연이라는 사회의 실체 및 사회의 경제 조직이 보호받지 못하고 시장경제라는 '사탄의 맷돌'에 노출된다면, 그렇게 무지막지한 상품 허구의 경제 체제가 몰고 올 결과를 어떤 사회도 단 한 순간도 견뎌내지 못할 것이다.[25]

인간과 자연을 다른 상품들과 동일시하여 이윤을 추구하는 도구로만 인식하고 사용할 때, 맞이하게 될 현실을 강한 어조로 비판하는 폴라니의 진단은 정확하며, 그 실제적인 결과가 오늘날 보이는 세계 경제와 환경의 실태이다.

3. 경제 이론을 넘어선 전체 사회 추동 정책

신자유주의에 대한 세 번째 허상은 그것을 단순한 경제 이론으로 여기는 것이다. 앞에서 용어를 정리하면서 어느 정도 언급했지만, 여

---

25 앞의 책, 243-244.

기서 그 내용을 좀 더 자세히 고찰해 보고자 한다. 신자유주의를 단순한 경제 이론으로 접근하는 것은 신자유주의의 허상을 키우는 일이다. 신자유주의는 경제 이론을 넘어선 경제 정책이며, 전체 사회의 각 분야를 그 논리대로 추동하는 정치적인 전략임을 아는 것이 중요하다.

신자유주의는 말 그대로 "20세기 초의 지배적인 사상체계인 케인즈의 국가개입주의와 유럽의 사회민주주의자들의 복지국가주의에 반대하고, 자유주의의 고전적 이념으로 회귀하고자 하는 일련의 정치·경제적 이념체계이다. 신자유주의는 자유시장과 규제 완화, 재산권을 중시하는 논리이다."[26] 이러한 신자유주의는 복지국가와 완전고용을 추구하기 위하여 개입했던 국가의 시장 개입 역할을 최소화함으로써 자유로운 시장경쟁을 유도하고 경제적 효율성을 높인다고 하는 명분을 내세운다.[27] 이 명분을 정당화시켜주는 용어들이 규제 완화, 민영화, 자유화, 작은 정부 등이다. 개인의 경제적 자유를 최대로 보장하기 위한 이념인 듯이 보이는 이러한 포장들은 사실상 신자유주의의 본질을 가리는 가면에 불과하다. 가면 뒤에 숨어 있는 본질, 즉 규제 완화, 민영화, 작은 정부 등으로 인해 실질적 혜택을 보는 집단이 누구인가를 보면 그 용어들이 지향하는 바가 명백해진다.

사토 요시유키는 『신자유주의와 권력』이라는 책에서 이러한 오해를 불식한다. 그에 의하면 신자유주의에 대한 오해의 요체는 다음과 같다. "신자유주의란 흔히 작은 정부 지향(공공 부문의 축소와 이것의

---

26 유호근, "신자유주의적 세계화 패러다임: 비판적 검토와 대안적 전망," 경희대학교 국제지역연구원, 「아태연구」 16(1) (2009), 128.

27 앞의 논문, 128.

민간 부문으로의 이관), 규제 완화, 시장 원리 중시와 같은 그 경제 정책 때문에 고전적 자유주의(애덤 스미스식 자유방임)로의 회귀 또는 그것의 현대적 응용으로 요약된다."[28] 이에 반해 사토 요시유키는 미셸 푸코의 이론을 따라 신자유주의 원리를 "시장 논리를 사회 전체에 철저하게 관철하기 위해 국가가 법적 개입을 통해 제도적 틀을 형성한다는 국가 개입의 원리다."[29]라고 역설한다. 이러한 국가 개입의 가장 현저한 특징이 경쟁 메커니즘의 구축이다. 경쟁 메커니즘을 구축하는 근거 및 방식에 관하여서는 뒤에 설명하겠지만, 지금으로서는 이러한 경쟁 메커니즘이 국가의 강력한 개입을 전제한다는 점을 분명히 할 필요가 있다. "신자유주의적 통치는 사회의 모든 국면에 경쟁 메커니즘을 구축하고, 그에 따라 사회를 통치하려고 한다. 이처럼 신자유주의가 시장 안에 자연적으로 존재하지 않는 경쟁을 구축하고, 그에 따라 사회를 조직화하는 이념을 보존(견지)했다고 한다면, 그런 통치는 필연적으로 '자유방임'일 수 없으며, 시장 안에 경쟁을 구축하기 위한 적극적인 '개입'을 수반하게 된다."[30] 이 경우 '개입'의 의미에 대한 주의가 필요하다. 케인지안 경제 정책의 경우 국가의 개입이라는 개념은 평등과 복지를 이루기 위한 공공투자, 세제 조치, 사회보장을 통한 소득재분배의 형태로 드러나는 국가의 개입을 뜻하는 것이었다. 이에 반하여 "신자유주의적 통치란 법률과 제도에 개입해 시장 안에 효과적인 경쟁을 생산하기 위한 통치 기법이다. … '개입적 자유주의'로서의 신자유주의란 법률, 제도에 개입해 '효과적인 경쟁'을 창

---

28 사토 요시유키/김상운 옮김, 『신자유주의와 권력』 (서울: 후마니타스, 2014), 19.
29 앞의 책, 20.
30 앞의 책, 37-38.

출하고, 경쟁 원리에 의해 사회를 통치하려고 하는 통치 기법인 것이다."[31]

사토 요시유키는 이러한 경쟁 메커니즘을 통한 통치 기법의 문제점을 세 가지로 지적한다. 이 문제점은 오늘날 신자유주의 정책을 통치 이념으로 삼는 국가들에서 드러나는 공통적 문제점이다. 첫째는 경쟁으로 비롯되는 문제이다. 신자유주의는 예전에 경쟁이 드러나지 않던 영역에까지 경쟁의 원리를 도입한다. "예를 들면 노동시장에서 종신 고용 제도의 철폐, 능력별 급여의 도입은 그때까지 경쟁이 존재하지 않았던 영역에 적극적인 경쟁을 창출하는 것이다. 이에 따라 각 노동자는 개인별 목표, (이에 대한) 자기 점검, 개인별 급여 같은 항상적인 통제 아래에 놓이게 되며, 노동환경은 항상적이고도 구조적으로 불안정해진다."[32]

두 번째의 문제는 실업과 노동 유연성의 문제이다. '완전고용'과 같은 케인지안 경제 정책의 목표는 신자유주의 경제 정책과는 거리가 멀다. 노동의 유연성 내지 노동 이동의 가능성을 산출하기 위하여 어느 정도의 실업은 용인된다. 게다가 생산 이익을 극대화하기 위한 파견 노동이나 시한부 노동과 같은 비정규 고용의 도입을 확대시킨다. "이런 사태는 경제적 격차(빈부 확대에 의한 사회의 양극화)와 사회적 불안정의 증대로 귀결된다."[33]

세 번째 문제는 사회 정책의 문제이다. 케인지안 경제 정책의 핵심 가치인 사회보장이나 소득재분배 등은 신자유주의 경제 정책에서

---

31 앞의 책, 42.
32 앞의 책, 43.
33 앞의 책, 44.

는 찾아볼 수 없다. 복지국가에서 개인의 위험을 사회가 공적으로 책임졌던 사회보험 등의 제도는 개인이 스스로 자기 리스크를 책임지기 위해서 민간보험이나 공제회에 가입하는 등의 자조 노력으로 변화되었다.

> 그리하여 복지국가적 통치에서 사회 공간을 뒤덮고 있던 사회적인 것은 그 최저 한계까지 축소된다. 사회적인 것의 축소라는 파도는 현재, 사회보장뿐만 아니라 공공서비스의 다양한 국면에 미치고 있다. … 공공 부문의 민영화는 국영기업의 거대한 노동조합이나 국립대학 자치 기구처럼 국가와 개인 사이에 위치한 '중간 세력'을 해체함으로써 신자유주의에 대한 비판 세력을 대대적으로 무력화했다. 그런 비판 세력의 무력화와 동시에 사회적인 것의 민영화는 사회체의 모든 국면에 경쟁 원리를 끌어들이고, 이익 추구의 원리가 어울리지 않는 부문에까지 시장 원리를 강제하고 있다. 이런 상황에서 명확히 나타나고 있는 것은, 사회적인 것의 해체가 산출하는 정치적 공백을 통해 사회체의 구석구석까지 시장 원리와 경쟁 원리를 채우는 신자유주의의 통치기법이다.[34]

신자유주의에 내재하는 본질적 문제는 이미 출발서부터 예견된 문제였다. 1970년대 후반부터 세계 경제를 이끌어가는 초국적 기업들의 일차적인 목표는 예전의 이익률을 회복하는 것이었다. 그리고 이러한 목표는 평등과 복지를 지향하는 세제개편 등의 국가 개입을 최소화하는 것으로 시작한다. 그리하여 "노동비용을 줄이고, 노동조

---

34 앞의 책 45-46.

합을 공격하고, 전체 노동과정을 자동화하고 로봇으로 대체하고, 임금이 싼 국가로 생산을 재배치하고, 노동을 불안정화하고, 소비 모델을 다양화했다."[35]

데이비드 하비는 신자유주의 국가가 사회적 연대와 국민을 어떻게 처리하는지 구체적으로 드러낸다. "국내적으로 보면 신자유주의 국가는 자본축적을 방해하는 모든 형태의 (사회민주주의 국가에서 상당한 권력을 획득한 노동운동이나 기타 사회운동과 같은) 사회적 연대에 적대적이다(그리고 과도할 정도로 억압적이다). 복지 정책은 후퇴하고, 사회민주주의 국가사업의 핵심이었던 의료보장, 공공교육, 사회서비스 분야에서의 복지의 역할은 최소한으로 줄어든다. 사회안전망 또한 최저 수준으로 축소된다."[36] 데이비드 하비의 설명은 신자유주의 국가의 통치 원리를 잘 드러내어 준다. 이윤의 획득과 축적을 최고 가치로 설정한 국가는 그 가치를 저해하는 요소는 무엇이든지 적대시한다. 윤리의 문제, 가치의 문제는 이윤 창출이라는 신자유주의 원리 밑에서 설 자리를 잃는다.

4. 작은 정부를 표방하는 정책의 실체

고전적 자유주의로의 회귀라고 스스로를 정당화하는 신자유주의 경제 정책은 복지국가 체제를 거친 선진 자본주의 국가들에서 일어

---

35 크리스티안 마라찌 지음/심성보 옮김, 『금융자본주의의 폭력』 (서울: 도서출판 갈무리, 2013), 39-40.

36 데이비드 하비/임동근·박훈태·박준 옮김, 『신자유주의 세계화의 공간들』 (서울: 문화과학사, 2008), 41.

난 변화이다. "미국과 유럽에서 신자유주의가 등장하게 된 배경은 정부의 적극적인 재정 정책과 규제를 통한 시장 개입, 강력한 노조 그리고 광범위한 복지 정책 등으로 대표되는 케인즈주의 정책이었다."[37] 우리나라는 이러한 중간 단계의 발전 과정이 없었다. 그리하여 장하성은 우리나라에서는 신자유주의 담론이 선진 자본주의 국가들에서의 담론과는 다르게 전개되어야 한다고 주장한다. 다시 말해서 우리나라는 시기적으로 서구에서 신자유주의가 복지정책을 축소하는 시점에서야 비로소 복지정책을 시작했다는 것이다. 아니 우리나라에는 애초에 자유주의 경제 체제조차 없었다는 것이다. 그러므로 우리나라에서 신자유주의라는 용어는 선진 자본주의 국가에서와는 다르게 사용되고 있다는 점을 지적한다.

한국 자본주의의 폐해를 역설하면서 그 문제점들을 해결하는 방안을 모색하는 장하성의 한국 자본주의 분석은 그의 책 제목의 부연설명에서 드러나듯이, 정의로운 경제를 지향하는 노작이다. 그리고 그가 지적하는 한국에서의 신자유주의 논란은 충분히 일리가 있다. 그럼에도 불구하고 나는 현재 한국의 경제 정책을 신자유주의 경제 정책으로 이해한다. 장하성의 지적처럼 한국은 신자유주의 이전 경제 단계를 거치지 않았을 뿐 아니라, 이전의 경제 정책은 오히려 계획경제이었음이 분명하다. 그러나 다시 한번 기억할 것은 신자유주의가 단순히 경제 체제일 뿐 아니라, 경제 **정책**임을 분명히 하여야 할 것이다. 그리고 신자유주의 경제 정책은 단순히 한 국가의 경제 영역뿐 아니라, 사회 전 분야에 영향을 미치는 것임을 아는 것이 중요하

---

37 장하성, 『한국 자본주의』, 128.

다. 경제 발전의 과정이 동일하지 않았다고 해서 그리고 우리나라의 경우 지금이 예전보다 복지가 더 보장되는 사회라고 해서 현재 우리나라의 경제 정책이 신자유주의 정책이 아니라고 할 이유는 없다. 그것은 마치 민주주의의 단계적 발전이 없었던 나라들의 현재 민주주의를 선진 민주주의 국가들의 민주주의와는 다른 민주주의라고 말하는 것과 동일하다.

오늘날 한국 사회 전반을 주도하고 있는 가치는 생명 존중, 정의로운 사회, 더불어 살아가는 공동체 등과 같은 인간 중심의 가치가 아니라 개인적 성공, 부의 획득, 경쟁에서의 승리 등과 같은 물신숭배적인 비인간적 가치가 지배하고 있다. 심지어 대학교마저도 구조개혁 평가의 틀로 각 대학들 간의 상대평가를 부추기는 경쟁 구도를 만들어 조종하고 있다. 일견 가장 효율적인 듯이 보이는 이러한 신자유주의 경제 정책이 나중에는 되돌릴 수 없는 사회적 불균형과 부의 불평등을 낳아 전 지구적인 파국에 이를 것이라는 점을 지적하는 것이 토마 피케티의 큰 공헌이라고 할 수 있다. 그는 선진 자본주의 국가들의 경제 발전 단계에서 경제의 발전이 부의 불균형을 심화시키는 방향으로 발전해 왔고 앞으로도 그러할 것이라는 예측을 하면서 이를 해결하기 위한 방안으로서 상당히 높은 정도의 누진적 소득세와 글로벌 자본세를 주장한다. 그가 주장하는 핵심은 경제적 관점에서 인간 중심의 정의의 문제를 되찾자는 것이다. "성장이 자동적으로 균형을 찾을 것이라고 믿어야 할 근본적인 이유는 아무것도 없다. 우리는 이미 오래전에 불평등 문제를 경제 분석의 한가운데에 되돌려 놓고 19세기에 처음 제기되었던 질문들을 다시 제기했어야 했다. 너무나 오랫동안 경제학자들은 부의 문제를 소홀히 했다"[38]

사토 요시유키의 이론에 의존한 경제 **정책**으로서의 신자유주의에 대한 설명은 신자유주의에 대한 우리들의 미망을 깨운다. 더 나아가 신자유주의 권력은 개개인을 경쟁 구도에 최종적인 책임자로 설정함으로써, 모든 문제를 개인의 문제로 탈바꿈시킨다. "신자유주의 국가는 개인이 가진 자유와 책임의 중요성을 강조하며, 이는 특히 시장영역에서 두드러진다. 따라서 사회적 성공 혹은 (자본주의의 전형적인 계급 배제와 같은) 실패는 체제 양식 때문이 아니라 개인의 기업가적 덕목 혹은 실패로 해석된다."[39] 이러한 통치 체제하에서 신자유주의 권력이 해야 할 일은 정당한(듯한) 경쟁 구도를 잘 설정하는 일이다. 이제는 각 개인 내지 집단에게 직접적인 규범을 적용할 필요가 없다. 그들 상호 간의 경쟁 법칙을 잘 형성해서 그 경쟁의 결과에 따른 (서로 다른) 대우만을 규정하면 된다. 이를 통해 신자유주의 권력은 스스로의 공평성과 정당성을 확보한다.

> 신자유주의 권력은 규율 권력처럼 개개인의 내면에 규범을 내면화시키는 방식으로 통치하는 게 아니라, 오히려 환경에 경쟁을 설계하고 사회체의 전체 국면을 시장 원리로 채우는 방식으로 통치하고자 한다. … 환경에 대한 개입이란 사회체의 구석구석에까지 경쟁을 설계하고 구축하는 것, 즉 사회체를 전면적으로 시장화하는 것을 의미한다. 이리하여 신자유주의는 사회체를 전면적으로 시장화함으로써 규율 권력의 경우처럼 각 주체에게 직접 관여하는 게 아니라 시장의 효과를 통해 각 주체에게 시장 원리를 내면화시키고 쉽게 통치 가능한 자기-경영의 주체를 만들어 낸다.[40]

---

38 토마 피케티/장경덕 외 옮김, 『21세기 자본』(파주: 글항아리, 2014), 26.
39 데이비드 하비/임동근 · 박훈태 · 박준 옮김, 『신자유주의 세계화의 공간들』, 44.

우리가 현재 살아가고 있는 대한민국의 현실이 위의 설명과 전혀 다를 바 없다는 것이 필자의 생각이다. 인간의 생명과 각자 고유한 인격의 가치가 사회적으로 획득한 지위와 부에 따라 차별적으로 평가되는 시대 가치, 경제적인 가치가 모든 가치 위에 존재하는 맘모니즘이 지배하는 사회, 기업의 이윤을 극대화하기 위한 세제 정책과 기업에 대한 규제 완화, 이에 반해 점점 더 증가하는 개인에 대한 눈에 보이지 않는 규제, 정부 발표에 따르더라도 전체 임금 노동자의 1/3에 이르는 비정규직 노동자[41] 등등.

한국에서의 신자유주의를 형성 단계부터 현상에 이르기까지 세밀하게 분석한 지주형은 한국적 신자유주의의 기본적 특징들을 금융화, 금융종속과 대외의존, 재벌·수출 주도 성장으로 규정한다.[42] 이러한 한국형 신자유주의 경제 정책의 결과는 오늘 우리가 직면하는 사회·경제적 양극화와 삶의 질의 저하로 드러난다. 지주형은 사회·경제적 양극화를 실업과 비정규직의 양산으로 드러나는 노동 양극화, 대기업과 중소기업의 생산성과 수익성의 격차로 드러나는 기업 양극화, 소득과 자산의 불평등 및 저소득층의 빈곤을 악화시키는 소득과 자산의 양극화로 정리한다.[43] 구체적인 통계에 근거한 그의 분석은 한국의 현재 신자유주의의 특징을 면밀히 보여준다.

신자유주의 경제 정책에 맡겨진 개인들의 고단한 삶은 "고용 불안, 노동시간 연장과 상습적인 야근, 자기 계발과 재테크, 출산율 저

---

40 사토 요시유키/김상운 옮김, 『신자유주의와 권력』, 84-85.
41 장하성, 『한국 자본주의』, 41.
42 지주형, 『한국 신자유주의의 기원과 형성』(서울: 책세상, 2011), 444.
43 앞의 책, 444-454.

하, 자살률 증가, 타인에 대한 신뢰와 삶에 대한 만족도 저하를 특징으로 한다."[44] 이 삶의 특징으로서 지주형은 실직의 불안감, 노동시간의 연장, 자기계발과 재테크, 낮은 신뢰와 삶의 질을 열거한다.[45] 여기서 특별히 자기 계발의 문제에 관하여 부연 설명할 필요가 있다. 신자유주의 경제 이론은 개인의 노동을 인적 자본으로 규정한다. "노동에 관한 개개인의 행동 전략을 분석하기 위해 인적 자본 이론은 노동을 자본과 소득으로 분해한다. 여기서의 자본이란 노동자가 지닌 적성·능력이며, 이것은 소득의 원천이다. 또한 소득이란 적성·능력 같은 자본에 할당된 임금이다."[46] 이러한 인적 자본 이론은 노동의 유연화로 인한 고용 불안, 실직 등의 문제의 원인을 개개인의 인적 자본에 돌린다. 그리하여 개개 노동자는 스스로의 문제의 원인이자 주체가 된다. 문제를 해결해야 하는 주체는 각 개인이다. 그가 스스로 노력해서 능력과 스펙을 쌓으면 문제가 해결된다. 신자유주의를 살아가고 있는 개인은 자기 삶의 불안한 요소들을 극복하기 위하여 자기 계발에 매진해야 하는 의무까지 담당한다. "그러나 구조적이고 공적인 문제를 사적으로 해결하려고 하다 보니 배제되는 것은 집단적 해법(collective help)에 대한 모색이다. 게다가 이미 격심한 노동시장에서의 경쟁은 더욱 심화된다. 이러한 의미에서 자기 계발은 대부분의 사람들에게 성과 없이 강박만을 불러일으키는 이데올로기로 작동한다."[47]

---

44 앞의 책, 454-455.
45 앞의 책, 455-465.
46 사토 요시유키/김상운 옮김, 『신자유주의와 권력』, 49.
47 지주형, 『한국 신자유주의의 기원과 형성』, 459.

50 | 1부 • 신자유주의

신자유주의 경제 정책, 특히 한국에서의 신자유주의 경제 정책은 우리 사회를 서로 간의 경쟁과 불신으로 가득한 상대평가가 지배하는 사회로 만들었다. 사회의 구석구석, 심지어 대학교의 성적은 물론 대학교 평가 자체가 서로 간의 경쟁을 부추겨 적자생존의 논리 앞에 굴복하게 만드는 신자유주의 논리로 가득한 것이 오늘날 한국 사회의 모습이다. 앞에서 언급한 것처럼 신자유주의는 케인지안 경제 체제를 뒤집어엎은 경제 정책이다. 신자유주의에 대한 흔한 오해처럼 신자유주의 경제 정책은 국가의 개입이 최소화된 정책이 아니다. 신자유주의가 근절하고자 했던 케인지안 경제 체제에서 사회복지, 기업 규제, 조세제도, 빈부격차 해소, 평등과 복지를 이루기 위한 국가 개입이 당연한 것이었다면, 그러한 체제를 바꾸는 새로운 정책 또한 국가의 적극적 개입으로 이루어질 수밖에 없다. 그리고 우리나라의 경우는 실제로 그러했다. 그러나 신자유주의의 경우 국가의 정책적 개입은 시장의 자유경쟁이라는 가면 뒤에서 행해진다. 이 경우 국가의 정책적 개입은 경쟁 체제의 확립이라는 모습으로 행해진다. 신자유주의를 특징짓는 주제어인 작은 정부, 시장 개입 최소화, 규제 철폐 등은 사실상 사회 안에서 경제적 기득권층에 대한 작은 정부요 개입 최소화이며 규제 철폐이다. 한 사회 내에서 이미 정치력과 경제력 면에서 우위에 있는 계층에 대한 개입 최소화 및 필요한 규제 철폐는 역으로 연약한 계층에 대한 개입 확대와 규제 강화로 등장하게 된다. 특히 두 계층 간의 이해관계가 상충할 때는 더욱더 그러하다. 이 모든 정책이 지향하는 표어는 경제 발전이다. 경제 발전 자체가 지상목표가 되어 경제 발전이 무엇을 위한 것인지, 누구를 위한 것인지는 전혀 고려되지 않는다. 그러나 신자유주의 경제 정책이 지향하는 경제 발

전이 사회정의 및 평등과 복지와 무관한 것이라면, 그 경제 발전은
왜 필요한 것인가?

5. 낙수효과의 허구 — 빈부격차의 심화

신자유의의 발단과 그 전개 논리의 핵심은 경제 발전이라고 하
는 주장이었으며, 경제 발전의 효과로 많이 등장하는 것이 '낙수효
과'(trickle down effect)라고 하는 허구적 주장이었다. 이미 칼 폴라니는
애덤 스미스가 주장한 전체 국민의 부의 증가 가능성에 대해서 실제
상황을 예로 들면서 비판적인 견해를 드러낸다. 불행하게도 이러한
칼 폴라니의 견해는 오늘날에도 여전히 유효한 비판으로 남아 있다.
"스미스의 주장은 사회 전체의 부가 증가하게 되면 이는 어떻게든
반드시 전 인민들에게 침투하지 않을 수 없고, 따라서 부자들만 계속
부유해지고 가난한 이들은 계속 가난해지는 일이란 있을 수 없다는
것이었다. 하지만 불행하게도 실제로 펼쳐진 현실은 오래도록 이러
한 스미스의 주장과는 완전히 상반되는 것처럼 보였다."[48]
신자유의를 추동하는 핵심적 논리가 경제 발전과 효율성이지만
실제로 드러난 사실은 그와는 반대되는 결과이었음을 장하준은 지적
한다. 낙수효과를 주장하면서 부자들에게 유리한 소득재분배를 추진
해 온 신자유의 경제 정책이 그 자체로도 실제로 효과를 거두지조
차 못했음을 지적한다. "문제는 부자들에게 유리한 신자유의 개혁
이 시작된 1980년대 이래 경제 성장률이 실질적으로 더 떨어졌다는

---

48 칼 폴라니, 『거대한 전환』, 360.

것이다. 세계은행 자료에 따르면 1960년대와 1970년대에 전 세계적으로 1인당 평균 소득이 매년 3퍼센트 이상 증가했으나 1980~2009년 사이에는 매년 1.4퍼센트 늘어나는 데 그쳤다."[49]

설령 경제 발전의 효과가 있었다고 해도 그 효과가 가난한 사람들에게까지 미친다고 하는 낙수효과 이론은 전혀 근거가 없다는 것이다. 게다가 그것을 시장 논리에만 맡길 때 그 효과는 미미하다는 것이 장하준의 주장이다. "경제정책연구소(EPI) 조사에 따르면 1989년에서 2006년 사이 미국 총소득 증가의 91퍼센트가 소득 상위 10퍼센트에게 흘러 들어갔다. 더욱이 상위 1퍼센트가 차지한 몫은 총소득 증가의 59퍼센트에 달했다."[50] 이에 비추어볼 때 시장에 맡겨 둔 자발적인 경제 정책을 통해서는 부의 분배가 이루어지지 않는다는 것이 분명해진다. 즉, 낙수효과라고 하는 허구적인 이론에 근거한 부자들을 유리하게 하는 소득 분배와 경제 정책이 사실상은 아무 효과가 없다는 것이다. 오히려 부의 공정한 분배가 가능하려면 정부의 적극적인 정책이 필요하다. 장하준은 이러한 정부의 역할을 강조하는 것으로 부의 평등한 분배의 가능성을 역설한다. "단순히 부자들을 더 부자로 만들어 준다고 해서 나머지 사람들이 더 부유해지는 것은 아니다. 만약 부자들에게 주어지는 더 많은 부가 사회 전체의 혜택으로 파급되게 하려면 국가는 각종 정책 수단(예를 들어 부자와 기업의 감세를 허용하는 대신 투자를 조건으로 제시)을 통해 부자들로 하여금 더 많이 투자하도록 해서 더 높은 경제 성장을 이루어 낼 수 있도록 하며, 복지국가

49 장하준/김희정 · 안세민 옮김, 『그들이 말하지 않는 23가지. 장하준, 더 나은 자본주의를 말하다』(서울: 도서출판 부키, 2010), 194.
50 앞의 책, 195.

같은 메커니즘을 통해 전 사회 구성원들과 성장의 과실을 공유할 수 있도록 해야 한다."[51]

　한 나라가 경제적으로 발전의 과정을 거칠 때, 초기에는 불평등이 심화되지만, 나중에는 감소한다는 이론을 세운 경제학자가 1971년 노벨 경제학상을 수상한 사이먼 쿠즈네츠이다. 그는 쿠즈네츠 가설(Kuznets hypothesis)이라는 이론으로써 경제 발전에 따른 소득 불평등의 감소를 주장했다. "쿠즈네츠에 따르면 경제 발전의 아주 초기에는 소득 분배가 상당히 평등하다. 이 단계에는 대부분의 사람들이 가난한 농부이기 때문이다. 산업화가 진행되면서 점점 더 많은 사람들이 농업에서 임금이 더 높은 산업으로 자리를 옮긴다. 이로 인해 불평등이 생긴다. 쿠즈네츠는 그러나 경제가 더 발달하면 불평등 수준이 낮아지기 시작한다고 주장했다. 대부분의 사람들이 산업 부문에 종사하거나 산업 부문에 서비스를 제공하는 도시 서비스 부문에서 일을 하고, 임금이 낮은 농업 부문에서 일하는 사람들은 거의 없기 때문이라는 것이 그 이유이다. 그 결과 나온 것이 유명한 역U자 모양의 쿠즈네츠 곡선(Kuznets curve)이다."[52]

　그러나 쿠즈네츠의 가설은 뒷받침하는 증거가 극히 미약한 가설이고, 실제적으로도 1970년대까지 불평등이 감소하는 듯했던 선진국들에서도 1980년대 이후 불평등이 다시 증가했다. 미국과 영국 등 일부 국가에서는 불평등이 극적으로 증가했다. 이는 개발도상국의 경우에는 더 심하다. 대다수의 경우 경제 발전이 계속 되어도 불평등

---

51 앞의 책, 197.
52 장하준/김희정 옮김, 『장하준의 경제학 강의. 지금 우리를 위한 경제학 사용 설명서』(서울: 부키, 2014), 314.

은 거의 감소하지 않았다.[53]

쿠즈네츠의 이론을 세밀히 분석하고 비판한 학자는 토마 피케티
(Thomas Piketty)이다. 사실 쿠즈네츠의 기념비적인 공헌은 처음으로
철저한 통계 작업에 기초한 연구라는 점이다. 쿠즈네츠의 연구는 미
국에 국한된 것이었지만, 예전에는 시도하지 못했던 미국 연방 소득
세 신고 자료와 몇 년 전부터 쿠즈네츠 자신이 추정한 미국 국민소득
자료에 의존한 것이었다.[54]

쿠즈네츠가 수집한 자료는 미국의 상위 소득 계층이 전체 국민소
득에서 차지하는 비중의 변화를 계산할 수 있도록 해 주었다. "그가
확인한 것은 1913년과 1948년 사이에 미국의 소득 불평등이 급속히
감소했다는 사실이었다. 더 구체적으로 보면 이 기간이 시작될 때 미
국의 소득 분포상 상위 10퍼센트가 연간 국민소득의 45~50퍼센트를
차지하고 있었다. 1940년대 후반이 되자 상위 10퍼센트의 몫은 국민
소득의 약 30~35퍼센트로 감소했다. … 불평등의 감소는 명백하고
반박할 여지가 없는 것이었다."[55]

이에 대하여 토마 피케티는 정면으로 반박한다. 쿠즈네츠가 새롭
게 도입한 연구 방법은 중요한 것이었지만, 그 통계 자료로부터 도출
된 쿠즈네츠의 결론은 많은 부분 잘못된 논거들로 이루어져 있고, 실
증적 토대도 취약하다는 것이다. 토마 피케티에 의하면 "1914년에서
1945년 사이에 모든 부유한 국가에서 나타난 소득불평등의 급속한
감소는 무엇보다도 두 차례의 세계대전과 전쟁이 (특히 많은 재산을 가

---

53 앞의 책, 315.
54 토마 피케티/장경덕 외 옮김, 『21세기 자본』, 21.
55 앞의 책, 22-23.

진 이들에게) 불러 온 강력한 경제적, 정치적 충격에 기인하는 것이었다. 이는 쿠즈네츠가 묘사한 산업 부문 간 이동의 평화로운 과정과는 거의 관련이 없다."[56]

쿠즈네츠 가설에 대한 반증으로서 토마 피케티는 1970년대 이후 크게 증가한 선진국들에서의 소득불평등을 이야기한다. "특히 미국에서는 2000년대 들어 소득 집중도가 1910년대 수준으로—사실은 그보다 조금 높은 수준으로— 되돌아갔다."[57] 그리하여 토마 피케티는 경제적 불평등의 문제와 부의 분배를 다루는 일이 경제학의 중요한 일임을 강조한다. "성장이 자동적으로 균형을 찾을 것이라고 믿어야 할 근본적인 이유는 아무것도 없다. 우리는 이미 오래전에 불평등 문제를 경제 분석의 한가운데로 되돌려 놓고 19세기에 처음 제기되었던 질문들을 다시 제기했어야 했다. 너무나 오랫동안 경제학자들은 부의 분배를 소홀히 했다."[58]

낙수효과의 허구는 이미 밝혀졌다. 그리고 낙수효과는 경제 발전이 상위 고소득 계층에게 집중되는 것을 정당화하기 위한 이론적 허구에 지나지 않는다는 것은 이제 의문의 여지가 없다. 더구나 그것이 신자유주의 경제 정책과 맞물려서 소위 효율적인 경제 성장을 이룩한다고 하는 허상으로 드러났다. 이러한 성장과 효율성 일변도의 논리로 무장한 신자유주의가 경제 영역뿐 아니라, 전체 사회를 자신의 논리로 추동한다는 것이 앞으로 밝힐 신자유주의의 허상이다.

비교적 최근에 국제통화기금(IMF)이 낙수효과 무용론을 발표했다

---

56 앞의 책, 25.
57 앞의 책, 25.
58 앞의 책, 26.

는 것은 신자유주의가 주장해 온 성장 우선주의 논리를 정면으로 부정하는 것이다. 더욱이 과거에 신자유주의 경제 정책을 찬동하는 입장에서 신자유주의의 세계화를 추동해 온 IMF의 입장 선회는 획기적인 것이다.

2015년, 국제통화기금(IMF)은 1980년부터 2012년까지 전 세계 159개국의 소득과 경제 성장과 관련한 자료를 토대로 실증, 분석한 "소득 불평등의 원인과 결과"라는 연구보고서를 발표, 낙수효과의 무용론을 제기한 것으로 큰 화제를 불러일으켰다.

낙수효과란 부자의 소득이 늘어나면 소비와 투자 확대 등으로 그 돈이 저소득층에도 흘러들어 경제가 성장한다는 논리다. 그러나 IMF가 발표한 보고서에서는 상위 20%가 소득 1%p 늘어나면 경제 성장률이 0.08% 후퇴하고, 오히려 하위 20%(1분위)의 소득 비중이 1%p 증가하면, 5년간 0.38%의 경제 성장 효과가 생기는 것으로 나타나 낙수효과 이론을 정면으로 뒤집었다.

보고서는 '소득 불평등 확대 → 저소득층 교육 기회 감소 → 노동생산성 저하 → 경제 성장률 감소'라는 가설을 통해 "소득이 한쪽으로 집중되면 총수요(한 나라 경제 주체들이 필요로 하는 재화와 용역의 총량)가 줄어들고 그 결과 성장률이 감소한다"고 분석하였다.

결국 하위 20%의 소득이 늘어야 성장이 이루어진다는 보고서의 연구 결과는 소득 양극화를 해소하고 중산층을 두껍게 해야 경제에 도움이 된다는 메시지를 던져 주었고, 낙수효과를 주장하며 성장 일변도를 외쳐온 기업들에게 경종을 울렸다.[59]

OECD도 불평등이 경제 성장에 악영향을 끼친다는 점을 명백히한다. 불평등은 교육 기회 부족을 야기하고, 이는 사회 전반의 전문인력 부족으로 이어져 경제 성장을 저해한다는 것이다. "불평등 정도가 심한 국가에서는 교육 수준이 낮은 부모에게서 태어난 아이가 높은 수준의 교육을 받기가 어렵고, 그 결과 사회 전체의 전문 역량까지 저하된다는 지적이다. 또한 불평등이 심해지면 사회적 신뢰가 파괴되고, 기술 투자가 감소하며, 물건과 서비스에 대한 수요가 줄어 성장을 저해한다."[60]

최근 국제기구들에서 발표한 성장과 불평등의 상관관계 연구를 살펴보는 것은 우리의 논의에 도움을 줄 것이다.

성장과 불평등의 상관관계에 대한 연구[61]

기구 이름	경제협력개발기구 OECD (2014. 12.)	국제통화기금 IMF(2014. 4.)	국제노동기구 ILO(2015. 2.)
주요 내용	"소득 불평등 확대는 성장에 (부정적) 영향을 미친 가장 큰 단일 변수" "불평등 해소가 강력하고 지속 가능한 성장을 위한 핵심 요소"	"불평등 해소와 성장 확대는 동전의 양면이다. 부유층에 소득이 집중되는 현상은 윤리적으로 바람직하지 않을 뿐만 아니라 안정적인 경제 성장도 가로막고 있다."	"노동시간 임금 격차 축소 시 3조 7,000억 달러 규모의 세계 총생산량 증가"

59 KT경제경영연구소,『한국형 4차 산업혁명의 미래』(서울: 한스미디어, 2017), 127.
60 앞의 책, 131.
61 앞의 책.

6. 신자유주의 통치를 통한 전체 사회의 변화

앞에서 이미 밝힌 것처럼 신자유주의는 단순한 경제 이론이 아니다. 그것은 목적한 바 통치를 위한 경제 정책이며, 사실상은 경제 정책까지도 뛰어넘어 전 사회를 추동해 가는 또 다른 의미의 폭력으로 등장한다. 그리하여 신자유주의 통치를 통한 새로운 사회 질서가 양산되며, 이러한 새로운 사회 질서와 그를 위한 통치를 통해 개인 주체의 왜곡된 모습이 등장하게 된다. 이는 뒤에서 다룰 신자유주의의 형성 과정 속에서 더 자세하게 드러날 것이나 여기서는 기본적인 허상을 벗길 진실을 다루고자 한다.

신자유주의 경제 정책은 오늘 우리가 직면하는 사회적 불평등(이는 단순히 경제적인 불평등에 그치지 않는다)과 그로 인한 개인의 고유한 가치마저 사회적 성과를 이루어 내는 능력에 따라 평가하는 물신 지배의 풍조를 만들어 내었다. 이와 아울러 사회복지나 사회적 약자에 대한 배려 등 국가가 책임져야 할 그리고 예전에 당연히 책임져 왔던 국가의 의무조차 국가 개입의 최소화, 시장 논리, 노동의 유연화, 작은 정부 등의 가면 뒤에서 사실상은 국가의 계획적인 경쟁 구도 양산 등으로 조종되고 있는 것이 현재 신자유주의 통치의 실상이다.

신자유주의는 개인과 사회를 시장 관계에 얽매이게 한다. 모든 사회적 관계가 시장 관계에 종속되고, 결국 자본의 논리에 종속된다. 처음에는 경제 영역에서만 시장 논리를 강조하던 신자유주의자들이 점차 사회 각 분야에서도 시장 논리를 강조하게 된다. 여기서 가장 중요한 화두는 '경쟁력'이 된다. 개인, 집단, 사회, 국가 어느 단위를 막론하고 신자유주의 시대의 최대 목표는 경쟁력 강화이다. 이러한 현상은 민영화로 추진되는 국영기업에서도 마찬가지로 일어난다. 국민 전체에 대한 보편적 서비스를 제공하던 국영사업들도 민영화되어 자본의 손에 넘어가면서 이윤 획득이라고 하는 자본의 논리에 빠지게 된다. 그뿐만 아니라 교육조차도 경쟁력 강화에 초점을 맞추게 된다. 언제부턴가 젊은 학생들의 스펙이라는 용어가 범람하게 되었다. 학생들 스스로가 자신을 가치 있는 상품으로 만들어야 하는 과제를 짊어지게 되었다. 신자유주의 시대에 '상품성'이라는 말은 어느 분야를 막론하고 보편적인 용어와 가치가 되어 버렸다.[62]

앞에서도 이야기한 것처럼 신자유주의에 자리 잡은 '자유'라고 하는 용어 자체가 새로운 의미 내지는 의미의 변질로 등장하게 된다. 그리고 신자유주의 시대를 살아가는 사람들은 그러한 변질된 자유를 자유로 알고 살아간다. "자유방임 시장, 경쟁적 자본주의가 정치적 자유를 촉진한다는 견해는 신자유주의 사상의 뿌리라고 할 수 있다. 여기서 주목할 것은 애초 만민평등사상과 짝짓기 된 바 있던 '자유' 개념이 신자유주의 경제학 이론을 거치면서 '평등'보다는 '경쟁' 개념과 더 밀접하게 연결되기 시작했다는 점이다. … 여기서 '개인의 자유는 시장과 무역의 자유에 의해 보장된다'는 신자유주의 이론의 핵심적 가정이 등장한다."[63]

이를 정확히 살펴보기 위해 권수현은 신자유주의 시대 이전과 이후의 자유 개념이 어떻게 바뀌었는지 살펴본다. "개인의 자유를 '좋은 삶'(good life)의 가치와 연결지어 사유했던 케인스 사상이 주류였던

62 강상구,『신자유주의의 역사와 진실』(서울: 문화과학사, 2000), 217-219.
63 김현미·강미연·권수현·김고연주·박성일·정승화,『친밀한 적. 신자유주의는 어떻게 일상이 되었나』(서울: 도서출판 이후, 2010), 39.

시기에 개인의 자유는 자신이 속한 사회에 대한 책임, 타자와의 공존과 함께 모색되었다."[64] 신자유주의 시대의 자유는 이와는 다른 방식으로 정의된다. 케인스의 경우 자유는 "'스스로를 자신의 주인이 되게 하는 자유', 자신의 발전 가능성을 실현시킬 수 있는 자유를 의미했으며, 무한 경쟁은 약육강식의 사회를 만든다고 보았다."[65]

이에 반해 신자유주의 이론에서 말하는 자유는 경쟁의 자유를 의미한다. "신자유주의 이론에서 경쟁은 체제의 발전과 인간의 자유를 보장하는 데 필수적인 미덕으로 간주된다. 신자유주의에서 주목할 것은 이와 같이 '자유'가 정의되는 방식이다. 신자유주의 사상의 전파와 더불어 평등보다는 경쟁이 인간의 자유와 행복에 더 중요하다는 생각이 광범위하게 받아들여지기 시작했다."[66]

수잔 조지가 신자유주의하에 정치를 평하는 말은 이런 의미에서 돌아볼 필요가 있다. "내가 보건대 신자유주의는 정치의 기본 성격을 변화시켰다. 정치의 주된 관심사는 누가 누구를 지배하며 누가 얼마만큼의 파이를 갖는가 하는 것이었다. 물론 이러한 두 가지 핵심적 문제가 여전히 남아 있기는 하지만 오늘날 정치의 새로운 주제는 '누가 살 수 있는 권리가 있고 누가 없는가?' 하는 것이다. 근본적인 배제가 오늘날의 시대 질서이며, 이것은 참으로 심각한 문제가 아닐 수 없다."[67]

---

64 앞의 책, 40.

65 앞의 책.

66 앞의 책, 40-41.

67 Susan George, " A Short History of Neoliberalism: Twenty Years of Elite Economics and Emerging Opportunities for Structural Change," *Global Policy Forum*, March 24-26, 1999. 헨리 지루/변종헌 옮김, 『신자유주의의 테러리즘』(고양: 도서출판 인간사랑, 2009), 101

신자유주의 체제 아래에서는 공공선을 지향하는 국가의 법칙보다 시장의 법칙이 우위에 있다. 그리하여 민주적 사회에서 당연히 제기되어야 하는 인간과 사회적 가치에 대한 담론은 점점 더 설 자리를 잃어버리게 된다. 그리하여 우리가 살아가는 사회의 현재와 미래는 타자를 위한 연대나 정의, 평화 등의 공적인 가치에 대한 목소리는 점점 더 미약해지고, 오직 타인과의 경쟁 관계 속에서 스스로 개인의 경쟁력을 높이는 것이 지고의 가치인 것으로 미화되는 모습으로 변질된다. 이러한 신자유주의의 추동이 경제적 문제보다 더욱 심각하게 우리를 위협하는 신자유주의의 보이지 않는 폭력이다. "권리, 권한, 사회보장, 공동체, 사회적 책임, 최저 생활 임금, 직업 안전성, 평등, 정의와 같은 자유 민주주의적 용어들은 민주주의의 미래가 카지노 자본주의(casino capitalism), 요컨대 로또를 하는 사람이나 주식 단기 매매자와 잘 어울리는 승자독식의 철학에 의해 대체된 국가에서는 설 자리가 없는 것처럼 보인다."[68]

이러한 사태에 대한 보다 상세한 이야기는 4장 신자유주의의 본질에서 다루기로 한다. 여기서는 신자유주의에 대한 허상을 타파하는 것으로만 매듭짓는다.

7. 경제적 효율성과 윤리성

신자유주의의 가장 중요한 가치는 경제적 효율성이다. 경제적 효율성을 추구하기 위하여 경쟁을 미화하고, 기업을 민영화하고, 작은

에서 재인용.
68 앞의 책, 106.

정부를 표방하고, 낙수효과로 눈을 흐리게 하고, 사회적 정의를 외면하고, 사회복지를 축소하고, 자본에 대한 규제를 철폐하고, 비정규직 노동자들을 양산하고, 지금까지 인류가 지향해 왔던 자유와 평등의 가치를 변질시켜 경쟁의 자유만을 주장한다면, 그러한 경제적 효율성은 누구를 위한 것이며, 무엇을 위한 것인가 하는 근원적인 물음이 제기되어야 한다.

가치의 문제로 (흔히 잘못 생각하듯이) 경제의 문제인 신자유주의를 논의한다는 것이 무슨 의미가 있는가라는 물음은 그 물음 자체가 잘못 정초된 것이다. 무엇보다도 앞에서 이미 이야기했지만, 신자유주의는 단순한 경제 문제가 아니다. 무엇보다도 단순한 경제 이론의 문제가 아니다. 더 나아가서 신자유주의는 경제 영역에 국한된 문제가 아니라 그 원리를—이 원리 부분은 4장 신자유주의 본질에서 자세히 다루어질 것이다— 사회 각 부분에 각인시켜 그 원리에 따라 살도록 모든 가치 판단과 체제를 휘몰아 가는 폭력적 권세이다. 아니 단순히 경제 문제라 하더라도 그것은 가치중립적인 것은 아니다. 인간과 인간이 살아가는 사회를 연구의 대상으로 삼는 학문이 스스로를 가치중립적인 것으로 여긴다면 그것은 이미 잘못 정초된 학문 자세이다. 이 점을 장하준은 분명히 한다. "경제학은 가치 판단이 들어가는 학문이다. … 기술적 개념과 건조한 숫자에도 온갖 종류의 가치 판단이 깃들어 있다. 잘산다는 것이 무엇인지, 소수 의견을 어떻게 처리할 것인지, 무엇을 사회 발전이라고 규정할 것인지, 어떻게 '공공선'을 달성하는 것이 도덕적인지 등등에 관해서 말이다. 특정한 정치적, 윤리적 시각에서는 어떤 이론이 다른 이론보다 더 '옳을'지라도 또 다른 시각에서 봤을 때는 그렇지 않을 수도 있다."[69]

이미 시장을 규정하는 논리 자체가 가치중립적인 것은 아니다. 우리가 시장에서 거래할 수 있는 상품과 그럴 수 없는 상품은 윤리적, 가치적 판단에 따라 법으로 정해진다. 시장에서 거래될 수 있는 품목이 정해지는 기준은 그것이 국가에 의한 것이든, 관습적인 것이든 간에 법적인 가치나 인습적인 가치에 따르는 것이다. "모든 사회에는 시장 거래가 금지된 것들이 있다. 인간(노예), 인간 장기, 아동 노동, 무기, 관직, 의료 서비스, 의사 자격증, 인간 혈액, 교육 자격증 등등이 그 예이다. 그러나 이 중 그 어느 것에도 시장에서 사고팔면 안 되는 '경제적' 이유는 없다. 사실 이 모두가 어떤 시대, 어떤 장소에서는 합법적인 시장 거래의 대상이었던 적이 있다."[70]

거래되는 상품의 품목만 가치중립적이지 않은 것이 아니다. 거래하는 방식에도 가치 판단이 개입된다. 예컨대 상품에 대한 허위 광고나 과대 정보를 통한 판매 등은 법적으로 제재를 받는다. 또한 상품의 생산을 위한 기업의 조건 등도 가치 판단을 동반한 정부의 규제와 감독을 받는다. 그뿐만 아니라 노동자와 고용인에 관한 법들도 그 기초는 윤리적 가치 판단에 근거한 것이다. 시대와 지역에 따라 차이는 있을지언정 각각의 경우마다의 합당한 가치 판단에 근거하는 것이다. 물론 시대마다 가치 판단이 서로 상이할 수도 있고, 문화권마다 가치 판단의 근거가 다를 수도 있다. 하지만 중요한 것은 그 시대와 그 문화권 내에서는 합당한 가치 판단을 한 것이고 그에 따른 시장의 조건이 정해진다는 것이다. 그러므로 우리가 신자유주의라는 화두를 다룰 때, 신자유주의를 가치중립적으로 접근할 필요는 없는 것이며,

69 장하준, 『장하준의 경제학 강의』, 116-117.
70 앞의 책, 383.

신자유주의를 경제 이론이라는 틀을 씌워 가치중립적인 것으로 논의하려는 시도도 용납할 필요가 없다. 이에 관하여는 본서의 2부에서 좀 더 상세히 고찰하기로 한다. 신자유주의에서 주장하는 효율성과 이타주의에서 지향하는 효율성을 비교하면서 우리가 추구해야 할 가치는 어디에 있는 것인지 검토하고자 한다. 언어는 동일하게 쓰여도 전혀 다른 가치의 방향성을 드러낼 수 있다. 동일한 언어 배후에 있는 본래의 성격을 규명하는 것이야말로 신자유주의를 분석할 때 필수적으로 갖추어야 하는 능력이다. 효율성에 대한 분석과 함께 기독교 신학이 지향해야 할 가치를 논구하는 내용이 2부 후반부에서 다루어질 내용이다.

3장
신자유주의의 형성

2장에서 신자유주의의 허상과 진실을 어느 정도 살펴보았는데, 3장에서는 신자유주의의 형성 과정을 역사적으로 살펴보고자 한다. 이 책이 경제학 전문 서적은 아니기에 경제학의 전체 역사를 살펴볼 필요는 없다고 생각한다. 그러나 우리가 신자유주의의 본질을 정확히 알기 위해서는 신자유주의가 역사적으로 어떻게 형성되었는지 개략적인 모습은 알 필요가 있다. 이 과정을 통하여 신자유주의가 역사적으로 어떠한 과정을 거쳐 형성되었으며, 이러한 역사적 과정 속에서 어떤 정치·경제적 함의가 그 안에 내포되어 있는지를 살펴볼 것이다.

1. 브레튼우즈 체제의 붕괴

신자유주의적 금융자본주의를 바르게 이해하기 위해서는 브레튼우즈 체제가 붕괴되면서 국제 환율제도가 고정환율제에서 변동환율제로 바뀌게 되는 역사를 아는 것이 중요하다. 이러한 국제 환율제도의 변화는 세계의 경제 질서를 변화시켰으며, 금융의 세계화를 통한 카지노 자본주의를 탄생시켰다. 여기서는 먼저 브레튼우즈 체제가 무엇인지부터 자세히 알아보기로 한다.

제2차 세계대전이 끝난 후, 1944년 7월 미국 뉴햄프셔주의 브레튼우즈라는 작은 마을에서 연합국통화금융회의가 개최되었고, 이 회의에서 IMF(국제통화기금)와 세계은행의 설립이 결정되었다. 이 두 기구와 1948년에 발족된 GATT(관세와 무역에 관한 일반 협정)를 통틀어 '브레튼우즈 기구'라고 부르며, 이 기구들에 의하여 좌우되는 세계 경제 질서를 '브레튼우즈체제'라고 부르게 된다. 이 기구들의 역할을 간략하게 정리하면 IMF는 국제통화 질서를 안정적으로 유지하는 역할을, 세계은행은 전쟁으로 파괴된 세계 경제를 되살리기 위해 장기로 자금을 대출해 주는 역할을, GATT는 국제무역 질서를 지키는 역할을 주요 업무로 삼았다. 이 브레튼우즈 기구들은 모두 미국의 영향력하에서 만들어지고 운영되면서 후에 신자유주의가 태동하는 맹아가 되었다.[1]

브레튼우즈 체제에서 중요한 점은 이 체제를 통해서 무엇이 형성되었는가 하는 것이다. 당시까지 금본위제를 채택하고 있던 전 세계의 국가들의 국제적 통화질서를 만드는 것이 주요한 의제였으며, 이를 통해 금과 함께 미국의 달러가 유일한 국제통화, 곧 기축통화로 정해지게 된 것이다. 이는 전후 미국의 금 보유량(전 세계의 60%로 추산함)과 미국의 막강한 정치 군사력에 기인한 것으로 미국의 세계 경제 지배의 시금석이 된다. 미국은 금 1온스당 35달러의 기준을 정하고,

---

1 강상구, 『신자유주의의 역사와 진실』, 25-26.

이렇게 금과의 교환 비율이 정해진 달러를 금과 함께 세계 통화의 기준으로 삼고, 다른 화폐들이 이 기준에 따라 달러와의 교환 비율을 정하는 것으로 국제통화기준을 정한다. 이렇게 정해진 환율을 유지하기 위한 각국 정부의 노력과 함께 고정환율제가 자리 잡기 위해서는 외환, 즉 달러가 부족한 나라에 달러를 빌려줄 기구가 필요한데, 이 역할을 담당한 국제기구가 바로 IMF이다. IMF는 무역 적자국에 달러를 빌려주면서 무역 적자국의 국제수지 적자를 해결하기 위한 노력을 요구하게 되는데, 가장 중요한 정책이 긴축재정이다. 긴축재정을 유도하는 IMF의 자금의 35%는 미국의 자금이었으며, 그 자금 할당액에 따라 투표권이 주어지는 제도하에서 미국이 국제 경제를 자국의 의지대로 좌지우지할 수 있는 토대가 제도적으로 마련된 것이 바로 브레튼우즈 체제의 확립이라고 할 수 있다.[2]

브레튼우즈 체제하 국제질서의 정치·경제적 결과를 지주형은 다음과 같이 요약한다.

결론적으로 브레튼우즈 체제에서 자본주의의 장기 호황은 국민국가의 자본통제라는 틀 안에서의 자유주의, 즉 '제한적 자유주의'(embedded liberalism)를 특징으로 한다. 무역은 다시금 자유화되었지만, 이는 어디까지나 국민국가의 관세 및 비관세장벽을 통해 통제할 수 있는 국제무역의 성격을 띠었고, 자본이동과 금융 또한 각국 정부의 재정 정책의 자율성을 위해 통제되었다. 이는 산업생산의 확대와 경제 발전을 위해서 국민국가가 자본투자에 따르는 생산과 수요 측면의 리스크를 관리하고 부담하는

---

2 앞의 책, 27-29.

체제였다. 그리고 이를 뒷받침한 것은 자유로운 자본이동이 안정적인 환율제도, 자유무역, 재정 정책의 자율성과 양립할 수 없다는 신념 그리고 1947년 이후 냉전기에 미국이 반소 동맹 세력 구축이라는 전략적 목표하에 서유럽과 일본 등의 자본통제에 대해 보인 우호적 태도 등이었다.[3]

사실 브레튼우즈 체제로 대변되는 시기, 즉 1945년부터 1970년대 초까지의 시기는 소위 자본주의의 황금기였다. "1950년에서 1973년 사이 서유럽의 1인당 소득성장률은 연간 4.1퍼센트라는 놀라운 기록을 세웠다. 미국은 이보다는 느리지만 선례를 찾아볼 수 없는 2.5퍼센트를 기록했고, 서독은 5.0퍼센트를 달성해서 '라인강의 기적'이라는 별명을 얻었다. 일본은 이보다 더한 8.1퍼센트를 기록해 이후 반세기 동안 동아시아에서 일어날 '경제 기적'의 선구자가 되었다."[4]

신자유주의 체제가 도입되기 전의 상황을 자세히 살펴보기 위해서 이 당시의 경제적 상황 및 경제 정책을 좀 더 자세히 살펴보고자 한다. 경제 성장률뿐 아니라, 선진 자본주의 국가에서의 노동자 계층을 위한 복지 및 그들의 처지도 이전 및 이후 시대와 비교하여 최상의 모습을 보인다. 선진 자본주의 국가들의 경우 "경제는 생산량(따라서 고용), 가격, 금융 등 여러 면에서 무척 안정적이었다. 이전 시기에 비해 생산량의 부침이 훨씬 적었는데, 이는 경제가 하향 곡선을 그릴 때는 정부 지출을 늘리고 상향 곡선을 그릴 때는 지출을 줄이는 방식인 케인스식 재정 정책의 공이 컸다."[5]

---

3 지주형, 『한국 신자유주의의 형성과 기원』, 34.
4 장하준/김희정, 『장하준의 경제학 강의』, 85.
5 앞의 책.

자본주의의 황금기의 원인에는 여러 가지가 있을 수 있지만, 장하준은 가장 영향력 있는 설명으로 경제 정책과 제도를 개혁해 **혼합 경제 체제**(mixed economy)를 탄생시키고 운영했기 때문이라고 말한다. 이는 자본주의와 사회주의의 장점을 섞었다는 의미이다. 이는 대공황 이후 자유방임주의의 자본주의의 한계를 자각하고 정부의 능동적인 역할이 시작된 것으로 특징 지어진다.[6] 이러한 경제 정책을 대변하는 케인스주의에 대한 자세한 설명은 다음 절에서 다루겠지만, 이 시기에 대한 장하준의 평가는 앞으로의 논의를 위해서 새겨들을 만하다.

　　자본주의의 황금기 동안 정부의 개입은 부자 나라들의 국제무역 부문만을 제외하고 모든 나라의 모든 부문에서 대단히 많이 늘었다. 이렇게 강도 높은 정부 개입에도 불구하고 부자 나라들과 개발도상국들 모두가 이전보다 훨씬 높은 경제 성장을 기록했다. … 1980년대에 정부 개입이 상당히 줄어든 뒤로는 이 시기의 경제 실적을 능가한 시기가 없다. 자본주의의 황금기는 자본주의의 잠재력이 정부 정책에 의해 제대로 규제되고 자극될 때 극대화된다는 것을 증명한 것이다.[7]

　　브레튼우즈 체제는 결국 붕괴된다. 미국의 닉슨 대통령은 1971년 8월 15일 금태환을 무기한 중지하겠다고 밝힘으로써 브레튼우즈 체제의 기반이 무너진 것이다. 왜 이런 일이 발생했을까? 이에 대해 지주형은 세 가지 원인을 들어 설명한다.

---

6 앞의 책, 88.
7 앞의 책, 92.

첫째, 미국의 금 보유고가 급격히 줄어들었다. 이는 민간자본의 해외 유출과 경기부양에 따른 미국 정부의 재정적자와 해외 군사 지출의 증가로 누적된 국제수지 적자에 기인했다. 이러한 두 가지 경로로 외국 중앙은행의 달러 보유가 늘어나고 달러의 금태환이 증가하면서 미국의 금 보유고가 계속 감소했다.

둘째, 미국의 해외 지출 증가로 인한 대외적자가 계속 증가하고 미국 내 인플레이션이 심화되었다. 이를 해결하기 위한 방책으로 미국은 외국자본의 유입에 의존하게 되고, 금 결제의 부담 없이 외국으로부터 달러를 빌려 지출을 증가시킬 수 있게 되었다.

셋째, 금 보유고의 감소가 시작되자 미국은 금태환을 계속할 능력도 의지도 없게 되었다. 이와 함께 자본 이동 자유화가 발생하고 동시에 미국의 국제금융 관료들도 대부분 자본이동의 자유화를 옹호하는 신자유주의적 사상과 이념을 가지고 있었다. 당시 미 국무장관이었던 조지 슐츠는 신자유주의자 밀턴 프리드먼과 막역한 사이로 국가 간 자본이동 자유화를 추진했다. 자국의 대외수지 적자를 긴축정책이 아닌 외국자본의 유입, 즉 자본수지 흑자를 통해 보전하고자 했던 것이다.[8]

이러한 변화는 신자유주의 정책과 함께 지구촌 경제의 심각한 변화를 초래하였다.

브레튼우즈 체제의 종말로 금태환 본위 고정환율제는 변동환율제로 대체되고 케인스주의적 자본이동 통제는 신자유주의적인 자본이동 자유화로

---

8 지주형, 『한국 신자유주의의 형성과 기원』, 61-63.

바뀌었으며 IMF와 IBRD 같은 브레턴우즈 기관의 기능도 국제수지 적자 보전과 전후 재건에서 구조개혁으로 변화했다. 이에 따라 국가 간에 경쟁적 환율조정이 가능해졌을 뿐 아니라 자본은 국경을 자유롭게 넘나들며 케인스적 재정·통화정책과 각종 사회적 규제를 무력화시킬 수 있게 되었다. 다시 말해 자본은 투자한 나라의 세율, 이자율, 인건비, 노동 규제 등이 마음에 안 들면 얼마든지 다른 곳으로 옮길 수 있게 되었다. 그러나 무엇보다 중요한 사실은 브레턴우즈 체제의 붕괴로 지구적 자본주의의 질서, 특히 축적의 방식이 완전히 변모했다는 점이다. 자본이동에 대한 통제가 줄어들자, 신자유주의적 축적은 '카지노 자본주의' 및 '경제전쟁'의 양상을 띤 금융과 생산의 지구화라는 모습으로 나타났다.[9]

2. 케인스주의의 위기

케인스주의가 경제 이론으로 자리매김하게 된 데에는 1930년대 전 세계를 휩쓴 세계 경제 대공황의 영향이 컸다. 세계 경제 대공황은 인류가 경험해 보지 못한 미증유의 사건이었다. 실제적인 지표를 보면 이 공황이 어떠했는지를 짐작할 수 있다. "공황이 발발한 3년 후인 1932년의 주요 경제활동 지표를 살펴보면 미국의 경우 1929년에 비해 국민소득은 46%, 고용은 62%, 공업생산은 54% 수준으로 급락했다. 영국, 프랑스, 독일 등은 미국보다는 상대적으로 나은 편이었지만 주요 경제활동 지표가 급락한 것은 마찬가지였다. 국제무역도 급감하여 1932년의 국제무역액은 1929년에 비해 35% 정도 감소하였다.

---

9 앞의 책, 63-64.

그뿐만 아니라 영국과 미국을 비롯하여 대부분의 국가에서 금본위제를 정지하고, 보호무역주의를 크게 강화하는 등 경제활동의 수축에 못지않게 심각한 상황이 국제금융 관계와 국제 경제 질서에서도 나타났다."[10]

이러한 상황에서 무력해진 고전파 경제학의 모순을 해결하고자 등장한 경제학적 통찰이 케인스의 『고용, 이자 및 화폐의 일반 이론』이다. 여기서 케인스의 이론을 조목조목 연구할 필요는 없으나, 그의 경제학의 개요 및 그 적용에 대해서는 살펴볼 필요가 있다. 케인스는 20세기 가장 중요한 경제학자로 지목받는다. "그는 거시 경제학 분야를 창시하여 경제학에 대한 정의를 바꾸었는데, 거시 경제학이란 경제의 각 부분을 단순히 더하는 것이 아니라 경제 전체를 하나의 단위로 보고 분석하는 경제학 분야이다."[11]

경제 전체를 하나의 단위로 보고 분석하는 케인스에게 있어서 민간부문의 경제활동에 대한 자유방임은 부적절한 것이었다. 그는 정부 기능의 확대를 역설한다. "대공황의 교훈을 거울삼아 선진 자본주의 국가들은 의도적으로 **경기 역행적 거시경제정책**(countercyclical macroeconomic policy)을 시행했다. 케인스식 정책이라고도 알려진 이 정책은 경제가 어려울 때 정부 지출을 늘리고 중앙은행의 통화 공급도 늘리는 반면, 경제가 상향 곡선을 그리는 동안에는 지출과 통화 공급을 줄이는 것이다."[12]

대공황의 경험을 통해 규제되지 않은 금융 시장의 잠재적 위험성

---

10 김준현, 『경제적 세계화와 빈곤문제 그리고 국가』 (파주: 집문당, 2008), 130-131.
11 장하준/김희정, 『장하준의 경제학 강의』, 149.
12 앞의 책, 89.

을 깨달은 나라들은 금융 규제도 강화하였다. 또한 "다수의 정부들이 **선별적 산업 정책**(selective industrial policy)을 채용해서 무역 보호와 보조금 등의 다양한 방법으로 특정 '전략' 산업을 의도적으로 장려했다. 미국 정부는 공식적으로는 산업 정책이 없다는 입장을 고수했지만, 컴퓨터는 국무성, 반도체는 해군, 항공기는 공군, 인터넷은 방위고등연구계획국, 제약 및 생명 공학은 국립보건원이 지원하는 등의 형태로 첨단 산업에 막대한 액수의 연구비를 보조해서 특정 분야의 발전에 큰 영향을 끼쳤다."[13]

이러한 케인스 경제 이론의 핵심은 정부 기능의 확대이다. 케인스가 현대 경제의 두드러진 문제점으로 지적하는 것은 완전고용을 성취하지 못한다는 점과 부와 소득의 분배가 자의적이고 불평등하다는 점이다. 이를 해결하기 위한 방안으로 케인스가 제안하는 것은 "조세 제도에 의한 소득재분배, 국가에 의한 이자율 관리, 투자의 사회화 등"[14]이다.

케인스의 경제 이론은 기존의 이론을 뒤엎는 획기적인 것이었고, 그의 이론에 근거한 경제 정책을 수용한 세계 각국의 정부들은 "케인스학파 경제학에 근거하여 이전의 소극적인 자세에서 벗어나 적극적으로 총수요관리정책을 실시함으로써 경기침체와 인플레이션에 대응하였다. 그 결과 서구의 선진 산업 국가들은 소위 '영광의 30년'이라는 사상 유례를 보기 드문 번영을 구가하였다. 이로 인해 케인스학파 경제학과 개입주의는 제2차 세계대전 이후 1970년대 초까지 그 전성기를 구가했다."[15]

---

13 앞의 책, 90.
14 김준현, 『경제적 세계화와 빈곤문제 그리고 국가』, 145.

그러나 1970년대 초에 석유파동으로 세계 경제가 장기불황의 늪에 빠지자, 케인스학파의 경제 정책에 대한 반동이 등장하게 된 바, 케인스 경제 이론에 반대하여 고전적 자유주의의 부활을 외치며 신자유주의가 등장하게 된 것이다. 자본주의의 황금기는 1973년 1차 오일쇼크가 닥치면서 종말을 고했다. 오일쇼크보다 더 큰 문제는 "이후 몇 년 동안 **스태그플레이션**(stagflation)으로 특징지어지는 시대가 도래했다는 사실이다. 이 시기에 새로 만들어진 이 용어는 불경기 (stagnaion)에는 가격이 떨어지고, 호황 때는 가격이 오른다(inflation)는 오래된 경제학적 규칙이 깨졌음을 보여 준다. 대공황 때처럼 긴 불경기는 아니지만, 경기가 나빠지는데 가격은 빠르게 올라서 1년에 10~15퍼센트, 심지어는 25퍼센트의 물가 상승률을 기록했기 때문이다."16

1979년 2차 오일쇼크를 겪으면서 영국, 미국과 같은 주요 자본주의 국가에 신자유주의를 신봉하는 정부들이 들어서게 됨으로써, 신자유주의는 세계 경제를 이끌어 가는 새로운 주도 경제 세력으로 등장한다. 그러나 장하준에 의하면 혼합 경제 모델을 비판하며 이 불경기의 시기를 완전한 실패의 시대로 해석하는 자유시장 경제학자들의 주장은 전혀 사실과 맞지 않는 것이다. 장하준은 구체적 경기 지표를 인용하여 이 시기에 대한 신자유주의자들의 그릇된 견해를 지적한다. "선진 자본주의 국가들의 성장률이 황금기와 비교해서는 줄었을지 모르지만, 1973~1980년 사이에 2퍼센트를 기록한 연간 1인당 소득 증가율은 2차 대전 이전의 어느 시대(1.2~1.4퍼센트)보다 높았고, 심지

15 앞의 책, 148.
16 장하준/김희정, 『장하준의 경제학 강의』, 94.

어 신자유주의가 풍미한 향후 30년(1980~2010 사이 1.8퍼센트)과 비교해도 약간 높다. 평균 4.1퍼센트였던 실업률은 3퍼센트였던 황금기에 비해 높기는 하지만 그 차이가 그다지 크지는 않다."17

이렇게 볼 때 케인스 정치경제 체제에서 신자유주의 정치경제 체제로의 전환은 단순한 효과적인 정치경제적 선택 이상의 것임을 알 수 있다. 여기에 중요한 계기로 작용하는 것은 미국과 영국에서 등장한 보수당의 집권과 그에 따른 경제 정책의 보수화를 들 수 있다. 다시 말해 정치·경제적 기득권의 이익을 대변하는 방향으로 모든 국가 정책이 설정된 것이다. 특별히 신자유주의를 국가의 정책으로 채택하고 국가 전체의 변화를 추구한 미국의 레이건과 영국의 대처에 의한 신자유주의 개혁의 내용을 살펴보는 것이 중요하다.

3. 대처주의와 레이건주의

앞 절에서 이야기한 것처럼 신자유주의는 단순한 경제 이론이 아니라 구체적 정치적 실천으로 드러난 경제 정책이며, 그로 인해 전체 사회를 휘몰아 가는 통치 이론이다. 여기서는 신자유주의가 국가 내에서 구체적으로, 정치적으로 채택되고 실행된 실례로서 영국의 대처주의와 미국의 레이건주의를 살펴보고자 한다. 신자유주의의 내용은 앞에서 어느 정도 설명된 것이 있기에 그리고 다음 장 신자유주의의 본질에서 더 자세히 논구될 것이기에 여기서는 흔히 대처리즘과 레이거노믹스로 지칭되는 영국과 미국에서 신자유주의 통치가 어떻

---

17 앞의 책, 94.

게 전개되었는지를 살펴보는 것에 집중하고자 한다. 이 두 경우는 비슷한 사례이기는 하나 각국의 구체적인 정치적 사례가 소개될 것이기 때문에 하나씩 나누어서 소개하고자 한다.

1) 대처리즘(Thatcherism)

영국 경제는 1970년대 내내 저성장과 인플레이션 그리고 높은 실업률로 어려움을 겪었다. 평균 경제 성장률은 2.2%에 머물러 EC 국가 중 최하위에 자리했으며, 물가는 연평균 13%씩 상승했고, 실업률은 6%를 기록했다. 정부는 엄청난 재정적자를 짊어지게 되었고, 국제수지는 매년 4억 파운드 이상의 적자를 나타냈다. 이러한 경제적인 어려움으로 인하여 1979년 집권당이 노동당에서 보수당으로 바뀌게 되었다. 이에 대처 정부는 영국의 경제 위기가 방만한 정부의 운영, 효율적이지 못한 조세제도, 강력해진 노동조합 등에서 기인하는 것으로 여기고 강력한 신자유주의 정책을 추진하였다. "대처 정부는 고소득자에 대한 소득세율을 낮추고 교육, 주택, 교통 부문을 중심으로 정부 지출을 삭감하는가 하면, 노동조합의 권한을 줄이는 법안을 도입하고 자본 통제(capital control, 자금의 국제적 흐름에 대한 규제)를 폐지했다. 대처 정부의 가장 상징적인 정책은 민영화(privatization)였다. 국영기업을 개인 투자자들에게 매각한 이 민영화 정책으로 가스, 수도, 전기, 철강, 항공, 자동차 그리고 저소득층을 위한 공영 주택의 일부가 개인에게 팔려 나갔다."[18]

---

18 장하준/김희정,『장하준의 경제학 강의』, 95.

대처가 추진한 정책을 항목별로 분류하면 정부 기능의 축소, 민영화, 노동조합의 연성화로 구분된다. 정부 기능의 축소는 재정 긴축과 조세감면으로 구체화되는데, 이 경우 정부에서 삭감된 정부 지출은 "주택보조금, 교육비, 환경 관련 예산, 국영기업 보조금 등 공공 목적을 위한 지출들로서 정부와 노동자 간의 합의에 의해 만들어졌던 사회복지 차원의 프로그램들이 대부분이었다."[19] 대처 정부는 재정 긴축과 더불어 감세정책을 실시하였다. 그런데 이 감세정책은 모든 국민에게 혜택이 주어진 것이 아니라 고소득층을 위한 감세정책임이 드러난다. 직접세율은 내리고 간접세율은 올리는 방식으로 추진한 감세정책은 누진 효과를 줄이고, 오히려 역진 효과를 유발한 것으로 해석된다. "대처 정부는 직접세율은 내리고 간접세율은 올리는 정책을 실시하였다. 최고소득세율은 83%에서 40%로 내렸으며, 저소득층의 소득세율은 33%에서 25%로 내렸다. 이와 더불어 국민보험료도 인상하였다. 이를 분석해 보면 직접세는 세율 인하를 통하여, 누진 효과를 줄임으로써 소득재분배를 약화시켰고, 조세저항은 거의 없지만 역진성이 강한 간접세율은 인상함으로써 저소득층의 부담은 더욱 커졌다."[20]

민영화에 관한 한 대처 정부는 대대적인 개혁을 단행하였다. "이는 크게 두 가지 목적을 가지고 있었다. 첫째는 정부부문을 축소하는 것이고, 둘째는 매각 대금으로 재정적자를 메우는 것이었다."[21]

노동조합의 연성화에 관한 한 대처 정부의 태도는 강경하였다. 대

19 김준현,『경제적 세계화와 빈곤문제 그리고 국가』, 57.
20 앞의 책, 58.
21 앞의 책, 58.

처 정부는 세 가지 측면에서 노동조합을 약화시키는 정책을 추진했다. 이 부분은 더욱 자세히 고찰할 필요가 있다.

첫째로 노동조합을 정책 결정 과정에서 배제시켰다. 영국 정부는 1962년부터 '국가경제개발위원회'에 영국 노총과 자본가 단체인 영국 산업연맹을 참여시켜 경제 정책을 함께 논의해 왔다. 그런데 대처 집권 이후 이 위원회는 위상이 점점 약해지다가 1992년에는 폐지되고 말았다. 그 결과 노동조합은 경제 정책 결정 과정에서 배제되고 말았다.[22]

둘째, 법의 제정과 개정을 통하여 노조 활동에 제약을 가하였다. 1980년 법 개정으로 파업에서 이탈하는 사람이 없도록 감시하는 행위인 피케팅이 제한되었고, 1990년에는 2차적인 쟁의행위(다른 노동자들의 연대파업)가 금지되었다. 1993년에는 법을 제정하여 노조의 파업 등으로 피해를 입은 시민들이 손해배상청구소송을 제기할 수 있도록 했다.[23]

셋째, 노동시장을 유연화시키는 조치들이 행해졌다. 대처 정부는 경쟁력 강화, 실업 문제 해결이라는 기치를 걸고 고용을 보호하던 일련의 조치들을 폐지했다. 노동자들의 최저 임금을 정하던 '임금위원회'를 폐지시켜 비정규직 노동자들을 고용할 수 있는 조건을 만들었다. 그 결과 1995년에 시간제 노동자는 전체 노동인구의 25%를 넘어서게 되었다.[24]

---

22 앞의 책, 60.
23 앞의 책, 60-61.
24 앞의 책, 61.

2) 레이거노믹스(Reaganomics)

영국 정부의 경우와 마찬가지로 미국의 레이건 정부도 장기불황을 극복하기 위한 일련의 정책들을 구사했다. 레이건 정부는 공급 중시 경제학자들의 의견을 받아들여 조세감면, 규제 완화, 노동시장 유연화 정책들을 실시했다. 이를 하나씩 자세히 살펴보도록 한다.

레이건 정부는 사회복지 분야의 기금을 대폭 삭감하였다. 레이건 행정부와 부시 행정부를 거친 공화당 정권 말기인 1990년대 초에는 사회복지 수당이 1970년대 초의 60% 수준에 불과하게 되었다. 레이건 정부의 감세 정책은 고소득층에게만 이익이 돌아가는 소득세 감면 정책으로 드러났다. 상위 1%의 소득 계층은 14%의 소득세 감면을 받았지만, 하위 10%의 소득 계층은 그 이전보다 소득세 부담이 28%나 증가했다.[25]

또한 레이건 정부는 기업 활동에 활력을 불어넣기 위한다는 명분으로 부담이 되는 각종 규제를 완화하거나 철폐하였다. 규제가 완화된 대표적인 분야는 항공, 통신, 금융, 의약품, 전기, 유선방송 등이었다. 이러한 규제 완화 초기에는 몇 가지 성과가 나타났으나 그 성과는 오래가지 못하였고, 결국에는 경쟁이 격화되는 가운데 기업 간 인수합병이 진행되면서 오히려 독점 체제를 형성하게 되었기 때문이다. 그뿐만 아니라 환경오염이나 제품의 안전성을 보장하기 위해 존재했던 규제들까지 완화 내지 폐지되면서 기업의 수익성은 높아졌지만, 소비자는 피해를 입는 결과를 낳았다.[26]

---

25 앞의 책, 62.
26 앞의 책, 63.

노동조합의 연성화에 관한 한 레이건 정부의 정책은 대처 정부와 다를 바 없었다. 레이건 행정부는 법을 개정하여 노조결성을 까다롭게 하는 등 노동조합을 약화시키는 정책을 추진했다. 정규직 노동자들을 비정규직 노동자로 교체시키고, 임금 인상 요구는 외면했다. 그리하여 레이건 집권 기간 동안 노동자들의 근로조건은 악화되고, 생활 수준은 하락되었다. 1989년 미국 노동자들의 80%는 실질임금이 레이건 집권 이전인 10년 전에 비해 약 5%가량 하락했다.[27]

대처리즘과 레이거노믹스의 내용을 살펴보면, 그것이 우리나라와 관계없는 먼 나라의 이야기가 아니라 바로 우리나라에서 추동된 신자유주의 정책의 선례인 것으로 보인다. 영국과 미국에서 추진되었던 신자유주의 정책은 그 나라들 안에 머물러 있는 것이 아니라 아시아와 남아메리카까지 그들의 신자유주의 논리로 강제하는 모습으로 등장한다. 그리고 실제로 그런 일들이 세계 모든 나라들에서 일어났다. 우리나라의 신자유주의에 대해서는 5장에서 다루겠으나, 우선적으로 신자유주의가 세계화의 물결과 어떠한 관계를 가지고 있으며, 그 내용은 어떻게 전개되었는지 살펴볼 필요가 있다.

4. 전 세계로 확장된 신자유주의

영국과 미국의 보수주의 정권에 의해 채택되고 추진된 신자유주의 정책은 영국과 미국 사회 전반을 기득권 위주의 사회로 변화시켰고, 작은 정부, 민영화, 긴축재정, 사회복지 제도의 축소, 노동의 유연

---

27 앞의 책, 64.

화, 규제 철폐 등 구체적인 모습으로 드러났다. 그러나 이러한 변화는 영국과 미국에서만 발생한 것으로 그치지 않고 세계화라는 이름으로 전 지구촌을 몰아가는 정치경제학 논리가 되었다. 세계화의 현실에 관해서는 다음 장에서 자세히 논의할 것이나, 여기서는 영국과 미국에서 정착한 신자유주의 체제가 어떻게 전 세계를 휘몰아 가는 원리로 부상하게 되는가 하는 역사적 전개 과정을 밝혀보고자 한다.

신자유주의가 세계로 퍼져 나가는 데에는 우선 중남미 국가의 외채 위기가 큰 동기로 작용한다. 중남미의 외채 규모는 급격히 늘어나는 과정을 겪는다. 중남미 각국 정부는 외국 민간 은행의 돈을 빌려다가 경제개발에 쏟아 부었다. 이러한 외채 규모가 어느 정도였는가 하면 70년대 초에 겨우 1,000억 달러 수준을 기록하던 외채가 81년에는 무려 6,000억 달러에 달했다. 현재 전 세계에 은행이 보유하고 있는 달러를 전부 합해 봐야, 한 5,000억 달러 정도가 된다는 걸 감안하면, 당시 외채 규모는 그야말로 천문학적인 규모였다.[28]

이렇게 거대한 외채 규모가 심각한 문제로 등장하게 된 것은 미국의 금리 인상 때문이었다. 사실상 이런 문제는 이미 거대한 외채 규모 자체에 존재하고 있는 것이었는데, 외채에 대해서 지속적으로 이자를 지불해 가면서 현실의 문제를 가리는 중남미 정부의 과실이라고 볼 수 있다. 그러나 동시에 이러한 세계화 정책을 추진해 간 미국과 영국의 신자유주의 정책의 영향이 더 큼을 부인할 수 없다. 현상적으로는 미국의 금리가 인상되자 금리 변동에 따라 이자를 지불하기로 되어 있던 '변동금리부채무'의 형식의 외채를 들여왔던 나라들은 갑

---

28 강상구, 『신자유주의의 역사와 진실』, 127.

자기 엄청난 이자를 물어야 했다. 게다가 민간은행들이 더 이상 채무 만기를 연장해 주지도 않았다. 이러한 과정 속에 중남미가 어려운 상황에 처하자, 서방 민간은행들의 신규대출이 완전, 중단되었다. 이러한 역사를 겪으면서 중남미 국가들은 1982년 멕시코를 시발로 아르헨티나, 브라질, 볼리비아 등 많은 국가들이 모라토리엄을 선언했다.[29]

외채 위기로 인한 중남미 국가들을 구해줄 수 있는 것은 결국 IMF 구제 금융이었다. 서방의 채권은행과 정부는 중남미의 경제를 살리기 위한 방책으로 추가 대출을 해 주었다. 그러나 이 경우 추가 대출은 IMF 구제 금융의 조건을 만족시켜야 한다는 전제에서였다. IMF가 중남미 국가에 제시한 대책은 단기적으로는 긴축정책을 통한 국제수지의 개선이었고, 중장기적으로는 공기업 민영화, 규제 완화 등의 신자유주의 정책의 실천이었다. 무방비의 상태에서 외채 위기를 당한 국가들의 선택은 IMF의 구제 금융을 받아들이는 길밖에 없는 듯이 보였다. 중남미부터 시작된 이러한 신자유주의의 확산은 전 세계로 퍼져 나갔고, 그 결과 80년대 내내 계속된 IMF의 개입은 10년 동안 약 70여 개의 국가를 IMF의 구조조정 프로그램으로 끌어들였다.[30]

문제의 본질을 놓치지 않기 위해서 명심해야 할 점은 앞에서 이야기한 것처럼 IMF의 의사결정 구조는 미국에 의해 좌지우지되는 것이었다는 사실이다. 이에 따라 IMF는 신자유주의 정책을 세계로 확산시키는 역할을 담당한 전위부대였음을 기억해야 한다. 여기에 박차를 가한 것이 **워싱턴 컨센서스**(Washington Consensus)였다. 워싱턴 컨

---

29 앞의 책, 128.
30 앞의 책, 129-130.

센서스는 신자유주의를 전 세계에 확산시키는 데 있어서 지대한 공헌을 한다. "워싱턴 컨센서스라는 말은 세계에서 가장 강력한 경제 조직이자 모두 워싱턴 DC에 본부를 둔 세 개의 조직, 즉 미국 재무부, 국제통화기금(IMF), 세계은행이 모두 강하게 이 이데올로기(신자유주의)를 지지한다는 뜻에서 생겼다."[31]

워싱턴 컨센서스는 구조조정의 내용을 몇 가지로 정리하고 있다. 예산 축소, 공기업 민영화, 규제 완화, 자본시장 자유화, 외환시장 개방, 관세 인하, 외국자본의 국내기업 인수합병 허용 등이다.[32] 이러한 내용들은 이미 영국과 미국에서 추진된 신자유주의 정책을 기조로 하고, 거기에다가 개발도상국들의 상품시장과 자본시장을 선진국에 개방하는 것을 추가한 것임을 알 수 있다.

중남미에서 비롯된 신자유주의화의 물결은 아시아, 아프리카에까지 그 영향을 미쳐 현재는 거의 전 세계가 신자유주의라고 하는 정치·경제적 영향하에 놓여 있는 것이 현실이다. 이러한 신자유주의는 이미 밝힌 대로 단순한 경제 이론이 아니라 전체 사회를 휘몰아 가는 경제 정책이며, 그러한 경제 정책을 추진해 가면서 전체 사회를 신자유주의 논리로 변화시킨다는 것이 중요하게 밝혀져야 할 일이다. 다음 장에서는 나름대로 신자유주의의 본질적인 내용을 다루고자 한다. 앞에서 논의된 것들을 좀 더 자세하게 심화시켜 논의하는 것으로 다음 장의 내용을 정리하고자 한다.

---

31 장하준/김희정, 『장하준의 경제학 강의』, 76.
32 강상구, 『신자유주의의 역사와 진실』, 131.

4장
신자유주의의 본질

    2장에서 신자유주의의 허상을 밝히고자 했고, 3장에서 신자유주의가 형성된 과정을 설명했지만, 그것만으로는 오늘날 신자유주의가 전 지구촌의 제도와 삶을 어떻게 형성해 가는지 정확히 해명되지 않은 부분이 있다. 우리에게 중요한 것은 신자유주의가 오늘날 어떠한 가치를 심어 주고 있으며, 혹은 우리가 모르는 사이에 신자유주의의 어떠한 방식에 길들여져 있는지를 정확히 아는 것이다. 2장과 3장에서의 논의의 전부는 아닐지라도 대부분이 경제라고 하는 키워드에 집중했다면 4장에서는 경제만이 아니라 사회 전체를 자신의 논리로 추동해가는 신자유주의 정책과 그 결과 발생한 지구촌의 일그러진 모습을 살펴보고자 한다. 이를 위하여 신자유주의 경제 논리를 좀 더 자세히 고찰할 필요가 있어서, 처음은 경제 문제로부터 출발한다. 그러나 결국 다다를 지점은 신자유주의를 통한 전 지구촌의 왜곡된 모습이다.

1. 신자유주의의 의미 재정립

지금까지 고찰한 것처럼 신자유주의 경제 정책은 오늘 우리가 직면하는 사회적 불평등(이는 단순히 경제적인 불평등에 그치지 않는다)과 그로 인한 개인의 고유한 가치마저 사회적 성과를 이루어 내는 능력에 따라 평가하는 물신 지배의 풍조를 만들어 내었다. 이와 아울러 사회복지나 사회적 약자에 대한 배려 등 국가가 책임져야 할 그리고 예전에 당연히 책임져 왔던 국가의 의무조차 국가 개입의 최소화, 시장 논리, 노동의 유연화, 작은 정부 등의 가면 뒤에서 사실상은 국가의 계획적인 경쟁 구도 양산 등으로 조종되고 있는 것이 현재 신자유주의 통치의 실상이다.

오늘날 사회가 점점 더 비인간화되어 갈수록, 사회 내 인간들의 연대감이 상실되어 갈수록, 투쟁과 경쟁으로 점철된 사회상이 점점 더 그 모습을 선명하게 드러낼수록, 물신숭배 풍조가 사회적 현실성으로 자리 잡아 갈수록, 사회적 불평등과 비윤리성이 극에 달해 갈수록 그리고 이 모든 현상이 무한 경쟁을 통한 개인의 이기적 성공을 최고의 가치로 평가하는 신자유주의가 빚어낸 비극적 결과임을 통감할수록 신자유주의의 본질과 그 영향력을 제대로 분석, 평가하여 대처하는 것이 필요하다. 이러한 논의를 현실적으로 구체화하기 위하여 지금까지 일반적인 견해에 의하여 정리된 신자유주의를 세밀히 검토하여 그 의미를 재정립하는 것이 중요하다.

2장에서 이야기한 것처럼 신자유주의는 고전적 자유주의를 계승한 새로운 것도 아니고, 자본의 자유로운 폭거를 돕기는 할지언정 정작 자유가 선포되고 실현되어야 할 개인과 사회에는 정의와 평등의 자유 대신 경쟁의 자유만을 허락하여 사실상은 명목뿐이고, 실제로는 개인의 자유를 옥죄는 명목상의 자유라는 이름을 붙인 것이며, 하나의 사상 체계나 학문적 이론이 아니라 전 세계를 자본의 통치로 휘몰아 가는 정치경제학적 폭력임이 분명하다. 이러한 신자유주의의 허상을 벗기고, 그 실제 모습을 밝히는 단초는 2장에서 제공하였으니 이제는 그 허상이 드러난 신자유주의의 의미를 하나씩 재정립하고자 한다.

지금까지 논의된 여러 갈래의 신자유주의 논의를 총괄하면서 나름대로 완성된 결론을 도출하는 학문적 업적으로 지주형의 논문을 들 수 있다. 그는 "신자유주의의 복합질서: 금융화, 계급권력, 사사화"[1]라는 논문에서 이러한 작업을 수행한다. 신자유주의의 의미를 재정립하는 데 도움이 되고자 이하 본서의 내용은 우선 방대하고 깊은 논의를 여는 이 논문의 내용을 요약, 정리하고자 한다.

지주형의 이 논문은 신자유주의에 대한 개념적 재규정을 통해 현재의 위기와 자본주의의 미래를 성찰하고 전망할 수 있는 이론적 바탕을 마련하고자 하는 의도로 기술되었다. 그간 신자유주의는 국가의 후퇴 또는 탈규제, 노동유연화, 금융화 등과 동일시되었으며, 이데올로기, 정책, 통치성, 정치프로젝트, 축적 기회 등 다양한 수준에서 분석되어 왔다. 하지만 이러한 규정들이 지니는 한계와 서로 간의 관계에 대한 통합적인 설명은 부재하였다. 그리하여 지주형은 이 논문을 통하여 다양한 수준의 신자유주의 논의를 포괄하면서 신자유주의의 핵심을 포괄적으로 설명하고자 한다.[2]

---

1 지주형, "신자유주의의 복합질서: 금융화, 계급권력, 사사화," 「사회과학연구」 제19집 1호 (2011): 194-296.

이러한 목적을 위하여 지주형은 논문을 네 단계로 정리한다. 첫째, 신자유주의의 이데올로기, 정책, 계급지배 정치프로젝트, 또는 사사화된 통치성에 주목하는 기종의 이론들을 비판적으로 검토한다. 둘째, 신자유주의적 축적의 고유한 특성으로 금융화를 검토한다. 여기서 금융화란 금융적 수단과 경로 및 금융자산 가치의 상승을 통한 자본축적이 증가되는 경향을 가리키며, 그 신자유주의적 형태는 사사화되고 개인화된 리스크 관리를 특징으로 한다. 이는 신자유주의 이전 시기에 지배적이었던 국가를 통한 집합적인 리스크 관리 및 생산과 판매의 성장에 의한 축적과 대조된다. 셋째, 신자유주의를 리스크 관리의 사사화, 자본가 계급의 정치프로젝트 그리고 금융자본주의가 상호 간에 우연적으로 결합하여 필연적인 구조적 관계를 낳는 복합적인 사회 질서로 규정한다. 넷째, 이러한 재규정이 신자유주의의 미래에 대해 가지는 함의를 논한다.[3]

기존의 신자유주의에 대한 논의들은 지주형에 의하면 크게 두 가지로 나뉜다. 하나는 이데올로기와 정책으로서의 신자유주의이고, 다른 접근법은 사회적 지배 · 권력 전략과 기획으로서의 신자유주의이다.

1) 이데올로기와 정책으로서의 신자유주의

이데올로기와 정책으로서의 신자유주의 논의는 다시 정치경제사상으로서의 신자유주의와 경제 정책으로서의 신자유주의로 분류될 수 있다.

---

2 앞의 논문, 196.
3 앞의 논문, 197.

(1) 정치경제사상으로서의 신자유주의

우선 신자유주의를 정치경제사상으로 이해하는 논의는 국가의 경제적 개입이 강화되던 20세기 전반의 역사적 배경 속에서 탄생한 일련의 경제 이론과 사상이다. 국가의 개입에 반대하여 강력한 사적 소유권, 자유시장, 자유무역의 특징을 갖는 제도적 틀 안에서 개인의 열정적 자유를 해방시켜야 한다는 것이다. 신자유주의에 대한 이러한 이해는 그러나 현실의 신자유주의와는 거리가 멀다. "현실로서의 신자유주의는 시장경쟁이나 국가 후퇴와는 거리가 멀며, 이런 의미에서 신자유주의 경제 이론은 신자유주의 정치·경제 질서의 밑바탕인 동시에, 현실을 은폐하는 이데올로기로서도 기능하고 있다."4

국가가 소유권의 보호, 거래의 자유 등 제도적인 틀의 형성에만 관여하고 경제활동에 직접 개입하지 않는다는 신자유주의 경제 이론이 주장하는 실제의 현실과는 괴리가 있다. 이러한 괴리를 지주형은 세 가지로 설명한다.

첫째, "이른바 '시장'에서 지배적인 것은 평등한 계약과 공정한 경쟁이 아니라 불평등 계약과 불공정 경쟁이다. … 국가가 물러난 자리에 대신 들어오는 것은 개인들의 선호를 자유롭게 표시하는 시장이 아니라 (많은 경우 국가의 정치권력과 결탁한) 독점적 대자본의 임의적인 생산과 가격에 대한 조정이기 때문이다. 결국 '보이는 손'(정부)과 '보이지 않는 손'(시장) 대신에 '보이지 않는 주먹'(자본)이 난무한다. … 이러한 의미에서 '시장경제'는 허위의식/이데올로기에 불과하며 신

---

4 앞의 논문, 199.

자유주의적 경제 질서의 규정적 특징이 되기 어렵다."[5]

둘째, 신자유주의가 상품 영역을 확장시키기는 하지만, 이것은 자본주의 일반론이지 신자유주의의 특별한 특성으로 보기 어렵다.

셋째, 신자유주의는 어떤 의미에서는 국가의 후퇴를 의미한다. 그러나 신자유주의에서 국가가 후퇴하는 부분은 케인스의 완전고용정책이나 사회 인프라 투자 및 산업투자에 대한 조정 및 규제의 영역이다. 반면에 국가는 투자자의 소유권을 보호하고 거래의 자유를 보장하기 위해서 법적, 제도적 틀을 마련하고 지속적으로 사회에 개입한다. "이러한 의미에서 신자유주의 국가는 완전고용과 사회적 투자에서는 후퇴를, 노동과 약자에 대해서는 철퇴를 휘두르는 것을 특징으로 한다. 그뿐만 아니라 신자유주의 국가는 위기 상황에서는 노골적으로 기업 구제에 나선다. 따라서 국가 후퇴 그 자체는 신자유주의를 규정하는 특징이 될 수 없다."[6]

이상을 요약하면 현실의 신자유주의는 신자유주의 경제 이론에 의한 자유경쟁시장이나 국가 후퇴의 유토피아적 이미지와 부합하지 않는다. "실제로 작동하는 것은 시장가격이라는 보이지 않는 손이 아니라 독점자본의 보이지 않는 주먹이며 시장에서의 '선택의 자유'란 많은 경우 이데올로기 또는 '패배할 자유'에 불과하다. … 결국 신자유주의란 자본의 불균형 권력 그리고 국가의 편파적인 자본축적 지원 및 사회적 약자에 대한 철퇴를 특징으로 하며, 이러한 조건하에서 시장이란 강한 자의 자유로운 상품화와 상거래가 이뤄지는 비대칭적인 권력의 장일 뿐이다."[7]

---

5 앞의 논문, 200.
6 앞의 논문, 201.

(2) 경제 정책으로서의 신자유주의

그다음 지주형은 경제 정책으로서의 신자유주의를 분석한다. 경제 정책으로서의 신자유주의는 정치경제사상으로 신자유주의를 이해하는 것보다는 실제로 집행된 경제 정책을 기반으로 신자유주의를 분석한다는 측면에서 더 현실성이 있다. 이러한 해석에 작용하는 체제의 중심에는 '워싱턴 컨센서스'가 있다. 앞에서 간략히 설명은 했지만 조금 더 자세히 살펴보고자 한다.

> 워싱턴 컨센서스란 전 국제통화기금(IMF) 고문이었던 윌리엄슨이 1980년대 워싱턴에 소재한 국제통화기금과 세계은행 등이 주로 라틴아메리카의 개발도상국에 처방한 경제발전정책을 부르기 위해 사용한 말로서, 재정적 규율, 공공지출 감소, 조세개혁, 금리자유화, 경쟁적 환율, 무역자유화, 외국인 직접투자 촉진, 사영화, 규제 혁파, 재산권 보호 등 10가지의 정책 처방을 가리킨다. 주로 제3세계의 구조조정에 적용된 이러한 정책들은 금융 붕괴, 양극화, 빈곤화 등을 발생시켰으며 그 결과 '확대(augmented) 워싱턴 컨센서스'를 낳았다. 그 내용은 중앙은행 독립과 인플레이션 타게팅, 지배구조개혁, 노동시장 유연화, 민간사업과 금융에서의 국제기준 합의 및 조율, 국내 금융제도 강화, 지속 가능한 발전, 사회안전망, 빈곤 경감 전략, 정책의제의 국가 소유, 민주적 참여 등 10가지이다.[8]

경제 정책으로서의 신자유주의 규정은 현실성은 있지만 거기에도

---

7 앞의 논문, 201-202.
8 앞의 논문, 202.

약점이 있음을 지주형은 지적한다. 워싱턴 컨센서스가 신자유주의 정치경제 현실을 그대로 반영한다고 보기 어렵고, 워싱턴 컨센서스의 처방들 간에 경중이나 위계가 불분명하며, 거기에 공통적이거나 일관된 정치경제적 원리가 발견되지 않는다는 점을 지적한다. 더욱이 "정책집합으로서의 신자유주의 규정은 그것이 실제의 정치적, 사회적, 경제적 과정과 맺는 관계를 알려 주지 않는다. 이러한 정책 집합이 순전히 우연적으로 등장한 것이 아니라면, 그것이 어떤 사회적 기원을 가지고 있는지 그리고 그 어떤 사회적 효과를 낳는지를 묻지 않을 수 없다."[9]

2) 사회적 지배·권력 전략과 기획으로서의 신자유주의

그리하여 지주형은 신자유주의에 대한 두 번째 개념 규정으로 넘어간다. 이는 말한 대로 사회적 지배·권력 전략과 기획으로서의 신자유주의이다. 이 개념을 다시 세 가지 측면으로 구성해서 통치 기술, 계급지배 정치프로젝트, 축적기획으로 검토한다.

(1) 통치성으로서의 신자유주의

지주형은 푸코의 이론을 따라 "신자유주의 경제 이론과 정책은 사회적 과정에 적용되고 지식으로 수용됨으로써 특정한 지배 또는 권력효과를 낳는다. 즉, 신자유주의 경제 이론과 정책은 일종의 새로

---

9 앞의 논문, 203.

운 통치성(governmentality) 또는 통치 기술(art of government)로 간주될 수 있다"[10]고 본다.

통치성을 고찰할 때 신자유주의의 통치성은 고전적 자유주의의 통치성과는 다른 내용을 띤다. "고전적 자유주의의 통치성은 국가, 사회, 시장의 분리, 개인의 생명, 신체, 사유재산에 대한 불간섭으로서의 자유 그리고 이에 따라 스스로 책임을 지고 합리적으로 이익을 계산하고 행위하는 개인, 즉 호모 이코노미쿠스(homo economicus)를 통해 작동하였다. 이에 더해 신자유주의 통치성은 시장 또는 경제의 사회와 국가에 우위, 소비자 선택권, 자기 계발과 자기 통치 그리고 사적인 재산 체계의 성립을 특징으로 한다."[11]

이러한 결과로 첫째, 통치 기능은 국가에서 사적 영역으로 더 많이 이전된다. 즉, 기존에 국가에서 제공했던 공공서비스가 사적 대행기관으로 이전됨으로써 시장에 의해 공급된다.

둘째, 선택권을 가진 자유로운 주체가 호명됨으로써, 개인, 가족, 공동체의 리스크 관리에 대한 자기 책임이 강화되고 기업가적 주체와 프로젝트형 인간이 형성된다.

셋째, 국가의 지원하에 이러한 과정을 감시, 측정, 규율하기 위한 공식화된 새로운 계산체계, 즉 새로운 표준, 벤치마크, 성과지표 등이 사적 부분에서 생성된다.[12]

이러한 신자유주의 통치성의 핵심을 지주형은 사사화(privatization)

---

10 Michel Foucault, *The Birth of Biopolitics* (London: Palgrave Macmillan). 앞의 논문, 204에서 재인용.
11 앞의 논문, 204-205.
12 앞의 논문, 205.

라고 명명한다. 통치성으로서의 신자유주의 개념이 신자유주의 정책
과 이데올로기의 사회적 기능을 잘 드러내기는 하지만 여기에는 권
력에 대한 두 가지 결정적인 측면에서의 분석이 결여되어 있음을 지
적하는 바, 그것은 첫째, 신자유주의적 지배와 통치를 추진하는 세력
에 대한 분석이 결여되어 있고, 둘째, 신자유주의의 통치성이 자본축
적과 구체적으로 어떤 관계를 맺고 있는지에 대한 분석이 빠져있다
는 것이다. 왜냐하면 "민간 통치와 서비스로의 전환, 사적인 리스크
관리, 기업가적 주체의 탄생 그리고 민간 주도의 새로운 계산체계의
도입은 통치뿐 아니라 사회적 권력 과정으로서의 자본축적과도 관
련"13되기 때문이다.

그리하여 지주형은 정치적 기획과 축적전략으로서의 신자유주의
에 대하여 고찰을 계속한다.

(2) 지배 계급 정치프로젝트로서의 신자유주의

신자유주의 경제 이론과 정책이 가지는 사회적 효과에 주목하는
통치성으로서의 신자유주의 개념과 달리, 정치프로젝트로서의 신자
유주의 정의는 신자유주의 경제 이론과 정책 그리고 통치성이 가지
는 정치적 성격과 기원을 강조한다. "사사화를 특징으로 하는 신자유
주의 통치성은 사회복지 등 공공서비스와 개인적 · 사회적 리스크 관
리에 대한 국가 책임 경감 그리고 그에 따른 지배 계급의 조세부담
경감과 직접적인 연관을 가지고 있으며, 이러한 의미에서 신자유

---

13 앞의 논문, 206.

의 통치성은 자연스럽게 지배 계급에 직접적인 이익을 주는 정치프로젝트와 연관된다."[14]

신자유주의가 자본가 계급권력의 복원과 공고화를 목적으로 하는 정치프로젝트라고 주장하는 데이비드 하비의 이론을 수용하면서 지주형은 신자유주의가 고도의 정치적 기획을 통해서 작동한다는 것에 동의한다. 하지만 데이비드 하비의 주장은 자본주의 일반 메커니즘에 대한 설명일 뿐, 신자유주의의 고유한 금융자본의 논리에 주의를 기울이지 않는다고 비판한다.

신자유주의를 이해함에 있어서 금융화의 고유한 또는 상대적으로 자율적인 동학을 이해하는 것은 매우 중요하다. 금융자본은 실물 부분으로부터의 소득 흐름에 직접적인 제약을 받지 않는다는 점에서 산업자본과 다른 동학을 가지고 있으며 따라서 금융자본이 주도하는 축적은 자본주의 사회의 지배의 형태를 유의미하게 변화시키기 때문이다. 이러한 의미에서 지배 계급의 정치프로젝트에만 주목하는 하비의 분석은 제한적이라고 할 수 있다. 사실 신자유주의가 단순히 이데올로기나 정책, 정치프로젝트에 불과하다면 미국과 영국에서 레이건 정부와 대처 정부가 물러나고 클린턴 정부와 블레어 내각이 들어섰을 때 왜 신자유주의가 후퇴하기는커녕 더욱더 진전되었는지를 설명하기란 힘들다. 그러나 신자유주의가 축적 전략이고 그것에 의해 우파 정부하에서 일정한 축적구조와 제도가 생성되고 정착된 상태였다는 것을 파악하면 좌파 정부가 왜 계속 신자유주의를 추진하게 되었는지를 이해할 수 있다. 신자유주의의 핵심은 새로운 자

---

14 앞의 논문, 206-207.

본축적의 구조와 전략에 있다.[15]

(3) 금융화 또는 금융적 축적으로서의 신자유주의

"자본가 계급권력의 복원 또는 강화, '탈취에 의한 축적'과 같은 정치적인 재분배, 정리해고나 비정규직 고용과 같은 노동유연화 등은 자본주의 일반뿐 아니라 신자유주의하에서도 축적의 핵심적 기반으로 작용한다. 그러나 이것들은 그 자체로 신자유주의적 축적 양식의 규정적 특성은 아니다."[16]

여기서 지주형은 자본주의 일반적인 자본축적의 과정이 신자유주의 체제하에서도 지속된다는 것을 부정하지는 않는다. 하지만 그 이전의 자본주의 축적과는 다른 새로운 자본축적의 과정이 신자유주의의 고유한 특성으로 분석되어야 함을 강조한다. 그에 의하면 "신자유주의적 축적의 여러 구성 요소들 중에서 동아시아와 서구 모두 새롭게 접한 것이 있다면 그것은 바로 금융자유화와 초국적 금융자본의 영향력 강화였다. 따라서 신자유주의 및 그 축적의 핵심은 금융화 또는 금융 논리의 지배에서 찾아야 한다."[17]

지주형은 신자유주의의 금융화를 정의하기 위하여 뒤메닐과 레비의 이론을 분석한다. 그에 의하면 그들의 이론은 신자유주의의 특징인 금융화를 잘 설명한다. 그들에 따르면 신자유주의란 첫째, 금융, 즉 "자본소유자 계급과 그들의 권력이 집중된 기관들이 … 감소 추세

---

15 앞의 논문, 208-209.
16 앞의 논문, 209.
17 앞의 논문, 209.

에 있던 자본소유자 계급의 수익과 권력을, 대중투쟁이 전반적으로 약화된 틈을 타 회복하려는 열망의 표출"로서 "정치 행위"이다.[18] 미 연방준비제도이사회 의장인 폴 볼커(Paul Volker)의 1979년 금리 인상은 이러한 목적의 쿠데타로 규정한다.

둘째, 이러한 금리 인상을 통해 실물 부문에서 금융 부문으로 수익과 자금이 대규모로 유출된다. 그 결과 상층 부자들이 보유한 자산 가치는 크게 상승하는 동시에 생산 부문의 투자는 하락함으로써 전체적으로 축적이 둔화되고 사회적 불평등은 심화된다.[19]

셋째, 이런 과정으로 이해할 때 "금융화란 지배 계급이 금융 부문 및 금융자산 보유를 통해 실물 부문을 통제함으로써 이전보다 더 많은 배분을 요구하는 현상을 가리킨다. 이렇게 뒤메닐과 레비는 금융화와 금융지배를 통해 이윤과 자금이 실물 부문에서 금융 부문으로 이전된다고 주장한다."[20]

이러한 주장에 대해 지주형은 정치적 과정을 통해 경제를 이해하는 정치경제학적 관점에서 볼 때, 신자유주의와 금융화에 대한 이러한 성격 규정이 중요하다고 평가한다. 그러나 그들의 분석은 "금융 부문의 분석에 집중됨으로써 정치학적으로 빈약한 분석이 되며, 다른 한편으로는 금융 부문과 실물 부문 사이의 소득 흐름에 집중하고 금융적 축적의 동학을 매우 단순하게 이해함으로써 경제학적으로도 빈약한 분석"[21]이라고 지적한다.

---

18 Gérard Duménil and Lévy Domonique/이강국 · 장시복 옮김,『자본의 반격: 신자유주의 혁명의 기원』(서울: 필맥, 2006), 13.

19 앞의 책, 163-187.

20 지주형, "신자유주의의 복합질서: 금융화, 계급권력, 사사화," 210.

21 앞의 논문, 211.

다음으로는 닛잔과 비클러의 신자유주의 분석에 근거한 홍기빈의 이론을 소개하면서 신자유주의 금융화와 자본축적의 문제를 설명한다. 홍기빈은 "신자유주의를, 정치프로젝트를 포함하지만 단지 그것만이 아닌 '독자적인' 축적 전략과 규칙을 담은 하나의 축적 기획으로 규정한다."[22]

지금까지의 분석들을 종합하여 지주형은 신자유주의의 개념을 다음과 같이 재정립한다.

> 요약하면, 우리는 금융 수단에 대한 투자 및 금융 자산 가치 상승을 통한 축적이라는 금융화의 독자적인 논리를 살핌으로써 신자유주의에 대한 이해를 심화할 수 있다. 첫째, 신자유주의는 이데올로기, 정책, 통치성, 정치프로젝트, 노동유연화 등의 다양한 수준에서 분석될 수 있지만, 보다 핵심적으로는 금융의 축적 전략으로 분석될 수 있다. 둘째, 전형적으로 신자유주의적 성장은 산업적/상업적인 화폐 수익보다는 금융화, 즉 신용팽창 및 명목적 자본화를 통한 금융적인 자산가치의 성장이라는 상대적으로 독자적인 논리에 기초한다. 셋째, 이러한 자산가치 상승은 현재 소득 흐름뿐아니라 기대가치, 금리, 특히 리스크에 대한 평가에 달려 있다. 넷째, 그러므로 금융 부문으로의 부와 소득의 집중은 실물 부문에서 금융 부문으로의 소득 이전 외에도 쿠폰풀에 의한 차별적 자산 가치 평가와 같은 훨씬 더 다양한 방식으로 설명될 수 있다.[23]

22 홍기빈, "IMF에서 FTA로: 신자유주의적 축적기획," 「외환위기 10년 한국경제의 회고와 전망 10개 단체 심포지엄 자료집」, 서울: 금융경제연구소 외, 앞의 논문에서 재인용.
23 지주형, "신자유주의의 복합질서: 금융화, 계급권력, 사사화," 215-216.

지금까지 신자유주의 개념에 대한 종합적인 분석들이 유의미한 부분들이 있으나, 거기에는 아직 결여된 부분이 있는데, 그것은 대부분의 분석이 자본주의 전반과 신자유주의의 독특한 특성을 구별해서 신자유주의의 독특한 특성 및 신자유주의 체제하의 금융화 및 자본축적의 동인을 제대로 설명하지 못했다는 점이 지적된다. 이에 관한 지주형의 논의를 비롯한 신자유주의 체제하의 금융자본주의에 대한 논의는 다음 절에서 다루기로 한다.

참고로 지주형이 도식화한 고전적 자유주의와 신자유주의의 구별은 도움이 될 것 같아서 첨부한다.

고전적 자유주의와 신자유주의의 차이[24]

	고전자유주의	신자유주의
주요 이데올로기	소유권, 시장효율(생산성) (로크, 스미스)	선택권, 시장효율(자원 배분) (미제스, 하이에크)
국가의 역할 및 정책	자유방임 및 야경국가	법질서 확립, 시장형성, 축적자원
주도적 정치 세력	진보적 신흥 상공업 계급	보수주의, 금융/독점자본
지배적인 자산 유형 및 자본축적 방식	화폐경제 및 생산: - 설비투자 비용, 유형 자산 - 산업/상업 및 화폐 수익	신용경제 및 사회적 권력: - 무형자산, 현재 시장가치 - 금융화(증권화) 및 자산가치 상승
통치성 및 주체화 양식	- 국가의 자기제한 - 주체의 자기 이익 계산 및 추구 - 호모 이코노미쿠스	- 국가에 대한 시장의 우위 - 주체의 자기 통치: 자기 계발 - 기업가적 주체

---

24 앞의 논문, 217.

2. 금융자본주의

신자유주의를 특징짓는 개념 중에 그 중심에 서 있는 것은 금융자본주의라고 하는 체제일 것이다. 그 이전의 산업자본주의의 체제에서 금융자본주의로 변화된 역사적 과정 전체를 신자유주의의 추동이라고 볼 수만은 없으나, 금융자본주의가 신자유주의 체제의 핵심적 특징인 것만은 분명하다. 여기서는 신자유주의 체제하에 금융자본주의의 특징 및 그 동인을 살펴봄으로써 신자유주의의 본질에 대한 이해를 깊게 하고자 한다. 크리스티안 마라찌는 오늘날 전 세계를 장악하며 자체의 논리로 세계 경제를 휘몰아 가는 금융자본주의의 출발을 다음과 같이 정의한다. 이는 이전까지의 다른 금융화 과정과 전혀 다른 속성을 가지고 있으며, 신자유주의의 경제 정책과 맞물려 등장한 새로운 금융화 과정을 통하여 탄생했다. "금융화 과정은 지금 우리가 겪고 있는 위기를 가져왔지만, 이번 과정은 지난 20세기 동안 등장했던 다른 금융화 국면과 판이하다. 고전적인 금융위기는 경제순환상의 한 지점, 특히 순환의 마지막에 나타났는데, 이것은 한편으로 국제적인 자본주의 경쟁에 따른 이윤율 하락과 결부되어 있으며 다른 한편으로 국제 노동 분업의 지정학적 균형을 침식하는 사회적 세력들과 결합되어 있었다. 따라서 20세기의 전형적인 금융화는 자본의 실물 경제에서 잃어버린 몫을 금융시장에서 만회하려는 시도를 뜻했다."[25]

그에 의하면 오늘날 금융 경제는 경제순환 전체에 걸쳐 퍼져있으며, 이제는 금융이 상품과 서비스의 생산과 동질적인 시대를 살아가

---

25 크리스티안 마라찌/심성보 옮김,『금융자본주의의 폭력』(서울: 도서출판 갈무리, 2013), 34.

고 있는 셈이다. 사실 오늘날 금융 부문 이윤은 매우 다양한 원천을 가지고 있다. "금융 부문 이윤은 배당금과 역외투자 수익에서 파생하고, 제3세계의 채무에서 수익이 발생하며, 신흥국에 대한 국제뱅크론도 이익을 가져다준다. 물론 신흥국에 대한 국제뱅크론[26]의 수익은 제3세계 채무를 증가시킨다. 천연자원 역시 잉여가치의 원천이 되며, 또한 부유한 가계와 개인이 비축한 금액은 주식시장, 퇴직기금, 투자펀드에 투자된다. 이처럼 '이자 낳는 자본'의 원천과 작인은 증가하며 확장되고 있다. 틀림없이 이러한 현상은 오늘날 새로운 금융자본주의가 드러내는 특성으로서 예전에는 볼 수 없었던 독특하고 문제적인 것이다."[27]

세계적으로 금융자본주의가 세력을 획득하게 된 동인은 이전의 포드주의 생산 방식의 산업 이윤의 하락이었다. 그리하여 포드주의 생산양식이 "오늘날 금융자본주의의 근간을 이루는 '주주 관리자 자본주의'로 이행한다. … 포드주의적 자본주의는 발전의 정점에 이르자, 노동계급의 산 노동(living labor)에서 잉여가치를 더 이상 '뽑아'낼 수 없었다. 따라서 1970년대 후반부터 세계 경제의 일차적인 추진력은 자본주의 기업들이 이윤율을 회복하려는 가차 없는 시도였다."[28]

---

26 국제뱅크론(bank loan)은 국제 은행 간 대부라고도 하며, 보통 은행 사이에 이루어지는 대차거래를 가리킨다. 원래 발전도상국에 대한 민간경제 협력방식의 하나로서, 일반적인 차관은 정부나 기업이 개도국 정부나 기업에 대해 자금을 대출하지만, 뱅크론 방식은 은행을 매개로 국제 간 거래가 이루어진다. 뱅크론은 은행이 대부의 주체이기 때문에 특별한 규제를 받지 않으며, 금융 세계화를 촉진하는 역할을 한다. 특히 국제적인 자금이동이 차관에서 뱅크론으로 이동함에 따라 양질의 고용을 창출하는 장기적인 투자보다는 단기 수익성 투자가 주도하게 되었다. 앞의 책, 36. 역자 주 참조.

27 앞의 책, 36-37.

28 앞의 책, 38-39.

이러한 추진의 결과로 미국 기업의 총수익 가운데 '금융, 보험, 부동산'(FIRE)[29]이 차지하는 비중이 1990년부터 제조업과 비슷한 수준이 되었다. 그러나 이러한 단순한 업종 비교 이면에 자리하는 것은 비금융 기업들조차 생산 활동에 의한 이윤뿐 아니라, 금융적 원천을 통한 수익과 이윤을 추구하기 시작했으며, 사실상 많은 경우 제조업 또한 금융화 과정을 주도하기 시작했다는 사실이다. 이러한 결과로 (산업) 실물 경제와 금융 경제의 구분이 무의미해지며, "산업의 (실질적) 이윤과 금융의 '허구적'(fictitious) 이윤을 구별하기 어렵게 만든다."[30]

그러나 신자유주의의 가장 큰 특징인 금융자본주의를 바르게 파악하기 위해서는 신자유주의가 표방하는 금융자본주의가 이전의 금융자본주의와는 그 성격을 달리한다는 점을 아는 것이 중요하다. 이전의 금융자본주의의 형태보다 복잡하고 거대해졌으며 세련된 금융 기법을 활용한다는 점에서 신자유주의의 금융화는 이전의 금융화와 다른 특징을 가진다. 이러한 신자유주의 금융축적은 국제적인 제도적 장치와 밀접히 연계되어 있다. 이 부분은 중요하기에 자세히 살펴볼 필요가 있다.

신자유주의에서 자본은 전형적으로 신자유주의만의 독특한 기술, 기준 및 권력기관에 의해 평가된다. 민간이 주도하는 신자유주의적인 금융적 축적에 고유한 제도와 기관의 예를 들면 다음과 같다. 첫째, 예상 미래수익 계산의 기초가 되는 현재의 소득 흐름은 민간 기구인 국제금융표준위원회(IASB: International Accounting Standards Board)가 제정한 국제회계제도(IFRS: International Financial Reporting Standards)

---

29 FIRE는 Finance(금융), Insurance(보험), Real Estate(부동산)의 머리말을 딴 것이다.
30 앞의 책, 41.

에 따라 평가된다. 둘째, 기대가치는 대개 사적 주체들, 즉 기업의 광고/홍보, 전문가, 연구소, 투자은행의 정보네트워크, 언론매체, 금융시장의 투자자 심리 등에 의해 평가되며, 자본과 국가가 유포하는 기술혁신과 시장자유주의 이데올로기는 이를 뒷받침한다. 셋째, 이 자율은 민간법인인 미 연방준비제도(Federal Reserve System)가 설정하는 연방기금 기준금리(Federal Fund Target Rate)나 런던 은행 간 금리(LINBOR: London inter-Bank Offered Rate) 등을 벤치마크로 하여 각국의 중앙은행, 금융기관, 기관 투자자들에 의해 결정되는 전 세계 금리의 추이에 의해 규정된다. 넷째, 리스크는 중앙은행들의 집합체이지만 어떤 정부에도 책임질 의무가 없는 국제결제은행(BIS: Bank for International Settlement)에서 규정하는 적정 자기자본비율 및 VaR(Value-at-Risk)에 대한 통계학적 평가 등을 기초로 하여 사적으로 소유된 금융 기관 및 신용평가 기관들(예: 무디스[Moody's], 스탠다드앤푸어스[Standard & Poor's], 피치[Pich Ratings])에 의해 평가된다.[31]

이러한 국제적 금융평가 시스템이 가지는 제도적 문제점 및 그것이 미국을 필두로 하는 선진국의 초국적 거대 자본과 어떠한 내적 관계를 맺고 있는지 파악하는 것이 중요하다. 이 부분은 신자유주의 금융화의 특징을 가장 잘 드러내기에 상세히 소개하고자 한다. 분명한 것은 신자유주의의 금융축적은 이전의 축적과 다르게 초국적인 거대 자본과 이의 하수인 역할을 하는 국제금융 기구들의 공동 합작 기획이라는 점이다. 이하에서 이 부분을 자세히 소개하고자 한다.

---

31 지주형, "신자유주의의 복합질서: 금융화, 계급권력, 사사화," 219-220.

이러한 축적제도는 브레튼우즈 체제 붕괴 및 케인즈적 복지국가의 위기 이후 형성된 미국 주도의 달러-월스트리트 체제 그리고 초국적 기업, 미 재무부, 초국적 기구 등으로 이루어진 지구적인 신자유주의 권력 블록의 금융 헤게모니 속에서 형성되었다. 그리고 이를 통해 미국을 포함한 초국적 자본의 자금 동원 능력과 투자 기회는 확대되었다. 첫째, 달러 본위제의 확립과 더불어 외국 보유 달러가 미 국채 투자를 통해 월스트리트로 환류 (recycling)됨에 따라 이른바 달러-월스트리트 체제(Dollar-Wall Street Regime)가 성립하였다. 이러한 달러 본위제와 월스트리트 주도의 국제 금융 질서 속에서 민간금융의 자율성은 확대되었으며, 미 재무부는 기축통화의 가격, 즉 환율에 대한 영향력을 통해 그리고 월스트리트는 해외투자를 통해 다른 나라들에 이른바 '글로벌 스탠더드'에 기초한 시장개방과 금융개혁 압력을 가하였다. 둘째, 비토권이나 총재임명권을 통해 미 재무부에 통제되는 IMF와 세계은행 또한 금융위기를 관리하고 구제금융국가에 신자유주의적 경제사회개혁을 밀어붙임으로써 초국적 자본에게 새로운 투자 기회와 환경을 만들어 주는 역할을 담당하였다. 셋째, 세계무역기구(WTO: World Trade Organization)는 표면상으로는 자유무역을 통해 세계 무역 규모를 키워 모든 나라가 이익을 얻도록 하는 것을 목적으로 하지만, 실제로는 미국을 위시한 선진국의 이익을 위해 무역정책 심의기구에서 경제 관련 판결을 내리고, 무역 개방을 강제하는 무소불위의 기구로 기능하였다. 넷째, 몽페를랭협회(Mont Pelerin Society), 빌더버그 클럽(Bilderberg Club), 삼극위원회(Trilateral Commission), 세계경제포럼(WEF: World Economic Forum)과 같은 초국적 자본가 계급과 엘리트의 정보 및 정책 네트워크는 신자유주의적 지식과 담론을 전파하고 사회경제적 동향에 대한 의견을 교환하며 새로운 지구정치 경제 질서를 모색한

다. 다섯째, 자본주의 국민국가는 케인즈적 복지국가에서 이른바 '슘페터
적 근로 연계복지 탈국민 체제'(Schumpeterian workfare post-national
regime)로 '경향적'으로 변모한다. 이제 국가는 케인즈적인 재정통화정
책을 통한 완전고용보다는 산업정책을 통한 산업과 금융서비스 부문의
경쟁력 강화와 혁신을 추구하며 전략적 산업의 비전(예: 정보기술, 생명기
술, 금융허브, 녹색성장 등)을 제시한다. 이 과정에서 국가는 자본의 지배
를 수월하게 하도록 통치의 틀과 규칙을 마련하며 유연화된 노동의 반발
을 억누르기 위해 노동규율을 강화하고 법질서를 확립한다. 특히 신자유
주의 국가는 유무형 자산의 금융화/증권화를 위해 규제개혁 및 금융/회계
규칙 제정을 수행하는 동시에 금융자유화와 자본시장 개방을 통해 초국
적 자본의 축적 조건을 창출한다.[32]

이러한 초국적 자본과 신자유주의 국가가 합력해서 만들어 낸 신
자유주의 금융축적 제도는 이전과는 다른 신자유주의만의 자산가치
상승의 방식을 가진다. "신자유주의적 금융화는 자본이 사회를 장악
함으로써 스스로 축적을 안정화하는 역사적으로 독특한 메커니즘,
즉 리스크(관리)의 상품화와 '자본시장의 독재'에 의해 작동된다."[33]
이러한 자본축적의 신자유주의적 기법으로 리스크(관리)의 상품
화가 두드러진다. 이는 브레튼우즈 체제 붕괴 이후에 닥친 환율변동,
유가 불안정 등에 의한 사업 리스크와 시장변동성의 확대에 따른 리
스크를 관리하는 것 자체가 상품화한 것이다. 이에 따라 포트폴리오
투자, 파생상품 등이 발달하고 이에 기초하여 연금펀드, 뮤추얼펀드,

---

32 앞의 논문, 220-221.
33 앞의 논문, 223.

헤지펀드 등의 자산 운용업이 급성장했다. 여기서 신자유주의적 금융화의 가장 큰 특징으로 파생상품의 탄생을 들 수 있다. "파생상품은 모든 유형의 자산 그리고 심지어는 자산으로 간주되지 않았던 것까지도 모두 독립적인 별도의 증권으로 거래될 수 있게 한다. 우선 선물이나 옵션과 같은 파생상품은 상품의 가격변동 리스크를 관리함으로써 그로부터 시세차익을 얻을 수 있게 한다. 또한 그것은 리스크가 큰 자산을 쪼개고 재결합시켜 증권화함으로써 그 어떠한 것도 안정적 소득 흐름을 가진 (것으로 보이는) 자산으로 전환시킬 수 있다. 이러한 금융혁신의 결과 이제는 부실채권과 같이 리스크가 크다는 이유로 거래가 되지 않던 것은 사라졌다."[34]

결국 신자유주의 체제하에서의 금융자본주의는 "리스크 관리의 상품화, 지배적 자본이 권력을 행사하는 자본시장, 즉 쿠폰풀 또는 자본시장의 독재를 특징으로 한다. 지배적 자본은 신자유주의적 제도가 규정한 건전성 기준과 회계의 틀 안에서 민간의 신용평가기관과 공모함으로써 자본화 과정에 권력을 행사한다. 그 결과 신용 및 각종 펀드에 의한 포트폴리오 투자와 파생상품 거래가 확대되고 자산 가격이 폭증한다."[35]

지금까지 설명된 내용을 지주형은 간략하게 표로 예시한다.

<참고, 금융자본주의: 그때와 지금>
20세기 초 미국 금융자본주의와 신자유주의적 금융자본주의는 주요 금융 수단, 주요 상품화 대상, 회계제도, 리스크 평가 주체의 측면에서 다음

---

34 앞의 논문, 223-224.
35 앞의 논문, 225.

과 같은 차이를 보인다.

	20세기 초 미국 금융자본주의	신자유주의적 금융자본주의
특징적 금융 수단	주식	파생상품
특징적 상품화 대상	무형자산	리스크
회계제도	원가회계	시가회계(공정가치)
주요 리스크 평가 주체	상업은행	신용평가기관

이러한 신자유주의 금융자본주의는 금융 세계화를 이끌어 내는 데, 그 결과는 선진국과 그들 초국적 거대 자본의 세계 경제 및 정치 지배의 결과로 나타나며, 국가 간 부채의 증가로 귀결되었다. 2005년 도 IMF 자료에 따르면, "선진국에서의 1980년부터 2000년 사이 20년 동안 대외자산과 부채 총액은 4조 7천억 달러에서 55조 2천억 달러로 무려 11배 이상이 증가했다. 또한 개발도상국에서도 같은 기간 동안 에 대외자산과 부채 총액도 6.6천억 달러에서 5조 달러로 7.5배나 증 가했다."[36] 유호근은 이러한 신자유주의 금융 세계화의 결과를 다음 과 같이 진단한다.

금융세계화는 그 내용이 자본 부유국으로부터 자본 부족국으로 투자자금 의 공급을 위해 자본이 이동하는 것으로부터 점차로 자산구성의 분산과 위험의 분산을 위한 포트폴리오 전략에 따른 자본이동으로 변화하고 있 다. 이러한 금융세계화의 변화는 국내적 금융지배를 세계적으로 확대하

36 유호근, "신자유주의적 세계화 패러다임: 비판적 검토와 대안적 전망,"「아태연구」제16권 제1호(2009), 132.

는 것과 동시에 국제 금융자본의 개발도상국에 대한 지배력의 강화로 이어질 수 있다. 왜냐하면 해외직접투자는 국제적 금융자본의 수익과 운명을 투자국의 성장에 의존하도록 만들어 상호협력을 필수적이게 하나, M&A 투자나 단기 포트폴리오 주식투자는 국제적 금융자본의 유동성과 지배력을 높이기 때문이다. 국제적 금융자본은 이러한 투자전략의 변화를 통해 개발도상국 자본과 노동은 물론, 정부에까지 영향을 미쳐 이들 전체를 그들의 지배력하에 통합시킨다. 이것은 또한 국제 금융자본의 모국인 미국과 영국 등 소수 금융 강국의 개발도상국에 대한 지배력을 강화시키는 결과를 낳기도 한다. … 이와 같이 금융세계화는 국내 시장근본주의(market fundamentalism) 정책과 금융 우위의 경제 질서를 세계적으로 확대한 것이며, 이를 통해 선·후진국 간의 경제적 통합과 상호의존 강화에서 더 나아가 선진국의 개발도상국에 대한 지배력을 증대시키는 국제적 경제 질서의 새로운 구축을 의미한다.[37]

3. 신자유주의의 자본과 노동 ― 부의 양극화

자본과 노동의 문제는 신자유주의에서 비로소 발생한 문제는 아니다. 자본주의라는 말이 생기면서부터 자본과 노동의 문제는 경제의 중심 문제로 부각되었다. 여기서는 우선 자유시장주의자들이 금과옥조로 여기는 애덤 스미스의 이론을 살펴보고자 한다. 고전적 자유주의의 창시자로 여겨지는 애덤 스미스의 경우에도 노동의 문제는 중심 문제로 여겨졌다. 애덤 스미스는 분업의 효율성을 주장한 학자

---

37 앞의 논문, 132.

임은 이미 알려져 있다. 그런데 분업의 경우 사람들은 자기가 생산한 물품과 다른 사람이 생산한 물품을 서로 교환하는 과정을 필요로 한다. 여기에 작용하는 가치를 애덤 스미스는 교환가치라고 말한다. 이 교환가치를 결정하는 것이 바로 노동임을 천명한다. "노동은 교환가치의 진정한 척도이며, 또한 모든 물품에 지불되는 최초의 가격이다."[38] 그뿐만 아니라 지대 및 화폐와 비교할 때, 그것들은 변동성이 큰 가치이고, 변하지 않는 가치는 노동이 유일하다는 것이다. "노동은 가치의 유일한 정확한 척도임과 동시에 유일한 보편적 척도라고 하는 것, 바꿔 말하면 노동은 우리들이 언제 어디서나 여러 가지 상품의 가치를 비교할 수 있는 유일한 표준이라는 것은 명백하다 할 것이다."[39]

애덤 스미스도 고용주와 노동자 간에 발생하는 임금의 문제를 다룬다. 그는 이해관계가 서로 다른 두 당사자 간에 맺어진 계약에 의존하는 임금의 경우 고용주가 유리한 입장에 설 수밖에 없음을 말한다. 이는 고용주들의 수가 적기 때문에 쉽게 뭉칠 수 있음에 기인한다. 또한 고용주는 가진 부로 인하여 쟁의가 발생했을 때 버틸 수 있는 여력이 있으나, 노동자는 장기간 경제생활을 영위할 수 없음에도 기인한다. 심지어 당시의 법률은 "직공들의 단결은 금지하지만, 고용주의 단결은 공인하거나, 또는 적어도 그것을 금지하지는 않는다. 의회의 어떠한 법령도 노동의 가격을 끌어내리기 위한 단결에는 반대하고 있지 않지만, 그것을 끌어올리기 위한 단결에는 많은 법령이 반대하고 있다."[40] 기본적으로 불평등한 관계에 정위되어 있는 자본과 노

---

38 애덤 스미스/최호진 · 정해동 옮김, 『국부론』, 50.

39 앞의 책, 58.

40 앞의 책, 96.

동의 위상을 정확히 간파한 통찰이라고 볼 수 있다.

이상의 글에서 자유경쟁시장을 주장하는 애덤 스미스의 입장이 어떤 축에 기울어 있는지 알 수 있다. 그가 자유경쟁시장을 옹호할 때, 그것은 현재 신자유주의가 주장하는 자유경쟁시장의 입장과 다르다는 것을 아는 것이 중요하다. 심지어 애덤 스미스는 당시 임금의 적정 수준도 논한다. 직공들과의 쟁의에서 유리한 입장을 점하고 있는 고용주들이 지켜야 할 법칙이 있다는 것이다. "직공들과의 쟁의에서 고용주들이 일반적으로 유리하기는 하지만, 임금에는 일정한 율이 있어서 가장 낮은 등급의 노동에 대해서까지도 통상임금을 오랫동안 이 율 이하로 내린다는 것은 불가능한 것 같다."[41]

애덤 스미스가 주장하는 최저임금은 노동자가 본인과 가족을 부양하기에 부족하지 않은 금액이어야 한다는 것이다. "사람은 항상 노동에 의해서 생활하지 않으면 안 된다. 따라서 그의 임금은 최소한 그를 부양하기에 충분해야 한다. 대부분의 경우 임금은 다소 그 이상이 되지 않으면 안 된다. 그렇지 않으면 그는 가족을 부양할 수 없으므로 그러한 직공들의 가족은 1세대 이상 존속할 수 없을 것이기 때문이다."[42] 최저임금을 이야기했다는 것만으로도 애덤 스미스는 오늘날 신자유주의의 철학과는 유를 달리한다.

결정적인 것은 애덤 스미스가 노동의 수입이 많은 것을 전체 사회를 유리하게 만드는 조건으로 판단한다는 점이다. "여러 종류의 하인, 노동자 및 직공은 모든 대 정치사회의 최대 부분을 구성하는 것이다. 이 대부분의 사람의 생활 조건을 개선한다는 것은 결코 전체로 보아

41 앞의 책, 97-98.
42 앞의 책, 98.

서 불리한 것으로 생각될 까닭이 없다. 어떠한 사회라도 그 구성원의 대다수가 가난하고 비참한 사회는 결코 번영하고 행복하다고 할 수 없다. 그뿐만 아니라 국민 전체에게 식·의·주를 제공하는 사람들이 자신들도 꽤 잘 먹고 입고 살 만한 만큼의 몫을 자신들의 노동생산물에 대해서 가진다는 것은 공평할 따름이다."43 한 걸음 더 나아가 애덤 스미스는 고임금이 근면을 촉진시킨다고까지 주장한다. "노동의 보수가 후한 것은 번식을 촉진함과 동시에 서민의 근면을 증진시킨다. 노동의 임금은 근면의 촉진제로서 근면은 다른 모든 인간의 자질과 마찬가지로 그것이 받는 자극에 비례하여 향상하는 것이다. 생활 자료가 풍부하면 노동자의 체력은 증진한다. 그리고 자기의 생활 상태를 개선하고 만년을 안락하고 편안하게 보낼 수 있다는 유쾌한 희망이 있으면, 그것은 노동자를 고무해서 그 힘을 극도로 발휘시킨다."44

무엇보다도 중요한 점은 애덤 스미스의 자유경쟁시장에 대한 주장이 무엇을 겨냥했는가 하는 점이다. 그는 시장가격을 공급과 수요의 자유로운 경쟁에 두지 않고, 특정한 사람들의 이익을 위해서 조작하는 것에 반대했다. 애덤 스미스가 보기에 당시 유럽에서 시장의 자유로운 경쟁 질서를 방해하는 정책적 요인 세 가지는 "첫째, 어떤 직업에 있어서 경쟁을 억제함으로써 그 직업에 들어가려고 하는 사람들의 수를 그 정책이 없었을 경우보다 적게 만드는 것, 둘째, 다른 직업에 있어서는 자연히 이루어질 정도보다 경쟁을 증대시킨 것, 셋째, 어떤 직업에서 다른 직업으로, 또 어떤 곳에서 다른 곳으로 노동 및 자본(S)이 자유로이 유통하는 것을 방해하는 것이 그것이다."45 첫

---

43 앞의 책, 110.
44 앞의 책, 113-114.

째 경우에 해당하는 것은 당시의 동업조합으로서 이 동업조합은 불필요하게 장기간의 수습 공장 수업을 제정하여 청년들의 근로 의욕을 꺾고, 가격과 임금의 담합을 통해 자유로운 시장 질서를 깨뜨린다는 것이다. 둘째 경우는 특별히 성직자의 경우 장학금 등을 통한 싼 교육비를 통해 과다한 수의 성직자를 배출함으로써 그들의 임금을 저렴하게 만드는 요인이 되었음을 예로 든다. 셋째 경우는 유럽 전역에서 동업조합법에 의한 노동과 자본의 자유로운 이동의 방해로 드러나는데 특별히 잉글랜드의 경우에는 여기에다가 구빈법(poor law)을 통하여 빈민이 그가 소속된 교구를 제외하고는 다른 어떤 교구에서도 정주권(settlement)을 획득하지 못하게 함으로써 노동의 자유로운 이동의 억제를 심화시킨다.[46]

애덤 스미스의 자유경쟁시장 이론을 고찰할 때 흔히 결여하는 그의 동기를 고찰함으로써 애덤 스미스의 의도를 명확히 할 필요가 있다. 그는 시장가격과 임금이 정치경제 지배 세력에 의해 임의로 정해진 역사에 반대한다. 그는 과거의 잘못된 제도로서 옛날에는 임금이 법률이나 치안판사에 의해 정해졌다는 점을 이야기한다. 그리고 런던 재봉사의 임금은 그 당시에도 법에 의해 정해진다는 점을 예로 들어 그러한 것들이 잘못된 것임을 주장한다. 여기에서 주의를 끄는 것은 그러한 임금이 정해지는 절차이다. 이 절차를 비판하는 애덤 스미스의 논리는 정연하며 합당하다. "입법부가 노사 간의 대립을 조정하려고 할 때, 그 고문이 되는 사람은 항상 고용주이다. 그러므로 그 조정이 직공들에게 유리할 경우에는 그것은 항상 정당하고 공정하지

45 앞의 책, 159-160.
46 앞의 책, 161-188.

만, 고용주들에게 유리할 경우에는 때로는 그 반대이다. … 고용주들이 직공들의 임금을 끌어내리기 위해서 결합하는 경우에는 보통 그들은 사적인 맹약, 즉 협정을 맺고 엄한 벌칙을 설정하여 일정 임금 이상은 지불하지 않기로 한다. 이에 대해서 직공들이 일정액 이하의 임금은 받아들이지 않는다는 정반대의 연맹을 맺으면, 법률은 매우 준엄하게 직공들을 처벌할 것이다. 그리고 만약 법률이 사태를 공정하게 처리한다면 고용주들도 마찬가지로 준엄하게 처벌되어야 할 것이다."[47]

신자유주의의 자본과 노동을 이야기하는데, 애덤 스미스의 주장을 장황하게 늘어놓는 이유는 신자유주의가 주장하는 자유경쟁시장의 허구를 다시 한번 되짚어 보기 위함이다. 여기서 자본과 노동에 관한 경제학적, 사회학적, 정치학적 담론 모두를 다룰 수는 없다. 또한 자본과 노동의 역사 전체를 고찰할 수도 없다. 그것은 이 책의 범위를 넘어서는 것이며, 그 자체가 하나의 거대 담론을 요구하기 때문이다. 이 책에서 다루고자 하는 것은 신자유주의 체제에서 자본과 노동과의 관계가 어떻게 불평등하고 불공정하게 생성되고, 정의되며, 자본에 의해 노동이 어떻게 통치되느냐 하는 것이다.

헨리 지루는 레이거노믹스에 의해 신자유주의를 정책으로 채택한 미국 사회가 어떻게 변화되었는지를 자세히 서술한다. 무엇보다도 이전의 미국의 정책이 지향하는 바를 루스벨트(Franklin Delano Roosevelt) 대통령이 1935년 연두교서에서 천명하는 바를 통하여 밝힌다.

---

47 앞의 책, 188-189.

우리는 국민이 오랜 불평등으로 고통받고 있으며 광범위한 대책들을 통해서도 변화된 것이 거의 없다는 것을 잘 알고 있습니다. 우리의 언급과 노력에도 불구하고 소수의 특권층을 제거하지 않았고, 권리가 박탈된 계층을 효과적으로 부양하지도 않았습니다. 이처럼 정의롭지 못한 모습들이 우리의 행복을 가로막았습니다. … 그러나 우리는 막대한 이윤을 통해 사적인 일뿐만 아니라 공적 관심사에도 과도한 사적 권력을 행사하는 부의 취득에 관한 관념을 맹세코 거부해야 한다는 국민의 확고한 명령을 받고 있습니다. 이러한 목적을 달성하는 데 있어서 우리는 야망을 파괴하지 않을 것입니다. … 자신은 물론 자신의 적절한 안전, 합리적 레저, 고결한 삶을 유지하기 위한 개인들의 야망이 많은 재산과 큰 권력에 대한 욕망보다 더 선호되어야 합니다.[48]

위의 연두교서에 명백히 드러나는 것처럼 루스벨트는 불평등, 특권층의 존재, 권리 박탈 계층의 부양, 정의롭지 못한 모습, 사적 권력의 과도한 추구 등을 국민의 행복을 가로막는 요인으로 규정한다. 그리고 소수 특권층에 의해 추구되는 많은 재산과 큰 권력에 대한 욕망보다 많은 국민이 바라는 적절한 안전, 합리적 레저, 고결한 삶을 더 중요하게 선호하는 것을 국가의 책무로 여긴다. 이러한 그의 이상이 정책적으로 바르게 수행되었는가 하는 것은 논외로 하더라도, 최소한 국가가 지향해야 할 바를 밝혀 주었다는 점은 기억되어야 할 것이다.

그런데 신자유주의 국가인 미국은 이러한 국가의 최소한의 도덕적 의무도 상실했다는 것이다. 오늘날 국가는 국가의 책무를 시장과

---

48 Franklin D. Roosevelt, "State of the Union Address Franklin D. Roosevelt" (January 4, 1935), 9-17. 헨리 지루/변종헌 옮김, 『신자유주의의 테러리즘』, 257-258에서 재인용.

사적인 자선 행위에 떠넘기고 있다. "1970년대의 재정 위기 이래 시작된 신자유주의 체제하에서 큰 정부는 민주주의의 적으로 간주되었다. 그리고 루스벨트와 존슨이 제공한 것과 같은 사회적 대책들은 사회주의적인 것으로 퇴출되었다. 또한 정치는 재발견된 '자유시장경제'의 명령에 전적으로 예속되었고 본질적 민주주의를 비웃는 제도들이 정부 권력의 최대 수혜자가 되었다."[49]

레이거노믹스를 계승한 부시 행정부에 의한 신자유주의 정책은 부의 양극화를 심화시켰다. 여기서 헨리 지루의 책에서 제공하는 당시 미국 상황의 통계적 수치를 살펴보는 것이 도움이 될 것이다(헨리 지루가 인용한 미국 통계 출처는 생략한다).

2007년 부시 행정부의 연방 예산에서 가장 크게 삭감된 정부 프로그램은 음식물, 아동보호, 건강의료 및 사회의 극빈층에 대한 주택 제공 등과 같은 분야이다. 그리고 공식적 빈곤선 아래에서 생활하고 있는 미국인이 3,700만 명을 넘어서고 있고, 수많은 사람들이 기본적 생필품을 구하기 위해 힘겨운 싸움을 벌이는 등 빈곤율이 치솟는 순간에도 이러한 삭감정책이 지속되었다. … 부시의 신자유주의 정책은 소득을 부유층, 특히 상위 1% 계층에게 상향 분배했다. 이들의 평균 소득은 125만 달러에 달하며, 실질적 개인 세율은 2000년 24.2%에서 2004년에 19.6%로 떨어졌다. … 신자유주의적 불평등의 정치는 최고 경영자에 돌아가는 보수와 보너스에서 분명히 엿볼 수 있다. 예를 들어 최고 헤지펀드(hedge fund) 매니저 가운데 한 사람인 시몬스(James Simmons)는 2006년에 17억 달러를 벌어들였

49 헨리 지루/변종헌 옮김, 『신자유주의의 테러리즘』, 261.

고, 헤지펀드 매니저 상위 25명의 소득을 합하면 140억 달러에 달한다. 이는 뉴욕시 공립학교 교사 8만 명의 대략 3년 동안의 보수를 합한 것과 같은 규모이다. … 일부의 경우 최고 경영자가 엄청난 보수와 보너스를 받고 있는 반면에 피고용인들은 임금, 은퇴수당, 의료혜택이 축소되고 있을 뿐만 아니라 더 많은 시간 일해야 하는 상황이 되고 있다. … 지구상에서 가장 부유한 나라에서 나타나고 있는 이와 같은 소득, 재산, 기회의 불평등은 하나의 치욕으로 간주되어야 할 것이다.[50]

애덤 스미스의 시대에도 자본가의 세력은 노동자의 세력을 압도하고 있었다. 그래서 그는 자유로운 노동 임금의 정착을 저해하는 제반 요소, 즉 당시의 동업조합의 횡포, 고용주들의 담합 등에 대해서 반대할 뿐만 아니라 정치 · 경제 주도 세력에 의한 임금의 결정을 시대에 뒤떨어진 악법으로 규탄했다. 아울러 노동 임금이 적정선을 지켜야 함을 역설했다. 결국 애덤 스미스가 주장한 자유경쟁시장은 노동자의 임금을 비롯한 제반 권리가 제대로 지켜져야 함을 역설한 것이었으며, 가난한 노동자의 부가 결국 전체 국가의 부의 기반이 된다는 것을 밝힌 것이다. 이러한 애덤 스미스의 주장과 오늘날 신자유주의는 전혀 그 결을 달리하고 있다. 신자유주의의 자본은 애덤 스미스 시대의 자본과는 그 규모와 추동 방식에 있어서 전혀 다른 차원의 성격을 지니고 있다.

신자유주의 경영법칙을 대변하는 중요한 원칙은 주식의 가치로 기업을 평가하는 제도하에서 발생한다. 거대 기업의 경영이 전문 경

---

50 앞의 책, 264-265.

영인의 손에 맡겨진 후, 그들과 주주들의 이익을 조율하는 일이 최대 관심사로 등장하게 된 것이다. 여기서 중요한 것은 이러한 논의에서 기업의 기초적인 중심을 이루는 노동자의 문제는 전혀 고려되지 않는다는 점이다. 아무튼 주주들과 전문 경영인의 조율은 극적으로 이루어졌다. 때로 이익이 서로 충돌하던 그들의 관계에 해법을 제공한 것은 바로 주주 가치 극대화 원칙이었다. "1980년대에 이르러 마침내 성배가 발견되었다. 바로 주주 가치 극대화 원칙이었다. 이것은 주주들에게 얼마나 큰 이익을 안겨 주느냐에 따라 전문 경영인들의 보수를 정해야 한다는 것을 내용으로 하고 있다. 주주들의 몫을 크게 하기 위해서는 먼저 임금이나 투자, 재고, 중간 관리자 등의 비용을 무자비하게 삭감해 수익을 극대화해야 한다. 다음에 그 수익 중에서 최대한 많은 부분을 배당금 지급이나 자사주 매입(share buyback) 형태로 주주들에게 분배해야 한다. 경영자들이 이런 식으로 행동하게 만들기 위해서는 그들의 이익과 주주들의 이익을 동일시하도록 경영자들의 보수 가운데 스톡옵션의 비중을 늘릴 필요가 있다."[51]

이러한 방식의 주주 가치 극대화 경영 방식은 단기적으로는 회사의 수익을 높이는 듯이 보이지만 장기적으로는 경제 발전에도 도움이 되지 않을뿐더러 기업 자체에도 전혀 이롭지 않다. 왜냐하면 우선 이러한 주주 가치 극대화 방식은 기업 자체의 흥망성쇠에는 관심이 적고 오직 주식의 가치 증대에만 관심을 가지는 주주들이 기업 정책을 세우는 주체가 된다는 사실 때문이다. 그들은 기업의 흥망과 그들의 운명을 공유하지 않는다. 그들은 자유롭게 그들이 보유한 주식을

---

51 장하준/김희정 · 안세민 옮김, 『그들이 말하지 않는 23가지. 장하준, 더 나은 자본주의를 말하다』 (서울: 도서출판 부키, 2010), 39.

팔고 이윤을 챙기기만 하면 된다. 그래서 그들의 관심은 기업의 장기적 발전보다는 단기적 이익에 집중된다. 문제는 그들이 기업의 운명을 결정하는 힘을 지니고 있다는 사실이다. 실제로 "전문 경영인들과 주주들 간에 결성된 이 '비신성 동맹'(unholy alliance)은 기업의 기타 이해 당사자들을 착취한 자금으로 유지되었다. 일자리는 무자비할 정도로 줄었고, 수많은 노동자들은 일단 해고당한 뒤 더 낮은 임금에 복지 혜택도 거의 없다시피 한 비(非)노조원 자격으로 재고용되었다. 임금 인상은 중국이나 인도 같은 저임금 국가로 설비 이전이나 해외 아웃소싱을 통해, 혹은 그렇게 하겠다는 위협만으로도 억제되었고, 납품 업체나 그 종업원들은 지속적인 단가 인하 압박에 시달려야 했다. 정부 또한 법인세가 낮고 기업 보조금이 많은 나라로 설비를 재배치하겠다는 위협으로 인해 끊임없이 법인세 인하 및 보조금 확대 압력에 휘둘려야 했다."[52]

역사 속에서 언제나 그러했지만, 오늘날 세계적인 신자유주의 체제하에서 자본은 이전보다 훨씬 긴밀하게 국제적 금융 정치 세력과 협조 체제를 구축하고 있다. 이전의 소위 비효율적인 경제 체제를 효율적으로 변화시키기 위하여 신자유주의 구조조정적 통치원리가 집중하는 두 가지 요소는 화폐와 노동력의 관리 형태의 변화로 볼 수 있다. 이 중에서 금융화에 관해서는 앞에서 자세히 논의한 바 있다. 여기서는 노동에 관하여 조금 더 논의하고자 한다. 신자유주의 체제하에서 수행되는 노동시장의 유연화를 다루면서 논의하고자 한다. 노동시장의 유연화라는 말 자체가 사실은 가치중립적인 말이 아니라

---

52 앞의 책, 40-41.

철저히 기업가와 자본의 편에서 창안된 말이다. 왜냐하면 노동시장의 유연화는 "기업이 경기상황에 따라 자유롭게 고용수준과 임금수준을 조정할 수 있도록 노동시장제도가 시장 중심주의적으로 바뀌는 것"[53]을 의미하기 때문이다. 노동시장 유연화 정책은 철저히 시장 중심적 경제 원리에 따르는 것으로 여기에는 노동의 본원적 가치나 노동자의 생계와 복지 문제는 고려의 대상이 안 된다. 앞에 말한 것처럼 주주 가치 극대화 방식의 기업 운영과 신자유주의적 세계 경제 질서가 추구하는 주주의 최대 이윤을 획득하기 위한 방식에 기초한 것이 노동시장 유연화 정책이기 때문에 거기에는 이미 모든 정책이 자본과 이윤을 위한 것으로 규정되어 있다.

노동시장 유연화는 다양한 방식으로 수행되지만, 김준현은 다음의 네 가지로 구분한다.

첫째, 임금의 유연화이다. 이는 임금을 기업조직의 성과와 생산성에 연동하여 결정하는 것을 의미하는데, 개별 노동자들이 이러한 방식에 의하여 임금을 지급받게 되면 생산성 향상을 위하여 노력할 것이라는 논리에 근거하고 있다. 둘째, 수량적 유연화이다. 이는 고용노동자의 규모를 시장 수요변화에 따라 자유롭게 결정할 수 있게 되는 것을 의미한다. 즉, 기업이 노동자를 자유롭게 해고할 수 있고, 임시직, 일용직 등 다양한 고용방식을 선택할 수 있게 되는 것을 의미한다. 기업은 수량적 유연화에 의하여 노동비용을 절감할 수 있다. 셋째, 기능적 유연화이다. 이는 기업이 변화하는 시장 여건에 좀 더 쉽게 적응하기 위하여 생산품을 다양화하고 신기술에

---

53 김준현, 『경제적 세계화와 빈곤문제 그리고 국가』 (파주: 집문당, 2008), 182-183.

대한 노동자들의 적응력을 향상시키는 것을 의미한다. 직무순환, 다기능화, 부서 이동 등은 기업들이 기능적 유연화를 위해 채택하는 대표적인 전략의 예이다. 기업들은 기능적 유연화를 통하여 노동자들의 노동력 향상을 꾀할 수 있다. 넷째, 노동의 외부화이다. 이는 기업이 자체적으로 육성하기 어렵거나 일시적으로 필요한 작업부분을 외부의 전문회사나 생산조직이 담당하게 하는 것을 의미하며, 외주하청(outsourcing)이 대표적인 방식이다. 기업은 노동의 외부화를 통하여 노동비용을 절감하고 업무수행의 효율화를 기할 수 있다.[54]

이상의 노동시장 유연화 정책을 살펴보면, 그 네 가지 방식 모두가 지향하는 바는 기업의 생산비 절감과 생산성 향상임을 알 수 있다. 이러한 노동시장 유연화 정책에 의하여 노동자들은 자본 앞에서 무력한 스스로를 발견하는 동시에 자본의 확대 재생산을 위한 도구로서 스스로를 자리매김하게 된다. 애덤 스미스가 강조한 것처럼 노동이 가치의 척도라고 하는 원칙은 사라지고, 이제 신자유주의 노동시장 유연화 정책하에서 노동은 철저히 기업의 생산성을 향상시키기 위한 산출의 도구로서만 기능하게 된다.

신자유주의 자본의 문제도 새로운 시각을 요청한다. 지주형은 신자유주의 금융자본의 축적 과정과 그 동인을 잘 설명한다. 그에 의하면 신자유주의에서의 금융축적은 그 이전의 자본축적과는 구별된다. 그는 신자유주의 금융축적의 특이성을 다음과 같이 설명한다. "신보수주의 정치프로젝트, 금융적 축적전략 그리고 사사화된 통치

---

54 앞의 책, 183-184.

성은 공명과 번역을 통한 우연적인 공진화와 구조적 결합을 통해 서로 간의 친화성이 증가하고 서로가 서로를 강화시키는 독특하고 복합적인 신자유주의적 정치경제 질서를 구성한다."[55]

　이러한 상호 강화의 전략적 실천을 자세히 설명하면 다음과 같은 내용이 된다. 이는 신자유주의 자본을 설명함에 있어서 복합적인 질서와 그 상호관계를 설명한 탁월한 분석으로 평가한다. 그리하여 지주형의 긴 분석을 그대로 살려 인용한다(여기서 그가 인용한 자료들에 대한 언급은 생략한다).

　　첫째, 계급권력을 회복하고 시장을 확대하며 소득을 재분배하는 신자유주의 정치프로젝트는 신자유주의 이데올로기와 정책, 통치성 그리고 축적과 다음과 같은 방식으로 공명하고 결합한다. 먼저 소유권 일반, 개인의 선택권, 시장 자율, 국가의 사회적 투자 축소 등을 강조하는 신자유주의 이데올로기와 정책은 실제 정치에서는 지배 계급만의 특수한 소유권, 영리활동의 자유, 조세부담 감소 등으로 전환된다. 다음으로 민간 및 개인 주체의 책임을 강화하는 신자유주의 통치성은 인구를 자기 계발하는 개인들로 분열시키고 공공영역과 공공책임을 부정하는 등 집합행동을 억제하는 효과를 낳음으로써 계급지배에 기여한다. 끝으로 신자유주의적인 금융적 축적은 노동유연화 및 산업이윤의 금융 부문으로의 유출을 통해 소득불평등과 경제양극화를 심화시킬 뿐 아니라 중산층을 자산가치 상승을 기대하는 금융투자자 및 자산소유자로 변환시킴으로써 보수화시켜 계급지배를 공고화하는 데 기여한다.

---

55 지주형, "신자유주의의 복합질서: 금융화, 계급권력, 사사화," 230-231.

둘째, 개인을 자기 계발적, 기업가적 주체로 전환시키고 민간주도 거버넌스에 의존하는 신자유주의 통치성은 개인의 자유 및 선택권과 시장의 효율성을 강조하는 신자유주의 이데올로기로부터 그 이념적 동력을 얻는다. 계급지배 정치프로젝트 또한 국유자산을 사유화하며 국가기능을 자본에 이양하여 자본의 직접 통치를 확대할 뿐 아니라 복지제도를 축소하고 조직노동을 분쇄하여 개인의 생존에 대한 국가와 사회의 공적인 책임을 감소시킨다. 더구나 금융 수단을 통한 축적의 확대는 구조조정을 상시화함으로써 고용 불안정을 증대시켜 노동자들의 생애 리스크를 증가시킴과 동시에, 민간 연기금, 보험을 통해 그러한 리스크를 개인이 사적인 책임하에 관리할 수 있는 허구적 수단을 제공하고, 주식시장을 통해 기업가적 활동에도 자금을 공급한다.

셋째, 금융적 축적에 있어 핵심적인 축적 전략의 배타적 기획과 실행 그리고 쿠폰풀의 금융독재는 자산소유자의 권리와 선택권을 옹호하는 신자유주의 이데올로기뿐만 아니라 신자유주의 정치프로젝트에 따른 계급권력의 강화와 민주주의 후퇴에 의해 뒷받침된다. 또한 사사화된 리스크와 민간주도 거버넌스는 사적 연기금, 보험업, 민영화를 통해 상품화의 영역을 확대시키고, 자본에 보다 많은 비즈니스의 자유를 부여하며, 이를 통해 축적을 평가하는 기준과 제도가 사유화되고 지배적 자본의 축적 기회가 확대된다. 여기서 자기 계발하는 주체는 재테크, 즉 사적 연금 가입이나 주식투자 등을 통해 자산시장에 자금을 공급하는 역할을 하기도 한다.[56]

이렇게 신자유주의하에 자본은 이전 시대의 자본과 비교할 수 없

---

56 앞의 논문, 231-233.

을 정도로 거대한 초국적 자본일 뿐만 아니라 금융축적과 정치프로
젝트와 사사화된 통치성과 긴밀히 얽혀서 공진화와 협조를 수반하는
체제를 갖추고 있어서 노동, 특별히 유연화된 노동과는 비교할 수 없
는 절대적 우위를 점한다.

4. 경제를 넘어 전체 사회의 원리로

신자유주의는 단순히 경제 영역에서의 문제가 아니다. 신자유주
의가 단순히 경제의 효율성만을 추구하는 것으로 그 성격이 규정된
다면, 앞에서 밝혀진 것처럼 그 효율성에 대한 기대가 무너졌을 때
신자유주의라는 체제도 무너져 내렸어야 정상일 것이다. 문제는 신
자유주의는 한 시대의 유행처럼, 혹은 경제라고 하는 하나의 영역에
서의 실험적 시도처럼 지나가 버린 것이 아니라는 점이다. 신자유주
의는 앞에서 말한 것처럼 사실상 경제적인 효과를 거의 거두지 못했
음에도 불구하고 그 이후 전체 사회를 지배하는 원리로 자리 잡았다.
본 장에서는 신자유주의가 전체 사회를 구동하는 원리로 정착하게
된 현상을 비판적 입장에서 분석하고자 한다.

신자유주의 통치체제에서 가장 획기적인 변화는 자유의 개념 자
체가 변질된 데서 찾을 수 있다. "'자유'의 의미는 20세기의 주요 사건,
즉 1930년대 대공황, 제2차 세계대전, 1970년대 경제 위기를 거치면
서 자유방임 시장을 옹호하는 경제 이론을 통해 새롭게 재구성됐다.
어떻게 이 '자유'가 '경쟁', '능력', '유연성' 등 새로운 의미로 전환되었
는가? 애초에 만민 평등사상에서 출발한 자유주의 사상이 자유방임
주의 경제 이론을 거쳐 시장 만능주의, 혁신, 선진화, 발전이라는 명

분으로 사회 전체를 무한 경쟁의 질주 속으로 몰아넣기 때문이다."[57]

　이미 2장에서 설명한 것처럼 신자유주의에서 주장하는 '자유'는 오히려 자유의 정반대 개념이다. 시장의 자유를 최대로 확대한다는 이론은 시장의 자유를 촉진하기 위하여 자본의 편을 든다는 이야기이며, 시장의 자유를 방해하는 개인 주체의 자유는 제한한다는 의미로 적용되었다. 이에 대하여 헨리 지루는 적절한 비판을 한다.

　시장이 모든 정치적 · 사회적 · 경제적 결정을 위한 원칙이 되어야 한다는 확고한 믿음 위에서 신자유주의는 민주주의, 공공 제도, 공공선 그리고 상업화되지 않은 가치들에 대해 끊임없는 공격을 가하고 있다. 신자유주의 아래에서 모든 것은 판매를 위한 것이거나 아니면 이윤을 얻기 위한 착취의 대상이다. 공유지는 벌목 회사와 기업 농장주에 의해 파괴되었고, 정치가들은 공익을 무시한 채 공중파를 기꺼이 방송사나 거대 기업에 넘겨주고 있다. 기업들이 국가의 에너지 정책을 결정하고 있고, 정부가 경쟁 입찰 없이 계약서에 서명하면서 군수산업체가 막대한 이윤을 챙기고 있다. 정부가 기업의 환경파괴를 용이하게 하는 법안을 통과시킴으로써 환경은 이윤추구라는 미명하에 오염되고 황폐화되었다. 대기업의 세금 부담을 낮추기 위해서 공공서비스는 엉망이 되고 있다. 학교는 점차 쇼핑몰이나 감옥과 같은 모습이 되어가고 있으며, … 끊임없이 시장의 가치를 추구하는 신자유주의 경제가 모든 인간관계로 확대되고 있다. 시장이 일상생활의 원동력으로 칭송받으면서 큰 정부는 무능하거나 개인적 자유에 대한 위협으로 폄하되고 있다. 신자유주의는 권력이 정부나 시민이 아닌 시장

---

57 김현미 · 강미연 · 권수현 · 김고연주 · 박성일 · 정승화, 『친밀한 적. 신자유주의는 어떻게 일상이 되었나』, 38-39.

과 기업의 수중에 있어야 한다고 주장한다.[58]

　헨리 지루의 말처럼 신자유주의는 자유를 시장에게 주는 원칙을 고수하면서 개인의 자유를 박탈했다. 그뿐만 아니라 공공의 이익을 대변하는 그 어떤 장치도 시장의 원리에 맞지 않으면 불허한다. 아니 엄밀히 말하면 시장의 효율성 논리를 앞세워 모든 공적인 가치를 사적인 영역으로 이전시켜 국가가 보전해야 할 국민의 살 권리조차 사적 기업의 효율성의 기치 아래 위치하게 했다. 민간으로 이양된 의료보험이나 연금보험 등은 공적 영역에서 사적 영역으로 후퇴함으로써 그 혜택을 누리는 자유를 개인의 자의적 선택과 능력의 결과로 만들었다. 여기서 국가가 책임져야 할 국민의 건강 문제와 생존의 문제 자체가 개인의 선택과 능력의 영역으로 옮겨진 것이다.

　여기서 토마스 렘케의 인적 자본 이론을 살펴보고자 한다. 인적 자본 이론의 내용을 살펴보면 신자유주의하에 개인의 위치가 정리된다. "인적 자본은 두 가지 요소로 구성되는데, 하나는 육체적 · 유전적 자질이고, 다른 하나는 적합한 자극—돌봄과 애정뿐만 아니라 영양 공급, 양육, 교육—에 대한 '투자'의 결과인 역량들의 총합이다. … '경제적 접근법'은 모든 사람을 자신을 자율적으로 관리하는 주체로 간주한다. 이들은 자기 자신과 관련해서만 투자 결정을 내리고, 잉여가치 생산을 목표로 하는 존재이다. 그런데 여기에는 반갑지 않은 이면이 존재한다. 사회적 경쟁에 참여할 때와 마찬가지로 경쟁에서 도태할 경우에도 그것은 오로지 개인의 책임인 것이다."[59] 인적 자본 이론

---

58 헨리 지루/변종헌 옮김, 『신자유주의의 테러리즘』, 18-19.
59 토마스 렘케/심성보 옮김, 『생명정치란 무엇인가: 푸코에서 생명자본까지 현대 정치의 수

이야말로 국가가 책임져야 할 국민에 대한 의무를 국민 각자 주체에게로 돌리는 것이다. 이에 당연한 귀결로 공적 교육의 영역에서도 국가의 책무는 사라지고, 개인의 선택과 노력 그리고 그 결과인 능력만이 남게 된다.

헨리 지루는 신자유주의하에서 벌어지는 미국 공교육의 후퇴를 자세하게 소개한다. 학생들에 대한 가혹한 형법 적용, 처벌 위주의 교육, 심각한 학생 인권 박탈 등의 자세한 예는 여기서 소개하지 않도록 한다. 대신에 미국 청소년들에 대한 정책을 비판하는 글 하나를 소개하고자 한다.

> 젊은이들을 위한 서비스(학교 교육, 보호관찰, 정신건강)의 규모가 축소되고 폐쇄되거나 아니면 그 목적이 변질되면서 성인 형사재판 제도가 매우 빠른 속도로 젊은이들에게 영향을 미치고 있다. 미국 전체에 걸쳐 많은 주가 형사재판의 최소 연령을 낮추고 범죄의 유형을 확대하면서 그리고 청소년들을 성인 법정으로 이관하는 절차를 수정함으로써 아동들을 성인 법정의 재판범위에 포함시켰다. 경찰서, 법정, 구치소, 교정기관 등에서 성인 범죄자와 아동 사이의 장벽이 제거되고 있다. 동시에 젊은이들을 감금하고 기소할 수 있는 다양한 선택이 가능해지면서 더 어린 아동과 청소년들이 포함될 수 있도록 청소년 재판 범위가 확대되어 왔다.[60]

수께끼를 밝힌다』(서울: 그린비출판사, 2015), 176-177.

60 Bernadine Dohrn, "Look Out, Kid, It's Something You Did," Valerie Polakow, ed. *The Public's Assault on America's Children* (New York: Teachers College Press, 2000), 175. 헨리 지루/변종헌 옮김, 『신자유주의의 테러리즘』, 180에서 재인용.

실제로 미국 내에서 벌어지는 젊은이들에 대한 이러한 무자비한 조치는 "젊은이들의 희생을 대가로 경제적 기득권 계층을 우선 배려하기 위한 일련의 정책 결정에서 비롯된 것이다. 교육, 빈곤모에 대한 영양 지원, 퇴역 군인의 건강의료 그리고 기초 과학 연구를 위한 재정을 무자비하게 삭감해서 이를 소수 부유층을 위한 감세에 충당해 왔다."[61] 또한 모든 것이 극도로 사유화되고 있는 시장의 담론에서 "알코올 중독, 홈리스, 가난, 실직, 문맹 등은 사회적 쟁점이 아니라 오히려 개인의 문제로 간주된다. 말하자면 이와 같은 문제의 원인은 성격 상의 결함이나 개인적 실패로 귀결되며, 대부분의 경우 이러한 문제는 범죄로 취급된다."[62] 아울러 대중문화에서도 부와 권력을 칭송하고, 가난하고 시민권을 박탈당하고 권력이 없는 사람들에 대한 경멸을 재생산하고 정당화하고 있다. 이는 대중문화 영역에서 행해지는 계층 정치라고 볼 수 있다.

교육도 마찬가지이다. 신자유주의 기업 문화에 종속된 학교 교육은 공공선을 교육하지 못하고 학생들로 하여금 시장경제의 요구조건에 스스로를 맞추도록 교육함으로써 그들의 사적 이익에만 호소하고 있다. 이는 진정한 교육이라기보다는 신자유주의 시장경제의 틀에 맞춘 훈련에 지나지 않는다. "학생들은 스스로를 공공 생활, 사회적 책임 또는 민주주의의 명령 등과 연결시키는 언어를 상실한 학교에서 생활하게 된다. 이와 같은 상황에서 사회정의, 타인에 대한 존중, 비판적 탐구, 평등, 자유, 시민적 용기, 집단적 선을 강조하는 민주적인 교육은 사유화, 개인주의, 자기 이익, 가혹한 경쟁만을 강조하는

---

61 헨리 지루/변종헌 옮김, 『신자유주의의 테러리즘』, 181.
62 앞의 책, 182.

입장에 의해 압도당하거나 대체된다."[63]

교육의 내용뿐 아니라 교육이 행해지는 환경의 차별도 심각하다. "가난한 학생들이 안전하지 않고 허름한 그리고 교과 외 활동 프로그램이 거의 없거나 전무한 학교에 수용되어 있는 반면에, 중산층 학생들에게는 매년 5배 이상의 돈을 사용하며(도시 근교의 많은 학교에서는 이들에게 1인당 연간 2만 달러 정도를 지출하고 있다) 이들을 올림픽 경기장 규모의 수영장, 최첨단 컴퓨터 그리고 깔끔하게 정리된 건물과 운동장이 있는 학교에 수용하는 것을 어떻게 정당화할 수 있는가? 뉴욕주의 경우 '1990년대 뉴욕에 있는 대학교에서 학사, 석사, 박사학위를 받은 흑인 졸업생 수를 다 합한 것보다 더 많은 흑인들이 마약사범으로 교도소에 수감되었다'는 사실을 젊은이들은 어떻게 생각할 것인가?"[64]

미국의 경우를 예로 들었지만, 우리나라 교육의 현실과 대중문화의 현실도 별반 다르지 않다는 생각이다. 우리나라 신자유주의 체제와 현실은 다음 장에서 자세히 다루도록 한다.

---

63 앞의 책, 186.
64 앞의 책, 186.

5장
대한민국의 신자유주의

1. 외환 위기로 인한 신자유주의 체제의 확고한 도입

우리나라가 1997년 외환위기를 맞게 된 것은 1997년에 갑자기 발생한 일은 아니다. 그 이전의 정치경제적 모순이 누적되어 온 것이 임계점에 도달한 것으로 볼 수 있다. 여기서 그 당시 한국의 정치경제 상황을 상세히 고찰하는 것은 본서의 한계를 넘어선다. 본서는 외환위기 이후에 한국에 닥치게 된 변화에 집중하면서 한국에서 수용되고 진행된 신자유주의 정책에 집중하고자 한다. 사실 신자유주의 정책은 미국에서 경제학을 공부하고 온 정부 관료들에 의해서 1980년대 초반부터 부분적으로 진행되었다. 특히 김영삼 정부 때에는 '세계화'를 기치로 내걸고 신자유주의적 경제 개혁을 추진하고자 노력했다. 하지만 본서의 성격상 외환위기 이전의 시도들은 생략한다. 그러나 외환위기가 닥치게 된 상황에 대한 분석은 필요하기에 이에 대해서 지주형이 논하는 당시 한국의 경제 위기에 대한 진단을 수용한다.

한국의 경제 위기는 여러 다른 시기와 공간에서 유래한 위기와 위기 경향의 복합으로 발생했다. 즉, 한국의 경제 위기는 ① 고도 경제 성장의 결과 발생한 도덕적 해이, 지대추구, 금융 산업의 취약성, 고부채 및 고위험 투자전략, 임금의 지속적 상승 등의 구조적 취약성, ② 신자유주의 개혁, 민주화 그리고 탈냉전 이후 개발 국가 체제의 해체 및 그 결과로서 개발 국가주의 대시장주의적 지구화의 모순, ③ 지역적 과잉생산·설비로 인한 수출품 가격 하락과 사실상의 고정환율제 운영으로 인한 원화 가치 고평가로 발생한 무역수지의 위기, ④ 미국의 개방 압력과 재벌의 요구 등에 따른 부주의한 금융 자유화와 대외부채 급증으로 발생한 외채 위기, ⑤ 국가의 합리적인 투자조정의 부재에 따른 재벌의 과다 차입과 과잉 중복투자로 발생한 기업 위기, ⑥ 기업 부실화뿐 아니라 단기로 차입하고 장기로 재벌 또는 해외에 대부·투자한 위험한 금융차액거래로 발생한 금융위기, ⑦ 경제개혁의 실패와 위기관리의 위기를 초래한 사회적 세력 간의 파국적 균형 및 임박한 대통령 선거에 따른 정치 위기, ⑧ 동아시아 지역에 대한 투기적 공격과 금융 패닉, '금융 독감'의 전염으로 생겨난 외환위기, ⑨ IMF의 혹독한 구제금융 조건에 따른 한국 경제의 과도한 위축 등이 복합된 결과였다.

하지만 우리는 정치와 경제, 장기·중기·단기 그리고 일국·지역·지구적 규모에 위치한 여러 원인이 복합된 이러한 위기의 본질을 현상적인 외환 부족, 외채 과다, 또는 금융 부실보다는 자본축적의 위기라는 측면에서 이해해야 할 것이다. … 위기를 일으킨 복합적 요인들은 바로 소득 흐름, 금리, 기대가치, 리스크 평가에 악영향을 주어 신자유주의화하고 있는 한국 경제에 대한 초국적 자본의 평가를 악화시켰다. … 경제 자유화로 국가의 투자 조정과 정책금리 지원이 부재한 상황에서 부주의한 금융 지구화에 편승해 재벌 스스로 감행한 막대한 투자는 과다한 부채와 금융 비용을 낳았고, 국제경쟁의 심화는 매출을 악화시켰을 뿐 아니라 가격 하락과 인건비 상승과 결합해 마진에 압박을 가하여 재벌의 소득 흐름을 심각하게 악화시켰다. 그리고 그것은 금융기관의 부실로 전이되었다. … 1990년대 중반의 지구화와 자유화를 통해 한국 경제는 외부의 경제 상황과 좀 더 직접적인 연관을 맺었고, 초국적 금융자본은 자본에 대한 평가와 통제에 더욱 더 큰 힘을 발휘할 수 있었다.[1]

IMF 구제금융이 이루어지는 과정을 지주형은 당시의 국제정세 및 국내정세를 분석하면서 자세히 서술한다. 그의 책에서 무려 200쪽을 할애하여 그 경과와 실정을 상세히 소개한다.[2] 그의 이러한 분석은 한국의 신자유주의를 연구하는 데 있어서 중요한 자료로 판단한다. 여기서는 그 방대한 분량을 소개하는 대신에 그가 소개하는 당시 한국 정부의 IMF 의향서를 소개하고, 그 이면에 숨어 있는 정부 정치경제 관료들의 신자유주의적 통치 의도를 파악하는 것으로 일단락 짓고자 한다.

그런데 IMF의 초기 개입은 실패했다. 외국인 투자자들의 신뢰를 회복시키지도, 한국 경제를 안정시키지도 못했다. 오히려 금융시장의 혼란이 가중되었다. IMF 지원금이 대출을 회수하지 못하던 해외 투자자들에게 대출을 회수할 수 있는 길을 열어놓는 결과를 초래했다.

---

1 지주형, 『한국 신자유주의의 기원과 형성』, 165-167.
2 앞의 책, 111-311에 이르는 방대한 자료와 분석은 당시의 상황을 파악하는 데 있어서 신빙성 있는 통찰을 보여준다.

<한국 정부의 IMF 의향서(1997년 12월 3일)>
IMF 대기성 차관 협약(1997년 12월 5일) 및 이면각서의 주요 내용[3]

A. 거시경제 정책
   긴축적 통화정책: 금리 인상(현 12.5%에서 25% 이상으로 상향)
   긴축적 재정정책: 정부 재정수지 소폭 흑자
   신축적 환율정책

B. 자본계정 거래 및 국제교역 조기 자유화
   외국인의 주식투자 한도 확대
   -외국인 총소유 한도 26%에서 1997년 말 50% 1998년 말 55%로 상향
   -외국인 개별 소유 한도 7%에서 1997년 말 50%로 상향
   외국 금융기관의 국내 금융기관 인수합병
   1998년 6월까지 외국인 증권사 설립 허용
   채권시장 외국인 투자 허용
   적대적 기업 인수합병 허용 법안 국회 제출
   해외차입에 대한 제한 폐지
   무역 관련 보조금, 수입 승인제 및 수입선 다변화 제도 폐지 일정 제출

C. 국제적 수준의 투명성 향상(외환보유고, 금융기관 경영 및 단기외채 자료)

D. 금융 부문 개혁
   금융개혁법안 제출: 중앙은행 독립, 통합 금융 감독기관 설치
   금융기관의 구조조정(퇴출 및 회생): 9개 부실 종금사 영업정지 및 2개 상업은행
   자구책 마련
   금융 부문의 리스크 관리 개선: BIS 기준 자기자본비율 도입

E. 기업지배구조 개혁
   기업 재무제표 투명성 개선: 독립적 외부 감사, 정보 공개 및 결합 재무제표 작성
   은행 대출의 상업 지향성 존중: 은행경영 및 대출 결정에 대한 정부 개입 금지
   개별 기업 구제 목적의 정부 보조금 지급 및 세제지원 금지
   기업 부채비율 축소와 자본시장 발전
   상호 지급보증 축소
   금융실명제 개정

F. 노동시장 개혁
   노동시장 유연화 추가 조치
   노동력 재배치 촉진 위한 고용보험제도 기능 강화

---

3 앞의 책, 195.

이러한 실패의 이유를 지주형은 세 가지로 분석한다. 첫째, IMF의 실제 금융지원의 규모가 매우 제한적이었다. 그리하여 이는 외국인 투자자들에게 자금 회수의 기회를 제공할 뿐이었다. 둘째, IMF 프로그램의 내용이 부적절했다. IMF는 IMF 개입 발표만으로 시장의 정서가 바뀔 것으로 예상하고, 민간 채권자들과 직접 협상해야 한다는 사실을 예상하지 못했다. 셋째, 금융 관련 정보 및 데이터의 불투명성 또한 문제가 되었다.[4]

그리하여 IMF의 추가 조치가 한국에 가해졌다. 이는 원래의 의향서에 더 강도 높은 조치들을 추가한 형태로 협의되었다. 이를 IMF 플러스라고 한다.

⟨IMF 플러스 — 한국 정부의 제2차 IMF 의향서에 포함된 추가 조치들 (1997년 12월 24일)⟩[5]

A. 통화정책
금리 추가 인상(1997년 12월 30일 콜금리 30% 이상)
이자제한법 폐지

B. 자본시장 개방
외국인 주식 소유 한도 확대: 1997년 말 55%, 1998년 말 100%
(* 단 개인별 한도 50%는 계속 유지)
외국인의 우호적 인수합병 조기 허용(1997년 12월 30일)
외국인 은행 및 증권사 현지법인 설립 조기 허용(1998년 3월 말)
채권시장 완전 개방: 종목별 개인 전체 한도 폐지(12월 30일)
금융상품 개방 일정 수립(1998년 1월)

C. 금융 부문 개혁
금융개혁법안 통과(1997년 12월 30일): 중앙은행 독립, 통합 금융 감독기관 설치
종금사 정상화 계획 평가 완료(1998년 3월 7일)
상업은행 정상화 계획 제출(1998년 5월 15일)

---

4 앞의 책, 196-199.
5 앞의 책, 207

파산법 개정 검토(1998년 3월)

D. 무역정책: 조기 개방
　무역보조금 조기 폐지(1998년 3월 말)
　수입선 다변화 품목 조기 폐지(1998년 6월)
　WTO 틀에서 OECD와 합의했던 금융서비스 자유화(1998년 1월)

E. 노동시장 정책
　노동시장 유연화 및 정리해고 시 노사 간 고통 분담에 대한 정부 입장 발표(1998년 1월)
　파견근로자 제도 입법(1998년 2월)

이러한 협상의 결과는 한국 경제를 살리기는커녕 오히려 총체적 불황으로 이끌었다. 사실 IMF 개혁은 미국에서 보기에도 지나친 것이었다. 당시 클린턴 미국 대통령이 자신의 정치 참모에게 했다는 말은 이 사실을 입증해 준다.

지금 나는 우리가 하고 있는 일들이 과연 한국인들에게 옳은지 어떤지 잘 모르겠다. 우리는 지금 그들(한국)에게 실업자를 양산하도록 강요하는 것은 물론, 외국인들이 한국 기업을 사들이도록 하고 있다. 지금 우리(미국)가 그들(한국)에게 강요하는 것은 사실, 미국에서조차 결코 받아들이지 않을 자본주의적 관행이 아닌가?[6]

클린턴 대통령의 말은 사실이었다. 한국은 총체적 불황, 혹은 'IMF 위기'에 빠져들었다. 이러한 현실을 지주형은 다음과 같이 분석한다.
첫째, IMF의 긴축적 통화 · 재정 정책은 사태를 악화시켰다. 고금리는 이미 막대한 부채를 짊어진 기업들의 도산을 촉진시켰다. 또한

---

6 「월간조선」, 2000년 6월. 앞의 책, 212에서 재인용.

재정·통화 긴축은 유효수요를 더욱 낮춤으로써 불황을 심화시켰다.

둘째, 금융기관의 폐쇄를 중심으로 한 IMF의 금융구조조정 정책은 신용 경색, 기업 도산 그리고 뱅크런을 심화시켰다.

셋째, 고금리와 신용 경색의 결과 기업 도산과 실업이 급증했다. 1997년 12월부터 1998년 4월까지 월평균 3,000건 이상의 도산이 발생했다(1996년 월평균 도산 966개, 1997년 월평균 도산 1,431개). 실업률 또한 1997년 2.1%에서 1998년 7월 말에는 7.7%로 급증했다. 동시에 이러한 기업 도산과 실업의 증가는 노동시장 유연화에 유리한 환경을 조성했다.[7]

IMF와의 합의서에 등장하는 몇 부분은 IMF의 본래 요구가 아니라 한국 정치경제 관료들의 의도였다는 사실을 지주형은 지적한다. 그는 한국의 경제 관료들이 예전에 추진하려고 했다가 실패했던 개혁을 IMF 프로그램에 삽입시킴으로써 달성했다는 사실을 적시한다. 사실 당시 IMF의 처방은 한국 경제의 고유성을 고려하지 않았을 뿐 아니라 금융 부문 이외의 개혁에까지 손을 댔다는 면에서 비판을 받았다. 그러나 이는 자신들이 추진하던 개혁을 IMF 프로그램의 도움으로 성사시키고자 했던 한국 경제 관료들의 의도였음을 지주형은 진단한다.

첫째, 한국의 IMF 합의문은 강경식 부총리가 추진했던 한국은행의 독립과 통합금융기관의 설립을 핵심으로 하는 금융개혁법안의 통과를 조건으로 담고 있다.

둘째, 한국의 IMF 합의문은 기업구조개혁과 관련해 결합 재무제

---

7 앞의 책, 215-218.

표 작성 의무화, 자기자본 대비 부채비율 축소, 상호지급보증 축소 등을 포함하고 있다. 한국보다 4개월 먼저 IMF 금융지원을 요청한 태국의 경우에는 이런 조항이 없을 뿐 아니라 이 조항은 한국개발연구원에서 이미 검토되었던 것이다.

셋째, 한국의 IMF 합의문은 1996년 말 한국 정부가 도입하려 했으나 실패했던 정리해고제와 파견근로자제도 도입을 포함하고 있다. 노동시장 유연화 조치는 알려진 바와 달리 미국과 IMF가 처음부터 강력히 요구한 것이라기보다는 한국의 경제 관료들의 주도로 'IMF 플러스' 프로그램에 포함된 것이었다.[8]

여기서 정리해고제에 숨어 있는 이면의 진실을 알아볼 필요가 있다. "정리해고제의 핵심은 알려진 바와 달리 정리해고 그 자체가 아니었다. … 그것은 종업원 300인 이상 대기업의 해고 절차를 명확하게 함으로써, 경제적으로는 해고를 신속하고 효율적으로 하고 외국인에 의한 인수합병을 촉진하는 효과가, 정치적으로는 노동의 반대를 억누르고 정리해고를 사회적으로 정당화하는 상징적 의미가 있었다. 그리고 무엇보다도 그것은 정리해고의 불안감을 심어줌으로써 노동운동의 근거지인 대기업 노동조합에 심리적인 타격을 주는 효과가 있었다."[9]

지금까지 설명한 IMF 프로그램을 그 계획 주체별로 살펴보면 다음과 같다.

---

8 앞의 책, 235-237.
9 앞의 책, 240.

한국의 IMF 프로그램 해부

입장	정책내용
IMF 표준정책	긴축적 재정·통화 정책 - 재정 흑자 - 콜금리 인상 - 이자제한법 폐지 금융정책 - BIS 적정 자기자본 비율 기준 도입 기업 정책 - 정부의 은행경영과 대출 결정에 대한 관여 금지(금융 할당 해소) - 개별 기업 구제 목적 정부 보조금 및 세제 혜택 금지
미재무부 달러-월스트리트 체제	금융 및 자본시장 조기 자유화 - 외국 금융기관 국내 진입(현지법인 설립 및 인수합병) 허용 - 외국인 주식 및 채권투자 자유화 무역 자유화 - 무역 보조금 폐지 - 수입선 다변화제도 폐지
신자유주의 경제 관료	금융·기업·노동 구조개혁 - 금융: 금융개혁법안 국회 통과(중앙은행 독립, 통합 금융감독기관 　설치) - 기업: 결합재무제표 등 일반적으로 용인되는 회계기준 시행, 부채비 　율 감축, 상호지급보증 해소, 사업 전문화 등 - 노동: 정리해고제 및 파견근로자 제도

이상에서 IMF 구조개혁의 진행된 배후에 감추어졌던 진실이 드러났다. 이제는 이러한 신자유주의 경제 정책이 한국의 여타 영역에 어떠한 영향을 끼쳤는가를 살펴보고자 한다.

2. 노동시장의 유연화

노동시장의 유연화 정책은 3장에서 언급한 대로 임금의 유연화,

수량의 유연화, 기능적 유연화, 노동의 외부화를 통틀어 하는 말이다. 이러한 노동시장 유연화 정책으로 인한 결과로 가장 뚜렷이 보이는 상황은 노동소득의 격차다. 장하성은 1990년 이래 소득 계층 간 노동소득의 격차가 확대되는 데 주의를 기울이면서 네 가지 변화를 이야기한다.

첫째, 1997년 이전까지는 노동소득 증가의 경우 최하위 계층이 최상위 계층을 앞섰고, 중간 계층에서 높았다. 최하위 10% 계층(1분위)의 경우 54.1%가 증가하고, 최상위 10% 계층(10분위)의 경우 44.1%가 증가했다. 특히 20~30% 계층(3분위)과 70~80% 계층(8분위)의 실질 노동소득 증가율은 각각 74.1%, 73.9%로 다른 모든 계층을 크게 앞질러서 소위 중산층의 출현을 예시했다. 결과적으로 소득 불평등이 완화되었던 시기였다.

둘째, 외환위기로 인한 계층 간 소득격차의 확대 과정에서 가장 큰 손실을 입은 것은 하위 계층이었고, 반면 상위 계층의 손실은 최소화되었다.

셋째, 외환위기 이후에는 계층별 소득 증가의 양상이 외환위기 이전과는 전혀 다르게 변했다. 1999년부터 2014년까지 1분위 계층의 노동소득은 21.5% 증가한 반면에 10분위 계층은 53.0% 증가해서 최고의 소득 증가 양상을 보였다.

넷째, 2002년부터 2014년까지 이후로 1분위 계층의 실질 노동 소득은 늘기는커녕 오히려 1.2% 감소했다. 이러한 결과로 외환위기 이후로 소득불평등은 더욱 심화되었다.[10]

---

10 장하성, 『왜 분노해야 하는가. 한국 자본주의 II - 분배의 실패가 만든 한국의 불평등』(성남: 헤이북스, 2015), 81-85.

"한국은 OECD 회원국 중에서 상용 노동자 중 저임금노동자의 비율이 미국에 이어서 두 번째로 높은 나라다. 통계에서 저임금노동자란 중위(median) 임금소득의 3분의 2 미만의 임금을 받는 노동자를 말한다. 한국의 경우 2013년에 상용 노동자 중 4분의 1에 해당하는 24.7%가 이 같은 저임금노동자에 속하며, 이것은 미국의 25.0%와 거의 같은 수준이다."[11]

노동시장 유연화 정책 중 한국에서 가장 치명적이고, 노동소득의 불평등을 자아내는 제도는 비정규직 제도이다. 비정규직은 고용 불안정과 정규직과의 임금 격차라는 이중적 고통을 겪고 있다. 우선 임금부터 살펴보면 "정규직 임금을 100이라 할 때 비정규직 임금은 2001년 8월 55.9%, 2007년 3월 52.4%, 2010년 3월 47.5%로, 그 격차가 빠른 속도로 확대되고 있다. 2007년 3월부터 2010년 3월까지 3년 동안 임금 격차는 4.9%p 확대되었다."[12]

정규직과 비정규직의 임금 격차와 함께 비정규직의 가장 심각한 문제 중의 하나는 전체 노동자 중에서 비정규직 노동자가 차지하는 비율이다. "정부 통계에 따르면 2014년 전체 노동자 중 정규직이 차지하는 비율은 68%이고, 비정규직의 경우는 32%이다. 노동계 통계에 따르면 정규직의 경우 55%이고, 비정규직의 경우 45%이다. ⋯ 2002년 비정규직의 비중은 전체 노동자의 27.4%이었고, 2004년 37.0%로 불과 2년 만에 10%포인트가 증가할 정도로 비정규직은 급격하게 양산되었다."[13]

---

11 앞의 책, 89.

12 (사)한국사회경제학회·안현효 편, 『신자유주의 시대 한국경제와 민주주의』 (서울: 선인, 2010), 228.

문제는 정규직, 비정규직으로 이분화된 고용 구조가 개선되기가 어렵다는 점이다. 비정규직의 고용이 정상화되는 것은 그 고용이 정규직으로 전환될 때 비로소 이루어지는 것이다. 문제는 한국에서 비정규직이 정규직으로 전환되는 비율이 상당히 낮다는 것이다.

"비정규직이라는 '신종 신분제도'가 생겨났을 때만 해도 이것이 장차 한국 사회 전체의 아킬레스건이 될 것이라고 보는 사람은 드물었다. 고용 불안정의 늪에 빠진 것과 같은 비정규직 노동자의 급격한 증가는 이제 사회문제로 대두되었다. 이 문제를 해결하기 위해서 2006년 비정규직 보호와 관련된 법이 제정되었고, 2007년 7월부터 100인 이상 사업장에 한해서 시행되었다. 가장 쟁점이 되었던 내용은 기간제 노동자를 2년 초과해서 고용할 수 없다는 것이다. 다시 말해 2년을 초과해서 고용할 경우 정규직으로 전환해야 한다는 것이다."[14]

그럴듯해 보이는 이 법의 적용은 비정규직의 전환이 아니라, 2년 이전에 고용계약이 해지되는 결과를 초래했다. "비정규직 보호법이 본격적으로 시행되었던 2008년 비정규직의 비율은 전년보다 2.1%포인트가 줄어든 33.8%이었다. 이후 추가적인 감소 추세는 보이지 않았다. 이 법이 시행된 지 7년이 지난 2014년에는 2007년과 비교해서 고작 3.5% 감소하는 데 그쳤다. 결과적으로 2007년부터 시행된 비정규직 보호법은 비정규직 수가 증가하는 것을 억제하는 효과는 있었지만, 그 수를 줄이는 효과를 거두지는 못했다."[15]

---

13 장하성, 『왜 분노해야 하는가. 한국 자본주의 II - 분배의 실패가 만든 한국의 불평등』, 104-105.
14 앞의 책.
15 앞의 책.

3. 대학교를 중심으로 한 교육의 변화

신자유주의 정책의 시행은 교육정책에도 영향을 끼쳤다. 앞에서 이야기한 인적 자본 논리에 따라 대학교 교육의 궁극적인 목표가 졸업 후 취업의 문제와 직결되었고, 이를 위한 소위 취업 전문 교육이 대학 교육의 본령인 것처럼 왜곡되었다. 원래 대학교 교육의 목표는 졸업 후 사회를 이끌어 가는 지도자를 길러내는 데 있다. 이것은 대부분의 대학교에서 교육목표로 제시하는 내용이다. 다시 말해서 사회의 한 부속품으로서 기능하는 기능인을 길러내는 것이 대학교 교육의 목표는 아니라는 말이다. 그러나 오늘날 대한민국 대학교 교육이 지향하는 바는 좋은 조건의 취업 자리를 확보하는 것에 집중하고 있다. 사회의 지도자가 되는 것보다 입신양명과 호의호식이 더 중요한 사회적 가치로 자리 잡게 된 것이다. 그리하여 대학교의 전공 분야도 이미 소위 사회적 성공에 기여하는 전공 순위에 따라 중요도가 재배치되는 상황에 이르렀다. 대학교 교육의 이러한 왜곡과 잘못된 순위 다툼을 대학교의 본질적 모습이라고 볼 수는 없다. 대학교 교육이 이렇게 천박하게 타락한 데에는 일차적으로 대학교 자체가 책임을 져야 한다. 그중에서도 대학교 교육을 담당하는 교수들의 책임이 크다. 그러나 동시에 대학교 교수들로 하여금 대학교 교육의 원래 소임을 다하지 못하게 만드는 요인들도 존재한다. 대학교 교수들 스스로의 노력도 중요하겠으나, 여기서는 그러한 교수들의 노력을 불가능하게 만드는 외적 요인들에 집중하여 문제를 제기하고자 한다. 왜냐하면 교수들 스스로의 노력은 여기서 객관적으로 다룰 수 있는 문제가 아니기 때문이기도 하거니와 많은 부분이 교수들을 강제하는 외적 요인에 기인한다고 보기 때문이다. 그리고 그 외적 요인들은 신자유주의적 가치관으로부터 비롯된다.

우선 오늘날 대학교 교육을 평가하는 잣대의 대부분의 척도가 졸업 후 시장 적응 능력에 달려 있다. 각 대학의 취업률, 취업 시 연봉 비교, 고시·행시 등 자격증 획득 비율 등이 대학의 서열을 매기는 기준이 된다. 이러한 경향성이 신자유주의적 가치관의 산물인 것은 자명하다. 신자유주의적 가치관에 매몰된 경제적 효율성이 그 근저에 자리하고 있고, 자유경쟁시장이 취업의 영역까지 확대되어 만인의 만인에 대한 투쟁적 경쟁이 가장 객관적이고 효율적인 제도로 평가받는다. 이러한 사회적 가치관에 내몰려 대학생들은 무한 자유경쟁을 위한 개개인의 전략 무기를 계발하는 일에 청춘을 바친다. 소위 스펙이라고 이름 붙은 전략 무기 말이다. 한 인간이 계발해야 할 가치가 스펙이라는 이름 하나로 집약되는 사회는 비극적인 사회이다. 그러한 비극이 오늘날 신자유주의적 가치관이 주도하는 대한민국의 현주소이다. 대학교 교육이 이러한 가치관으로 점철됨에 따라 대학교 선택의 가치도 변화되었다. 대학교 졸업 후 가지게 될 사회적 지위 내지는 획득할 부의 가능성에 따라 전공 선택의 방향이 결정된다.

한 나라의 교육을 책임지는 정부의 중심 기구인 교육부는 이러한 왜곡된 대학교 교육에 대하여 견제 및 바른 방향 제시를 해야 할 의무가 있다. 그러나 대한민국의 교육부는 그러한 책임을 방기했을 뿐만 아니라 어떤 측면에서는 대학교 교육의 왜곡을 부채질해 왔다. 그중에서 대표적인 정책 하나가 대학구조개혁평가이다. 대학교에 대한 과거의 일관성 없는 정책의 결과로 빚어진 부실 대학들의 양산과 그로 인한 대학교 교육의 질적 저하는 대학교만의 문제는 아니다. 그것은 그러한 부실 대학들을 인가해 준 정부도 같이 참여한 교육 부실 정책이다. 심지어 인구구조의 변화도 예측하지 않은 대학교의 양적 팽창은 이미 시초부터 지금의 수급불균형을 초래할 수밖에 없는 계기를 만들어 낸 것이다. 그런데 교육부는 대학교의 구조개혁평가를 통하여 그러한 문제의 원인은 물론 그 해결책까지 대학교에 일임하고 있는 현실이다. 이제 대학교 구조개혁평가의 개요를 간단히 분석하면서 거기에 작동하는 신자유주의적 통치의 실상을 파악하고자 한다.

대학교의 구조개혁을 위한 평가의 필요성은 대학교 입학정원과 고등학교 졸업자 중 대학 진학 희망자 인원수의 미스매치에서 비롯되었다. 기존의 대학 입학정원이 유지될 경우, 2018년에는 입학정원이 고등학교 졸업자 수를 초과하게 될 것이고, 2025년에는 고등학교 졸업자 수가 대학 입학정원보다 20만 명이 적은 사태가 초래한다는 것이다. 이는 출산율 저하에 따른 대한민국 전체 사회 문제 중의 하나로 교육 현장이라는 상황에서의 문제라고 할 수 있다. 물론 출산율 저하가 작금에 발생한 문제가 아니기 때문에 문제가 눈앞에 닥친 이제야 대학교 구조조정 정책을 시행하는 것 자체가 이미 뒤늦은 정책임은 대한민국 역대 정부와 교육부가 고백해야 할 죄책이다. 그러나 때늦었다고 할지라도 이러한 문제를 해결하기 위하여 대학교 정원을 축소하는 정책은 어쩔 수 없는 일이라 하겠다. 문제는 이러한 구조개혁평가가 수행되는 방식과 그 평가의 내용이다.

대학교 구조개혁평가는 명칭을 달리하여 세 번의 주기로 시행되었다. 2010년에서 2014년에 이르는 기간의 평가는 '정부재정지원제한대학' 선정 평가로 이루어졌고, 2015년에서 2017년에 이르는 기간의 평가는 '대학구조개혁평가'로 이루어졌으며, 2018년에서 2021년에 이르는 기간의 평가는 '대학기본역량진단' 평가로 이루어졌다. 위의 세 평가는 기간별로 명칭과 함께 평가 방식과 그 적용에 있어서 약간의 차이는 있으나, 결국 지향하는 바는 대학교 구조개혁과 함께 전체 정원의 축소이다. 그런데 여기서 무엇보다도 먼저 지적하고 싶은 점은 그 평가 방식이다. 대한민국 대학교 전체를 규모와 권역별로 분류하기는 하지만 평가 방식은 철저히 상대평가의 방식을 따른다. 대학교의 적절한 양적, 질적 수준을 평가하는 것이 아니라 대학교 간의 상대평가 방식을 취함으로써 전체 대학교의 서열화를 조장할 뿐만 아니라 규범을 내면화시켜 각 대학교가 다른 대학들을 딛고 넘어서야 할 경쟁상대로 여기게 만드는 신자유주의 통치 이론의 전형적인 모습을 보여준다. 여기서도 빈익빈 부익부의 양상은 그 결과로서 빚어지게 된다. 이러한 구조개혁평가의 내용을 보면서 더 자세히 고찰하고자 한다. 이하는 2014년 12월에 발표한 교육부의 2015~2017 대학구조개혁평가의 내용이다(교육부 홈페이지 참조).

□ 대학: 단계 평가 적용 (1단계 평가 → 2단계 평가)

ㅇ 1단계 평가: 전체 대학

- (평가 지표) 총 12개(정량 지표 6개, 정성 지표 4개, 정량 · 정성 지표 2개)

- (점수 산출) 정량 지표는 절대평가로 만점*에서 감점, 정성 지표는 5점 척도 적용

* 교사 확보율(100%), 학생 충원율(수도권/지방 각각 평균값, 취업률(권역별 평균값), 기타 지표(전국 평균값)

※ 정량 지표의 경우 전년 대비 증가분(개선도)을 고려하여 가산점 부여 (일부 지표 예외)

- (등급 구분) 평가 점수에 따라 그룹 1과 그룹 2로 구분하고, 그룹 1은 다시

  A, B, C로 구분

▶ A 등급: 교육 여건 항목에서 만점을 받고 나머지 지표에서 만점의 80%

  이상을 획득한 대학

▶ B, C 등급: A 등급을 제외한 대학 중 점수에 의해 구분

※ 단, A, B, C 등급 구분 결과는 비공개

항목(60)	평가 지표
교육 여건 (18)	전임교원 확보율(8) (국·사립 구분)
	교사 확보율(5)
	교육비 환원율(5) (국·사립 구분)
학사 관리 (12)	수업 관리(8)
	학생 평가(4)
학생 지원 (15)	학생 학습 역량 지원(5)
	진로 및 심리 상담 지원(3)
	장학금 지원(5)
	취·창업지원(2)
교육 성과 (15)	학생 충원율(8) (수도권/지방 구분)
	졸업생 취업률(5) (권역 구분)
	교육 수요자 만족도 관리(2)

○ **2단계 평가: 그룹 2 대상**

- (평가 지표) 3개 항목 6개 지표, 총점 40점

- (지표별 점수 산출) 평가 척도를 5등급으로 구분하고 평가 위원이 정성적

  평가를 통해 등급을 부여하며 등급별 점수 산출

- (최종 점수 산출) 1단계 평가 점수와 2단계 평가 점수를 합산하여 최종

  점수를 산출

- (등급 결정) 최종 점수에 따라 D, E 등급을 결정

※ 2단계 평가 결과가 우수한 대학에 대해서는 그룹 1로 상향조정 가능(그룹2 대학의 10% 이내)

항목(40)	평가 지표
중장기 발전계획 (10)	중장기 발전계획의 적절성(5)
	중장기 발전계획과 학부(과) 및 정원 조정의 연계성(5)
교육과정 (20)	핵심역량 제고를 위한 교양 교육과정 (5)
	전공 능력 배양을 위한 전공 교육과정 (5)
	교육과정 및 강의 개선(10)
특성화 (10)	특성화 계획의 수립, 추진, 성과(10)

교육부에서 주도하는 대학구조개혁평가의 내용을 살펴보면 1단계 평가는 대부분 정량평가로 이루어져 있음을 볼 수 있다. 이미 주어진 조건과 그 조건들을 양적으로 비교하는 상대평가에서 대학 간에 서열이 극복될 수 있는 가능성은 거의 없다. 마치 신자유주의 경제 체제하에서 빈부격차가 해소될 수 없는 정치, 경제, 사회적으로 고착된 질서가 대학교 안에도 그대로 확장되어 적용되는 듯하다. 일례로 교육여건의 항목인 전임교원 확보율, 교사 확보율, 교육비 환원율 등은 대학교 간의 빈부격차가 그대로 반영되는 항목들이다. 이러한 양적인 차이는 정상적인 방법으로는 결코 역전될 수 없다. 그러다 보니 편법들이 등장하게 되는데, 그것은 잠시 후에 설명하겠다. 신자유주의가 자유경쟁시장이라는 그럴듯한 명분을 내세워 빈익빈 부익부의 현실을 고착시키는 것처럼 그리고 그러한 자유경쟁은 사실상 자유경

쟁이 아니라 이미 유리한 고지를 점령한 기업을 위한 자유인 것처럼 대학구조개혁평가도 정량평가가 주도하는 이상 그리고 그 정량평가는 이미 서열상 확고한 위치를 점하고 재정적으로 부유한 대학교에 절대적으로 유리한 평가여서 가난한 대학이 아무리 애를 써도 그 격차를 해소할 수 없는 거대한 절벽과도 같은 것이다. 게다가 학생 충원율과 졸업생 취업률은 이미 벌어진 격차를 더 크게 벌리는 평가에 지나지 않는다. 원칙적으로 학생의 충원율과 졸업생 취업률이 개개 대학교의 책임으로 평가받는다는 것 자체가 원론적으로는 부당하다. 특히 졸업생 취업의 문제는 개개 대학의 문제라기보다는 한국 사회 전반의 구조적 문제이다.

이외에도 대학구조개혁이 신자유주의적 정책에 의하여 주도되는 내용은 많으나 여기서는 생략하고 그러한 평가에 의한 대학교 구조개혁 정책으로 인한 대학교 내의 편법과 왜곡되는 위상을 검토하고자 한다. 전임교원 확보율 같은 영역의 점수를 확보하기 위하여 대학교는 또다시 대학교 체제에 종속된 하위 계급을 착취한다. 그것은 바로 전임교원의 비정규직화이다. 대한민국에 있는 대학교에는 원래 특이한 계급 구조가 존재한다. 강사와 전임교수가 그것이다. 예부터 강사는 정규직에 편입되지 못하여 모든 권리를 박탈당한 대학교 비정규직의 대명사였다. 그런데 교육부를 비롯한 상위 기구들의 평가로 인한 필요 때문에 대한민국의 대학교에는 새로운 비정규직들이 많이 생겨났다. 그것은 강의전담교수, 초빙교수, 겸임교수 등으로 이름 지어진 새로운 중간 계층 비정규직들이다. 그들의 급여가 기아 수준의 급여임은 두말할 나위도 없다. 이러한 모순을 해결하기 위한 교육 행정의 (그들이 고안해 낸 기가 막힌) 묘수가 바로 전임교원 확보율이라고 하는 지표였다. 이러한 지표 앞에서 각 대학교가 취할 편법을 예상했는지 하지 못했는지는 모르나—편법을 예상했다면 참으로 사악한 교육 행정이요, 예상하지 못했다면 탁상행정의 전형적인 표본이라고 할 수 있다— 교육부는 대학교를 평가하는 큰 지표로 전임교원 확보율을 내세웠고, 예상에 어긋나지 않게 각 대학교는 비정년직 전임교원이라고 하는 신의 한 수를 개발해 내었다. 비정년직 전임교원이란 말 그대로 전임교원이기는 하나 대개의 경우 2년마다 재임용 심사를 받아야 하는 비정년직이다. 대학교마다 약간의 차이는 있으나, 정년직 전임교원에 비하여 급여가 훨씬 적으며, 대개의 경우 승진도 없다. 또한 행정적으로 대학교의 중심 보직을 맡는 경우도 거의 없다. 말 그대로 대학교 내에서 주체적 역할을 담당하지 못하고, 지속적으로 평가의 대상자의 위치에 서야 하는 교수직이다. 이러한 파행적 교수 사회는 대한민국 전체 사회의 축소판이기도 하지만, 그 영향이 대학교 교육 자체에도 미칠 수 있다는 점을 고려하면 대한민국 대학교의 미래를 암울하게 하는 암적인 제도이다. 이런 점을 모를 리 없는 교육 행정 기관들은 이러한 편법을 암묵적으로 인정하여 그러한 제도를 조장하고 있는 현실이다.

앞에서 이야기한 바 있는 대학교의 취업학교로의 전락은 대학구조개혁평가의 졸업생 취업률이라는 지표에 의하여 가속화된다. 원론적으로 대한민국 사회 전반적인 젊은이들의 취업난이 왜 대학교가 해결해야 할 문제로 평가받아야 하는가? 이런 원론적인 문제 제기 외에도 취업률로 대학교를 평가하겠다는 발상은 대학교의 고유한 의미조차 제대로 알지 못한 졸속적인 정책이라고 볼 수밖에 없다. 아울러 앞에서 이야기한 것처럼 실직의 문제를 구조적으로 기업과 정부가 고민하여 해결할 문제로 보는 것이 아니라 인적 자본의 문제로 치부하여 개인의 문제로 돌리는 신자유주의 통치 원리가 여기에도 그대로 적용되는 것을 볼 수 있다. 졸업생 취업의 문제는 대학교의 문제가 아니라 사회의 문제이다. 기업과 정부가 그에 대해 책임을 지고 문제 해결을 위해 머리를 맞대야 할 사항인 것이다.

그뿐만 아니라 구조개혁평가의 주요 항목으로 드러나 있지는 않지만 수업 관리에 들어 있는 주요 지표 항목이 있다. 이것은 성적의 상대평가 항목이다. 대학교에서 성적을 상대평가로 처리하라는 지시이다. 대학교가 철저하게 상대평가로 성적을 처리하라는 지시이다. 다른 구조개혁평가의 항목들처럼, 아니 이 지표는 개개의 교수들의 수업과 평가에 관한 사항이기에 더 강력한 지시사항이다. 대학교는 구조개혁평가 수업 관리 지표에서 좋은 점수를 받기 위해서—특별한 경우를 제외하고는— 모든 교과목을 상대평가로 처리하도록 지시한다. 그러나 이는 중앙정부(교육부)로부터 대학교를 거쳐 개개의 교수들에게로 하달되는 명령이요 지키지 않으면 안 되는 지시이다. 이것은 외형적으로 주어진 명령이 아니라 내적인 규제이다. 상대평가를 잘 시행하는 대학교는 점수를 받을 것이요, 그렇지 않은 대학교는 점수를 받지 못할 것이다. 전형적인 신자유주의 통치의 진수를 보는 듯하다.

4. 대한민국 전체 사회를 지배하는 신자유주의 논리

신자유주의가 단지 경제 영역의 문제가 아닌 것은 누누이 말했다. 그리고 그것이 경제 영역에서만의 문제라면, 신자유주의 경제 정책의 실패와 함께 신자유주의는 역사 속으로 사라져야 했을 것이다. 그러나 세계적인 차원에서 신자유주의는 세계화, 금융자본주의의 형태로 더욱더 기승을 부리고 있다. 나는 이러한 현상이 신자유주의 허상에서 비롯된다고 생각하기에 본서를 시작할 때, 신자유주의의 허상과 진실을 밝히는 일로부터 논의를 시작했다. 이러한 점은 대한민국의 현실에서도 동일하게 등장한다. 신자유주의가 빚어낸 병폐가 대한민국의 정치적·경제적·사회적 모순으로 등장하고 있는 상황에서, 오늘날을 살아가며 신자유주의의 천박하고도 척박한 현실을 경험하는 대한민국의 차세대 젊은이들을 절망으로 몰아가고 있는 상황에서 신자유주의 체제에 적응하지 못하는 다수를 오히려 사회 주류 집단으로부터 소외시키며 다수인 소수자로 만드는 신자유주의의 원리가 지배적인 위치를 점하고 있다. 그들은 수적으로는 다양한 무리인지 모르나, 마땅히 누려야 할 권리 면에서는 중심과 주류에 의하여 변두리로 내몰린 주변 및 비주류이다. 그들은 타자이고 비정상이다.

신자유주의 체제하에서 정상이 되고 주류가 되는 길은 경쟁에서 이기는 길이다. 차세대 젊은이들에게서 자조적으로 등장하는 말(나는 이것을 자조적이라고 생각한다. 이 말이 속 깊은 진심이라면 대한민국의 미래는 참으로 암울하다) '조물주 위에 건물주'라는 말은 참으로 씁쓸한 말이다. 이 말처럼 신자유주의적 금융자본주의의 속성을 잘 드러내 주는 말이 또 있을까? 현대 사회에서 나의 정체성은 내가 하는 일, 나의 지위, 내가 가진 재산에 의하여 규정된다. 이러한 사실은 내가 사실은 나의 정체성을 잃고 살아간다는 말이다. 나의 정체성이 내가 하는 일에 의해서, 내가 획득한 지위에 의해서, 내가 가진 재산에 의해서 규정된다는 말은 나의 정체성은 없다는 말과 동의어이다. 나의 일, 나의 지위, 나의 재산이 사라지고 나면 나는 없어지고 만다. 오늘날 대부분의 사람들은 성찰 없이 자기 정체성을 자기 아닌 밖에서 찾으며 살아간다. 그리고 밖의 것이 사라지면 나의 정체성도 상실된다. 이러한 상실의 가장 천박한 형태가 내가 가진 재산으로 나의 정체성을 규정하는 것이다. 건물주를 꿈꾸는 시대상은 내가 어떤 존재이든 내가 어떤 일을 하든 상관없이 돈만 많으면 된다고 하는 천박한 자본주의의 극단을 보여준다. 그뿐만 아니라 건물주를 바라는 꿈은 타인(세입자) 위에 군림하는 권력의 모습을 상징한다. 남과의 경쟁에서 이겨서 가장 효율적으로 돈 버는 지위를 획득한 모습! 바로 이것이 건물주의 모습이요, 신자유주의 체제가 칭송하는 효율성의 신화가 아닌가?

건물주 꿈을 이룰 수 없는 사람은 공무원의 꿈을 꾼다. 소위 공시족이라고 하는 새로운 풍속도 또한 신자유주의가 대한민국에 탄생시킨 새로운 그림이다. 경쟁 사회에서 도태되어 변두리 주변인으로 전락하는 일을 방지할 수 있는 최선의 선택이 국가로부터 보장받는 공무원이라는 인식이 현실적인 젊은이들의 미래를 규정한다.

이미 이야기한 것처럼 초등학교, 중학교, 고등학교는 물론 대학교에서조차도 남과의 경쟁을 통한 상대평가의 틀에서 세상을 배운 학생들에게서 다 같이 어울려 살아가며 남을 위해 자신을 희생하고 양보하는 미덕이 가능할 수 있을까? 경쟁이 효율성을 높이는 가장 좋은 방법이라는 교육을 어릴 때부터 가정과 학교 그리고 사회에서 배우고 자란 젊은이들과 그런 모습으로 성장한 기성세대는 자신도 모르게 그러한 경쟁에서 뒤처지거나 탈락한 사람들을 주변인으로 배제하는 의식을 가지게 된다. 사회적 적자생존의 논리가 신자유주의 시대를 살아가는 사람들의 의식을 철저히 지배하게 된다.

신자유주의의 효율성 신화는 대한민국의 구석구석을 경쟁과 배제의 논리로 가득 채웠다. 이미 언급한 대학구조개혁평가도 바로 이러한 신자유주의 논리의 철저한 적용이다. 신자유주의는 경쟁 메커니즘을 구축하기 위한 제도적 장치를 준비하여 시장 논리를 적용하면 된다. 신자유주의 통치는 규제를 강화하지 않는다. 그런 면에서 사이비 자유를 주장한다. 그러나 그 자유는 복된 삶을 구가하기 위한 자유가 아니라 오직 경쟁의 자유일 뿐이다. 자유라는 개념은 애초에 인권, 평등, 복지와 결부되는 개념이다. 이러한 고귀한 개념이 경쟁의 자유로 축소되어 버린 현실이 현 대한민국의 상황이다. 물론 대한민국이 전 세계를 휩쓸아 가는 신자유주의의 물결에서 자유로울 수는 없다. 그러나 그런 와중에도 우리 고유의 정신적 가치를 배양하여 신자유주의의 폭거를 완화하는 사회적 장치를 마련할 필요는 있다. 이러한 종결되지 않은 담론은 본서의 마지막 부분에서 다루고자 한다.

2부

상황신학의
새로운 패러다임

1장

상황신학의 새로운 패러다임을
이야기한다는 것 — 2부의 개요

"신자유주의와 상황신학의 새로운 패러다임"이라는 제목으로 책을 기술하는 것은 커다란 두 가지의 과제를 떠안는 것이다. 하나는 신자유주의에 관한 연구이다. 오늘날 상황신학이 직면한 상황의 핵심으로 등장한, 그래서 그에 대한 신학적 응답이 절실한 체제로서 신자유주의에 관한 연구의 필요성 및 그 내용은 1부에서 고찰되었다. 이제는 신자유주의 연구에 대한 응답으로서 상황신학에 관한 논의 및 그 새로운 패러다임 모색에 대한 이야기를 시작하고자 한다.

본 저서 2부의 제목은 "상황신학의 새로운 패러다임"이다. 상황신학의 새로운 패러다임이라고 할 때, 그것은 이전의 상황신학과 구별되는 무엇인가를 전제한다. 계속해서 강조될 이야기이지만 상황신학의 패러다임 전환은 신학의 전반적인 패러다임 전환을 의미한다. 그런데 상황신학의 새로운 패러다임을 논의하기 위해서는 상황신학의 의미를 정확히 규정하는 것이 필요하며, 그 구체적인 담론을 형성하는 것이 중요하다. 그런 연구의 바탕 위에서 비로소 신자유주의와 상황신학의 새로운 패러다임이라는 본서의 의도에 접근할 수 있다.

위의 의도에 발맞추어 2부의 1장은 상황신학의 새로운 패러다임을 이야기한다는 것이 무엇을 의미하는가 하는 것을 먼저 논의하고자 한다. 상황신학의 의미는 다음 장에서 상세히 서술되겠지만, 그 의미가 어떻든 간에 지금까지의 상황신학이 직면하는 상황의 내용은 **한 문화권 내**에서의 문화적, 사상적 전통이나 정치, 경제, 사회적 문제들과의 씨름이었다. 다시 말해서 지역적으로나 문화적으로 동일한 문화권 내에서의 문제들이 상황신학이 직면하는 대상이었다. 그런데 상황신학을 신자유주의와 결부시키는 순간, 상황신학이 직면해야 하는 상황은 한 문화권의 영역을 벗어난다. 한 문화권 혹은 한 국가 내에서 직면해야 하는 상황이 상황신학의 중심 대상이겠으나, 그 상황이 신자유주의로 비롯된 상황이라는 점을 간파하는 순간, 상황신학이 대면해야 하는 상황은 전 지구적으로 확대된다. 이렇게 확대된 상황을 염두에 둘 때, 상황신학은 이전의 패러다임보다 확장되고 깊어진 새로운 패러다임을 필요로 한다. 상황신학에 대한 전통적인 이론과 함께 새로운 패러다임을 논의하는 것이 2부의 내용이자 본서의 목적이다.

2장은 상황신학의 의미 규정에 할애한다. 사실 상황신학을 연구의 주제로 삼는다는 것은 이미 그 자체로 기독교 신학의 패러다임 전환을 전제한다. 소위 전통 혹은 정통신학과 새로운 신학적 시도들이라고 하는 이분법적인 신학의 위계화를 탈피하여 기독교 신학에 대한 근본적인 질문을 던지는 것이 상황신학의 원초적 출발점이다. 이러한 상황신학의 의미를 명백히 규명하기 위하여 본서는 기독교 신학에 대한 근본적인 물음으로부터 연구를 시작한다. 그것이 바로

'상황신학에 대한 물음의 출발'로 본 연구를 시작하는 이유이며, 그 고찰한 내용이 1절의 내용을 구성한다. 상황신학은 소위 전통 내지 정통신학 옆에 있는 새로운 신학적 시도로서 자리매김하는 것이 아니라 신학에 대한 근본적인 물음으로서 존재하는 것이며, 진지한 신학적 물음으로부터 도출되는, 신학이 회피할 수 없는 시대적 과제임을 분명히 하고자 한다.

2절은 상황신학의 개념을 정리하되, 기존의 개념을 아우르는 동시에 그 개념을 뛰어넘는 나름대로의 개념 규정을 시도한다. 이전에는 상황신학을 서구 정통신학들 옆에서 새로 생겨난 아시아, 남아메리카, 아프리카 등지에서의 새로운 신학들로서 이해했다면, 본서에서 정리하고자 하는 개념은 그러한 전반적인 시도를 포괄하면서도 그러한 과정 중에 탄생한 신학에 대한 **인식의 전환**을 핵심 골자로 한다. 지금까지 알려져 있고 앞으로 본문에서 서술될 상황신학이라고 하는 개념은 크게 두 가지로 이해된다. 첫째로 상황신학은 특정한 상황 속에서 생성, 발전되는 신학으로 이해된다. 둘째로 상황신학은 기독교 신학 전반에 대한 인식적 전환을 의미한다. 기독교 신학은 그 신학이 생성되고 발전한 시대적, 문화적 상황으로부터 자유로울 수 없다고 하는 신학 전반에 대한 인식의 전환이 그것이다. 이러한 이해는 동시에 신학이 처한 상황에 대한 책임 있는 응답을 요구한다. 신학은 신학이 몸담고 있는 시대의 예언자 역할을 할 의무가 있다.

2장에서의 개념 정립에 기초하여 3장에서는 상황신학의 중심 주제를 다룬다. 무엇보다도 상황신학을 이루는 두 요소인 복음과 문화에 대한 고찰로 논의를 시작하여 해석학적인 견지에서 기독교 신학의 상황성과 보편성을 논의하는 기본 해석학적 담론을 거쳐 다문화

사회에 직면한 기독교 신학의 새로운 해석학적 성찰을 이끌어 낸다.

1절에서는 복음과 문화에 대하여 고찰하되, 아무런 전이해 없이 논의되는 복음과 문화에 대한 다양하고 엄정한 이해를 촉구한다. 또한 복음과 문화가 상호 간에 미치는 역동적 관계에 주목한다.

2절에서는 기독교 신학의 상황성과 보편성을 논의한다. 이는 상황신학에서 논의되어야 할 중심 주제 중의 하나로, 상황신학이라는 용어로 인해 가지게 되는 오해를 불식시키는 해석학적 논의이다. 즉, 상황신학이라고 하면 마치 상황이라고 하는 굴레에 갇혀서 신학의 보편성을 상실하는 것은 아닌가 하는 오해를 불식시키는 논의이다. 기독교 신학에 있어서 상황성과 보편성은 독립적이고 배타적인 관계가 아니라 서로를 보완하며 인식과 실천에 있어서 상호 교류해야 하는 두 가지 인식의 프레임이다.

3절에서는 2절의 해석학적 논의를 더 발전시켜서 다문화사회에서의 해석학적 논의를 열어간다. 여기서는 가치 중립적이거나 문화 중립적인 해석학적 논의를 비판적으로 지양하며, 신자유주의적 세계화와 다문화사회에서의 해석학적 고찰을 열어가며 신자유주의와 상황신학 간의 해석학적 다리를 놓는다. 특히 기존의 서구 중심의 해석학에서 중심 주제가 되었던 시간적 격차는 물론 오늘날 문화적 다양성에 어떻게 접근할 것이며, 그에 따른 문화적 격차를 어떻게 해소할 것인가 하는 질문 앞에서 기독교 해석학은 새로운 접근을 필요로 한다는 것이 본 논의를 여는 기본 동기이다.

다문화사회에 직면한 해석학적 논의는 우선 전통적인 서구 해석학에 대한 비판적 성찰로 시작한다. 이를 위하여 서구 해석학의 기초를 세운 한스 게오르크 가다머의 해석학의 가치를 새롭게 평가하여 본

연구를 위한 기본 계기를 설정한다. 텍스트의 바른 해석을 위하여 극복해야 할 요소로 여겼던 시간적 격차를, 지평융합(Horizontverschmelzung)과 영향사(Wirkungsgeschichte)를 통하여 오히려 본문의 이해를 위한 풍성한 요소로 자리매김한 가다머의 해석학적 공헌은 서구 해석학에서 탁월한 위치를 점유할만한 가치가 있다. 그러나 그의 해석학적 공헌은 하나의 동일한 문화권 안에서의 시간적 격차에 대한 고찰이요 긍정적 자리매김일 뿐이다. 오늘날 다문화사회의 복잡한 지형은 물론 신자유주의적 세계화의 현실 앞에서 시간적 격차는 물론 공간적·문화적 격차를 경험하는 우리는 가다머의 공헌을 어떻게 극복 내지 변형하여 새로운 긍정적 가치를 이끌어 낼 수 있을까 하는 것이 본 연구의 핵심 주제이다. 이를 통하여 문화 간 호혜적 상호 이해를 위한 해석학적 토대를 구축하는 것이 본서에서 이루고자 하는 부분적 공헌이다.

무엇보다도 여러 다양한 문화가 서로 영향을 끼치며 공존하고 있는 오늘날 지구촌 시대에 있어서 동일한 문화권이라는 전제 자체가 하나의 허구일 수 있다. 더욱이 문화 상호 간의 교류는 물론 정치·경제적으로 서로 분리될 수 없이 밀접하게 연결되어 상호 영향을 주고받는 현시대에서 기독교 신학과 선교의 현주소를 생각할 때, 복잡한 요소들을 제거하고 단순화시키는 해석학적 논의는 자칫 환원주의에로 귀착될 수 있다. 그렇다면 대안은 무엇인가? 서로 이질적인 문화 상호 간의 만남에 있어서 몰트만이나 순더마이어가 강조하듯이 서로 다름에 대한 존중과 수용이 매우 귀중한 덕목임에는 이견의 여지가 없지만, 실제로 그것이 가능한가? 가능하다면 어떻게 가능한가? 이 문제에 답변하기 위해서는 문화에 대한 새로운 이해 지평이 필요하다. 이 부분은 중요한 부분이고 상세한 이해가 필요하기에 좀 자세히 기술하고자 한다.

두 문화 혹은 여러 문화가 서로 상이하다고 할 때, 그것은 서로 다른 색깔을 가지고 있는 문화로 비유할 수 있다. 예를 들어 주황색 문화와 녹색 문화를 상정해 보자. 흔히 이 두 문화는 서로 다른 색깔을 지니고 있는 문화로만 생각한다. 그러나 이 두 상이한 색깔들로만 이해한 두 문화에는 공통된 요소가 있는데, 그것은 각각의 색깔을 형성하는 노랑이라는 요소이다. 주황색과 녹색으로만 그 색깔이 드러나는 상이한 두 문화의 요소들을 생각하면 그것은 빨강과 파랑과 노랑이다. 다시 말해서 겉으로 상이하게만 보이는 두 색깔, 두 문화 사이에도 공통된 색깔, 공통된 문화 요소가 숨어 있다는 말이다. 이러한 문화에 대한 새로운 시각을 통하여 문화 간 이해는 새로운 지평을 획득하게 된다. 이러한 이해 지평은 세 가지 특성을 지니게 되는데, 이를 기존의 해석학과 비교하면 다음과 같이 정리된다. 이에 대한 고찰이 3절의 내용을 구성한다.

전통적 해석학	새로운 해석학
동일한 문화권 내에서 시간적 격차를 극복 혹은 긍정적으로 자리매김하기 위한 해석학	다양한 문화 간의 호혜적 상호이해를 추구하는 해석학
텍스트와 콘텍스트라는 이분법적 고찰	콘텍스트를 포괄하는 통전적 텍스트
텍스트의 수동적 이해	텍스트의 능동적 이해 내지 텍스트 생성

4장은 본서의 주제이자 결론적인 고찰이다. 지금까지 논의된 신자유주의와 상황신학의 내용들을 되새기면서 신자유주의에 직면한 상황신학의 새로운 패러다임을 구축하고자 하는 시도이다.

1절은 상황신학의 주제로서 신자유주의를 고찰한다. 오늘날의 상황신학이 회피할 수 없는 주제로서 신자유주의를 부각시키며 그 당위성을 설파한다. 신자유주의에 직면한 상황신학의 새로운 패러다임은 상황에 대한 새로운 각성에서 비롯된다. 이전 시대와는 전혀 다른 질적인 차이로 다가온 신자유주의 시대에서 신학의 과제 전반에 대한 새로운 성찰이 상황신학의 새로운 과제를 묻게 만들며 새로운 패러다임을 요청한다. 이전의 신학이 직면했던 상황은 개개의 신학이 생성, 발전된 한 국가나 한 문화권에 국한되어 있었다. 물론 그러한 경우에도 다른 국가나 문화권의 영향이 없었던 것은 아니나, 그 영향력은 제한적이어서 상황신학의 일차적 관심은 자국의 문화권에 집중되어 있었다. 전 지구적인 상황은 이러한 자국 문화권의 상황을 설명하기 위한 배경 역할을 할 뿐이었다. 그런데 오늘날 신학이 직면하는 상황은 신자유주의의 세계화이다. 신자유주의가 추동하는 세계화의 현실은 이미 전 지구촌을 점령했으며, 그 어느 나라도, 그 어느 문화권도 이 신자유주의의 폭거에서 자유롭지 못하다. 다시 말해서 신학이 직면하는 상황 자체가 변했다는 말이다. 한 나라나 한 문화권의 문제가 이전과는 비교할 수 없는 규모로 신자유주의 세계화의 문제에 기인하고 있고, 그러한 본질적인 뿌리의 문제가 해명되지 않는 한, 지역의 문제 또한 해명과 해결이 불가능한 것이 오늘날 신학이 직면한 신자유주의의 현실이다. 이미 1부에서 상술한 신자유주의의 문제를 그 문제에 직면한 상황신학의 입장에서 다시 한번 조망한다.

2절은 신자유주의에 직면한 상황신학의 과제들을 구체적으로 논의한다. 신자유주의라는 전 지구적인 상황 앞에서 상황신학도 스스로의 의미를 재정립하여야 한다. 지금까지 거의 동의어로 사용되어져 왔던 'contextual'과 'local'에 대하여도 새로운 질문을 던진다. 그리하여 지금까지 'local theology'와 거의 동의어로 사용되었던 'contextual theology'도 새롭게 스스로를 각성해야 한다. 오늘날 'contextual'은 그 의미와 상황에 비추어 볼 때 'local'이라기보다는 'glocal'로 이해되어야 한다. 지역적인 모든 상황이 전 지구적인 상황과 분리되어 생각될 수 없는 현실이 현재 상황신학의 과제를 규정한다.

이제는 신학이 스스로 몸담은 상황—그중에서도 특히 정치·경제적 상황—을 논의할 때, 그 상황을 신자유주의가 추동해 가는 세계적인 상황과 분리시켜 고려할 수 없게 되었다. 현재 우리가 직면하는 상황은 한 나라가 독자적으로 해결할 수 있는 문제를 가진 상황이 아니다. 기독교 신학의 과제가 신학이 몸담고 있는 시대와 사회적 문제에 관하여 끊임없이 관심을 가지고 그 문제들의 현상, 원인, 대안들에 관하여 지속적인 논의를 하는 데에 있다는 것은 부정할 수 없는 사실이다. 반복하지만 그런 의미에서 모든 기독교 신학은 상황신학이다!

우리가 현실로 경험하는 세계의 문제들의 근원이 되는 이론과 체제가 신자유주의라면, 신자유주의의 문제는 기독교 신학이 회피해서는 안 되는 핵심 주제가 되어야 한다. 그리고 그 핵심 주제에 관한 한 상황신학은 세계적 지평을 가져야 한다. 필요에 따라 신학자는 경제학자, 정치학자, 사회학자가 되어야 한다. 그러나 이러한 다방면에서 필요한 지식은 한 신학자가 다 성취할 수 없는 분야이다. 그런 면에서 각 분야의 전문가들을 아우르는 학제 간 연구는 신자유주의에 직면한 상황신학의 과제로서 가장 필요한 과제라고 할 수 있다. 그러나 신학의 과제가 사회과학적 연구의 반복일 수는 없다. 다양한 학문 분야와 현실 세계의 문제들을 안고 고민하되 그리고 그 문제들에 대한 사회과학적, 실천적 해답을 모색하되 거기에만 머무른다면 상황신학이 신학으로서 가져야 할 본연의 과제에는 미치지 못하는 것이 사실이다. 신자유주의적 세계화의 상황에 직면해서 기독교 신학이 담당해야 할 가장 중요한 과제 중 하나는 기독교 경제정의의 확립이다. 그리고 이러한 앞의 두 가지 과제는 일회성 연구로 끝나서는 안 되고 지속적인 연구와 실천의 성격을 띠어야 한다.

2절까지 본격적인 연구를 정리하고 나서, 본서는 상황신학이 새로운 패러다임으로 추구해야 할 현재적, 미래적 대안을 담론으로 제시하고자 한다. 지금까지의 내용은 나름대로 많은 자료를 연구하며 추출한 내용들이다. 그리고 그런 축적된 내용들을 가능한 한 논리적으로 구성하여 책의 내용을 꾸미고자 하는 노력을 담고 있다. 개인적인 견해보다는 객관적이고 검증 가능한 내용들이 지금까지의 내용들에 반영된다. 물론 그러한 과정에도 주관적인 견해가 완전히 배제되는 것은 아니다. 사실 완전히 객관적인 연구는 불가능하다. 어떤 형태로든 저자의 주관적인 견해와 흥미가 연구의 전제 조건임은 분명하다. 그럼에도 불구하고 지금까지의 연구는 기존의 연구에 기초하여 증빙 가능한 자료를 중심으로 진행되고 기술된 것임은 분명하다. 이에 반하여 3절의 연구는 미래지향적인 대안을 중심으로 진행한다. 그런 면에서 3절에서 기술하는 내용은 완결되지 못한 내용일 수도 있고, 막연한 희망의 담론일 수도 있다. 그러나 어쩌면 이런 희망의 담론이 지속되어 결실을 맺는 날을 보게 될지 누가 알겠는가? 상황신학이 지향하는 새로운 패러다임은 신자유주의적 세계화가 추진하는 세계의 원리를 부정하며 새로운 가치를 지향하는 내용을 담은 대안이다. 상황신학이 담아내야 할 대안은 다음과 같은 것들이다.

1) 기본소득 담론
2) 배제에서 포용으로 ― 글로벌 고령화의 문제
3) 효율성의 신화에서 효율적 이타주의로

2장
상황신학의 의미 규정

1. 상황신학에 대한 물음의 출발

기독교 신학의 중심 과제는 하나님의 말씀을 세상에 전하는 것이다. 하나님의 말씀에 대해서 진지한 성찰을 한 신학자로 우리는 칼 바르트를 떠올린다. 그는 하나님의 말씀을 전하는 엄중성을 밝히고자 노력한 신학자로 기억된다. 그의 이러한 노력의 동기는 그의 논문에 잘 드러나 있다. 그는 "신학의 과제로서의 하나님의 말씀"이라는 논문에서 신학자가 신학의 근원적 대상인 하나님과 직면하는 긴장 관계를 다음과 같이 설명한다.

> 우리는 신학자로서 하나님에 관하여 말해야 한다. 그러나 우리는 인간이며 그러한 한에서 하나님에 관하여 말할 수 없다. 우리는 이 두 가지, 즉 말해야 함과 말할 수 없음을 알아야 하며, 그로 인하여 하나님께 영광을 돌려야 한다. 이것이 우리를 곤궁으로 몰아가는 것이다.[1]

바르트는 이러한 말을 통하여 무엇을 말하고자 한 것인가? 그에게 있어서 신학의 첫 번째 과제는 하나님의 말씀을 바르게 전하는 것이다. 그가 하나님의 말씀을 바르게 전하기 위한 첫 번째 과제는 하나님에 관하여 말한다는 것이 무엇인가를 밝히는 것이다. 우리가 하나님에 관하여 말한다고 할 때, 그것은 하나님을 일반 사물과 같이 객관적, 분석적으로 관찰하고 판단하여 말한다는 것을 의미하지 않는다. 우리가 하나님에 관하여 말한다고 할 때, 그것은 동시에 하나님으로부터 말한다는 것을 의미한다. 이를 잘 드러내어 주는 독일어 단어가 'von'이다. 하나님에 관하여 말한다고 할 때, 독일어로 'von Gott reden'이라고 하지 결코 'über Gott reden'이라고 하지 않는다. 두 단어 다 우리말로 '~에 대하여', '~에 관하여'로 번역될 수 있는 말이지만 'über'는 객관적으로 분석하고 판단할 수 있는 대상에 대하여 사용할 수 있는 반면, 'von'은 '~에 관하여'라는 의미와 함께 '~로부터'라고 하는 기원적 의미도 지닌다. 그리하여 우리가 하나님에 관하여 말한다고 할 때, 그것은 하나님으로부터 말한다고 하는 의미도 동시에 내포하게 된다. 하나님으로부터 말한다고 하는 의미는 기독교적 용어를 사용하면 하나님의 계시로부터 말한다는 의미이며, 하나님의 복음을 선포한다는 의미이다. 다시 말하여 우리가 하나님에 관하여 말하는 것은 언제나 동시에 하나님의 계시로부터 말한다는 것이며, 그리하여 우리가 하나님에 관하여 말하는 것은 우리의 작위적인 노력

---

1 칼 바르트의 이 논문은 그의 신학을 하나님의 말씀의 신학으로 특징짓는 유명한 논문이다. 이 논문의 원제목은 "Das Wort Gottes als Aufgabe der Theologie"이다. 논문의 전체를 보고 싶은 사람은 바르트 학회 공역, 『칼 바르트 논문집I, 말씀과 신학』(대한기독교서회, 1995) 를 참조하기 바란다.

의 결과에 의한 것이 아니라 하나님께서 스스로를 우리에게 알려주시는 행위를 통해서만 가능해지는 사건이라는 내용을 내포하고 있다.

그런데 그 말씀을 어디에 전한다는 말인가? 이미 알고 있는 사실이지만, 하나님의 말씀은 세상에 전해져야 한다. 아니 신학의 원래 목적과 사명이 하나님의 말씀을 세상에 전하는 것 안에 다 들어 있다. 그리고 하나님의 말씀을 세상에 전한다는 의미는 세상 장터에서 마이크를 잡고 "이것이 하나님의 말씀이다!"라고 외치는 것만을 말하는 것이 아니다(지금도 하나님의 말씀을 전하는 것을 이렇게 이해하는 사람들도 있다는 것은 참으로 개탄스러운 일이다). 하나님의 말씀을 세상에 전한다고 할 때, 그것은 세상 속에서의 구체적 실천을 포함한다. 말씀이 육신이 되신 구체적 하나님의 역사는 오늘날 세상 속에서 실천하는 기독교인들의 구체적인 삶의 실천을 통해서 가장 실천적으로 선포된다. 이러한 실천이 하나님의 말씀의 구체성을 특징 지을 뿐 아니라 기독교 신학의 성격 그 자체를 규정한다.

학문함에 있어서 꼭 실천성이 전제되지 않아도 되는 학문의 분야들이 있다. 순수과학이나 수학 등은 그것이 가르쳐지는 교육의 현장을 제외하고는 그다지 실천이라는 요소가 중요하게 취급되지 않는다. 그러나 거꾸로 실천성이 학문의 기본적인 속성이 되는 학문도 있다. 예를 들어 사회복지학, 상담학 같은 학문은 그 학문의 실천적 영역이 없다면 아무런 의미가 없는 학문이 되고 만다. 구체적인 사회봉사의 현장을 상실한 사회복지학이나 내담자들과의 만남이 제외된 상담학 등을 상상할 수 있을까?

기독교 신학 또한 구체적인 실천적 현장을 상실하면 가장 근원적인 생명력을 상실하게 된다. 기독교 신학은 하나님에 대한 사변적 사색의 학문이 아니다. 그러면 신학은 가장 무미건조한 학문이 되고 만다. 아니 그러면 신학은 자신의 학문적 성격 자체를 상실하고 만다. 신학의 이러한 위험성이 칼 바르트에 의하여 감동적으로 제시된다.

모든 학문 가운데 신학은 가장 아름답고, 사람의 머리와 마음을 가장 풍부하게 감동시키며, 인간의 현실에 가장 가까이 오며, 모든 학문이 질문하는 진리에 대하여 가장 분명한 조망을 주며, 한 학과(Fakultät)의 가장 명예스럽고 심오한 이름이 의미하고자 하는 바에 가장 가까이 오며, 움브리언(Umbrien)이나 토스카나(Toscana)의 경치처럼 아주 멀지만 언제나 밝은 전망을 가진 풍경과 같고, 쾰른의 돔(Dom)이나 마일란트의 돔처럼 웅장하면서도 진기한 예술품과 같다. 이것을 아직 깨닫지 못했던 불쌍한 신학자들과 신학의 불행한 시대들!

그러나 모든 학문 가운데 신학은 가장 어렵고 가장 위험한 학문이요, 가장 일찍 절망으로 끝나거나 아니면 이보다 거의 더 고약한 교만 가운데 끝날 수 있는 학문이요, 산만해지거나 석회화하면서 가장 고약하게도 모든 사람에 의하여 그들 자신의 풍자화가 될 수 있는 학문이다. 신학처럼 어마어마하고 지루하게 될 수 있는 학문이 또 있겠는가? 신학의 심연들 앞에서 결코 경악하지 않았거나 이 심연들 앞에서 경악하는 일을 중단하지 않는 자는 신학자가 아닐 것이다.

이 두 가지는 참되며 그들의 이유는 다음의 사실에 있다. 즉, 신학은 그 자신의 실존과 그의 필연성과 그의 가능성, 그의 연구와 연구 결과들을 스스로 정당화할 필요가 없으며, 스스로 정당화할 수 없으며, 또한 스스로 정당화시키고자 원해서도 안 된다는 사실에 있다. 신학은 가장 자유로운 동시에 가장 구속되어 있는 학문이다.[2]

신학 함에 있어서 이러한 위험성의 근원에는 하나님의 말씀의 엄중함에 대한 자각의 부재와 신학이 몸담고 있는 상황에 대한 인식의 부재가 자리하고 있다. 다른 말로 하면 이 세상에 하나님의 말씀을 바르게 선포하는 일을 자신의 중심 과제로 생각하지 않는 신학은 스스로의 사변적 교만에 머물러서 본래의 사명을 망각하는 길로 나아갈 뿐 아니라 그로 인하여 가장 지루하고 고약한 학문으로 스스로를 변질시킬 것이다.

칼 바르트의 말처럼 기독교 신학은 가장 아름답고 가장 즐거운 학문임과 동시에 가장 어렵고 위험한 학문이다. 기독교 신앙인의 신앙의 대상인 하나님에 관하여 공부한다는 것처럼 의미 있고 보람된 일이 또 어디 있을까? 더구나 하나님에 관한 말이 하나님으로부터의 말씀인 점에 근거할 때, 우리의 신학적 언어는 하나님으로부터 감동받은 언어이며, 그러한 점에서 우리의 신학은 하나님을 향한 찬양과 그 맥을 같이 한다. 동시에 하나님을 향한 찬양은 이 세상을 향한 하나님의 사랑을 선포한다. 세상이 들을 수 있는 언어와 곡조로 하나님의 사랑을 선포하는 것, 그것이 신학의 가장 근원적인 소명이다.

그러나 동시에 신학은 가장 위험한 학문이다. 신학이 하나님으로부터의 말씀에 근거하기를 그치고, 신학이 세상을 향한 하나님의 사랑을 선포하기를 외면하고, 한 신학자나 어떤 신학자 그룹의 인간적이고 작위적인 목소리가 될 때, 그 신학은 다른 어떤 학문보다도 위험하고 흉악한 학문이 되어버리고 만다. 왜냐하면 다른 학문과 달리 신학은 기독교 신앙인들의 삶을 바르게 이끌거나 오도할 수 있는 양면

---

2 칼 바르트, "계시, 교회, 신학"(1934년 4월 10~12일 파리에서 행한 세 강연), 『칼 바르트 논문집I』, 185-186.

에 날이 선 칼과 같은 것이기 때문이다. 자기의 이익을 위해서나 어떤 특정 집단—그것이 신앙 공동체인 교회라 할지라도—을 옹호하기 위하여 만들어진 신학은 오히려 적그리스도의 작품으로 전락하고 만다. 우리는 역사를 통하여 이러한 적그리스도의 활동들을 경험했다. 넓은 의미의 신학이라는 관점에서 볼 때, 구약의 거짓 예언자들의 예언이 그러했고, 신약 시대에 예수 그리스도의 가르침에 반대하기 위하여 스스로의 거짓 주장을 일삼았던 율법 학자, 바리새인, 사두개인들의 신학이 그러했으며, 히틀러의 폭압에 저항하여 하나님의 정의를 외치기는커녕 그의 불의를 방관 내지 옹호했던 독일 국가교회의 신학이 그러했다.

기독교 신학은 하나님의 말씀의 학문인 동시에 세상에 하나님의 정의를 선포하는 실천적 학문이다. 그러므로 기독교 신학이 그 실천적 현장을 상실하면, 가장 무미건조한 학문이 되고 만다. 아니 그러면 신학은 그 학문적 성격 자체를 상실하고 만다. 신학의 실천적 현장을 생각할 때, 일차적으로 그것은 교회 공동체이다. 교회 공동체는 우리의 신학이 이어져 온 현장이어서 신학의 뿌리인 동시에 우리의 신학의 일차적인 실천의 장이기도 하다. 이러한 실천의 장을 외면하고 연구실에만 갇혀 있는 신학은 그 생명력을 상실한 신학이며, 그리하여 교회로부터 외면당하는 신학이 되고 만다. 또한 신앙 공동체인 교회는 신학의 실천적 성격을 세상에 구현할 수 있는 그리스도의 몸으로 신학적 실천의 모체이다.

기독교 신학의 실천적 성격을 이야기할 때, 우리는 교회 공동체로 그 장을 제한할 수 없다. 교회 공동체에서 연습된 실천은 이 사회 전체로 확대되어야 한다. 이러한 실천은 하면 더 좋지만, 하지 않아도 신앙에 큰 문제 없는 신앙의 부록과 같은 것이 아니다. 실천은 기독교 신앙의 필수적 요소이다. 기독교 신앙이 실천을 결여할 때, 그것은 죽은 신앙이다. 신약성경의 야고보서에서는 기독교 신앙의 실천적 성격을 강하게 주장하고 있다.

> 여러분은 말씀을 실천하는 사람이 되고, 그저 듣기만 하여 스스로를 속이는 사람이 되지 마십시오. 말씀을 듣고도 실천하지 않는 사람은, 있는 그대로의 자기 얼굴을 거울 속으로 들여다보기만 하는 사람과 같습니다. 이런 사람은 자기의 모습을 보고 떠나가서, 그것이 어떠했는지를 곧 잊어버리는 사람입니다. 그러나 완전한 율법, 곧 자유를 주는 율법을 잘 살피고, 또 그 안에서 사는 사람은, 율법을 듣고 나서 잊어버리는 사람이 아니라, 그것을 실천하는 사람입니다. 이런 사람은 실천함으로 복을 받을 것입니다(약 1:22-25).

> 나의 형제자매 여러분, 사람이, 믿음이 있다고 말하면서도 행함이 없으면, 무슨 소용이 있겠습니까? 그런 믿음이 그를 구원할 수 있겠습니까? 어떤 형제나 자매가 헐벗고, 그 날 먹을 것조차 없는데, 여러분 가운데서 누가 그들에게 평안히 가서 몸을 따뜻하게 하고, 배부르게 먹으라고 말만 하고 몸에 필요한 것들을 주지 않으면, 무슨 소용이 있겠습니까? 믿음에 행함이 따르지 않으면, 그 자체만으로는 죽은 것입니다(약 2:14-17).

야고보서에서 말하는 것처럼 기독교 신앙의 원천적 성격이 실천을 수반하는 것이라면, 이러한 신앙의 학문인 기독교 신학도 반드시 신앙의 실천을 그 내용에 포함시켜야 한다. 그런데 기독교 복음의 바른 전파와 신앙의 바른 실천을 위해서는 순진한 전도나 그냥 열성적인 실천의 선행 조건이 있다. 그것은 복음이 전파되는 상황에 대한 바른 이해다. 상황이 바르게 이해되지 못하면 복음의 전파나 신앙의 실천이 왜곡되기 십상이다. 상황을 바르게 이해하여 기독교 복음이 바르게 전파되고 실천되는 토대를 마련하는 신학적 노력에는 기독교 복음과 그 복음이 전파되는 상황과의 관계를 묻는 원론적인 질문으로부터, 다른 학문 분야에서의 진리와의 대화를 모색하는 학문 상호 간의 학제 간 대화는 물론 주어진 상황을 규정하는 정치·경제·사회적 상황에 대한 진지한 연구까지가 포함된다. 이러한 신학적 노력이 —이 책에서는 이러한 노력을 상황 신학적 노력으로 규정한다— 오늘날에 와서 더 절실한 요청이 된 것은 사실이지만, 신학의 역사에서 전혀 새로운 것은 아니다. 이미 헬라 시대의 많은 신학자들이 기독교와 타학문—특히 그리스 철학— 간의 대화를 모색했으며, 동방교회에서도 알렉산드리아 학파의 클레멘트(Clement of Alexandria) 같은 신학자는 하나님은 기독교의 근원적 존재일 뿐 아니라 그리스인들에게도 그리스 철학을 주신 분이기도 하다는 것을 역설했다. 물론 그가 결론적으로 강조하고 싶었던 사실은 궁극적 진리는 오직 예수 그리스도에 의해 알려진다는 점이었다. 그러나 그는 배타적으로 혹은 맹목적으로 기독교의 진리만을 목청 높이 외친 것이 아니라 당시 상황에 대한 인식 및 다른 학문과의 대화를 통하여 이 세상에 기독교의 진리를 바르게 전하고자 했던 것이다.

많은 사람들이 배를 끌어 내리듯이 많은 원인을 말할 수 없다. 그러나 하나의 원인은 여러 가지로 짜여 있다. 마치 한 개인이 자신의 힘만으로는 배를 끌어 내리는 원인이 될 수 없고 여럿이 함께 힘을 합쳐야 하듯이 철학도 진리 탐구의 존재로서 진리를 이해하는 데 기여한다. 진리 이해의 원인으로서가 아니고 다른 것들과 함께 있는 원인으로서, 협력자로서, 아마도 합작 원인으로서 기여한다. 그리고 여러 덕이 한 개인의 행복의 원인들이 되듯이, 마치 태양과 불과 목욕과 옷이 사람을 따뜻하게 하듯이 진리는 하나인데 여러 사물이 진리를 탐색하는 데 기여한다. 그러나 진리의 발견은 아들을 통해서 이루어진다.[3]

그러므로 "계약을 (율법과 철학의) 제공하신 바로 그 하나님은 희랍인에게 희랍철학을 주신 자이시며, 이에 따라서 전능하신 자가 희랍인들 사이에서도 영광을 받으셨다."[4]

기독교의 진리가 바르게 전파되기 위해서 그것은 그 전파의 현장인 상황에 대한 바른 이해가 절실하다. 그런 의미에서 모든 기독교 신학은 상황신학이다. 기독교가 처한 시대적 상황으로부터 받는 영향을 무시하거나 혹은 그 영향에 대한 인식 자체가 부족한 신학적 태도는 신학의 필수적 의무를 방기하는 자세이다. 이러한 신학의 바른 자세를 결정하는 신학적 입장인 상황신학에 대한 자세한 논의를 다음 장에서 다루고자 한다.

---

3 *Strom.*, 1.20(ANF, 2:323), 후스토 L. 곤잘레스, 『기독교사상사(I)』, 236에서 재인용.
4 *Ibid.*, 6. 5(ANF, 2:489), 후스토 L. 곤잘레스, 『기독교사상사(I)』, 236에서 재인용.

2. 상황신학의 개념 정리

기독교 신학은 기독교의 복음이 전파되는 시대적 상황, 문화적 상황, 정치·경제적 상황에 대한 끝없는 연구와 구체적인 개입을 통해서만 바른 신학적 태도를 견지할 수 있다. 앞 장에서 고찰한 것처럼 상황에 대한 인식과 그에 대한 신학적 응답은 초대교회의 신학에서부터 비롯된 것이었다. 그리고 그러한 신학적 노력과 교정을 통해서 신학은 지금까지 발전, 계승되어 온 것이다. 기독교는 결코 진공 속에서 형성되고 발전, 계승된 것이 아니다. 구약의 역사에서부터 예수 그리스도의 역사 그리고 초대교회로부터 오늘날에 이르기까지의 교회의 역사는 물론, 시대별로 각 지역에 따라 다른 상황에 직면해 왔던 기독교를 고려할 때, 상황을 무시하는 신학적 접근은 사실을 외면한 허구적인 시도로 평가된다.

복음과 문화 내지 복음과 상황에 대한 신학적인 성찰은—기독교 신학이 직면하게 되는 구체적인 상황에 따라— 다양한 신학적 시도들로 이어졌다. 이러한 신학적 시도들의 구체적인 형태들을 우리는 이미 알고 있다. 해방신학, 토착화신학, 민중신학, 흑인해방신학, 여성신학, 아프리카신학, 아시아신학, 생태신학 등등으로 명명된 신학적 시도들이 그것이다. 나는 일차적으로는 이러한 다양한 시도들을 아우르는 개념으로서 궁극적으로는 기독교 신학 전반에 대한 인식론적 전환을 요청하는 신학적 성찰로서 상황신학이라는 개념을 사용하고자 한다. 발덴펠스(H. Waldenfels)는 오늘날 기독교 신학에서 상황신학이라는 새로운 신학적 개념이 필요한 이유를 다음과 같이 설명한다.

상황신학은 오늘날 필요불가결한 신학적 형태인 바, 그것은 종교 및 세계관, 철학 및 문화 그리고 정치적, 사회적 구도들의 다양성에 대한 전반적 인식이 점점 더 높아짐에 따라 신학 또한 각자 주어진 제반 역사적, 사회적 상황에 적합한 형태와 언어를 발견해야만 한다는 요청에 부응하는 기독교 신학을 일컫는다. … 상황에 대한 논의는 특별히 문화 간 내지 종교 간의 언어를 통한, 혹은 언어를 통하지 않고도 이루어지는 번역 과정에서 중요한 의미를 지니게 된다.[5]

발덴펠스가 피력하는 것처럼 상황신학은 오늘날 다양한 상황 속에서 기독교 신학을 전개하는 데 필요불가결한 신학적 개념이다. 문제는 오늘날 상황신학의 필요성과 중요성에도 불구하고, 상황신학이라는 용어의 의미가 개념적으로 명확히 규정되지 않고 있다는 점이다. 이러한 상황신학의 개념적 불명확성은 상황신학이라는 용어가 그 용어를 사용하는 신학자들에 의하여 각각 다르게 이해되고 있다는 점에 기인한다. 물론 그들 사이에 존재하는 개념적 차이는 미세한 것일 수도 있다. 그래서 그런 사소한 차이는 무시해 버리고 더 발전적인 논의를 하자고 주장할 수도 있다. 하지만 처음엔 작게 여겨졌던 차이가 나중에는 서로 간의 대화마저 불가능하게 만들 수 있을 만큼 커지는 경우를 흔히 보게 된다. 특별히 상황신학이라고 하는 개념이 모두에게 일치된 자명한 개념이 아니라는 점을 고려할 때, 상황신학에 대한 정확한 개념 정립은 더욱더 중요한 의미를 지니고 있다고 보인다.

---

5 H. Waldenfels, "Kontextuelle Theologie," *Lexikon Missionstheologischer Grundbegriff*, Hg. Karl Müller und Theo Sundermeier, Berlin, 1987, 224.

나는 우선 상황신학에 대한 올바른 이해를 추구할 것이다. 올바른 이해라고 할 때, 그것은 단순히 상황신학이라는 용어에 대한 개념적 정리만을 의미하는 것은 아니다. 개념적 정리는 올바른 이해를 위한 선행 작업에 불과하다. 물론 이해를 위한 선행 작업으로서의 개념 정리가 무시되거나 생략될 수는 없다. 그러나 선행 작업은 말 그대로 선행적 작업일 뿐이다. 상황신학에 대한 개념적 정리 작업을 무시하는 것만큼이나 위험한 것은 개념 정리를 상황신학에 대한 이해의 전부로 여기는 것이다. 올바른 이해는 그 이해가 지향하는 내용을 관통하는 것이어야 한다. 또한 올바른 이해는 실천적 과제를 염두에 두는 것이어야 한다. 본서의 나중에야 등장할 논의이지만, 여기서 문제 삼는 상황은 다른 여러 상황 중에서도 오늘날 각 지역, 각 나라, 각 문화권의 정치·경제·문화적 상황을 규정할 뿐만 아니라 전 지구촌 인간의 삶을 총체적으로 규정하며 휘몰아 가는 신자유주의의 세계화이다. 그러나 이 장에서는 상황신학의 개념 정리에만 집중하기로 한다.

상황신학이라고 하는 개념은 크게 두 가지로 이해된다. 첫째로 상황신학은 특정한 상황 속에서 생성, 발전되는 신학으로 이해된다. 이는 가장 일반적인 이해인 바, 우리가 잘 알고 있는 남아메리카의 해방신학, 한국의 토착화신학 및 민중신학, 흑인해방신학, 여성신학, 아프리카신학, 아시아신학, 생태신학 등을 총칭하는 개념이다. 둘째로 상황신학은 신학 전반에 대한 인식의 전환을 의미한다. 기독교 신학은 그 신학이 생성되고 발전한 시대적, 문화적 상황으로부터 자유로울 수 없다고 하는 신학 전반에 대한 인식의 전환이 그것이다. 이러한 이해는 동시에 신학이 처한 상황에 대한 책임 있는 신학적 응답을 요구한다. 신학은 신학이 몸담고 있는 시대의 예언자 역할을 할 의무가 있다.

상술한 상황신학에 대한 두 가지 이해가 서로 상충할 필요는 없다. 오히려 상황신학에 대한 이 두 가지 이해는 서로 상보적 관계를 유지하는 것이 바람직할 것이다. 그럼에도 불구하고 상황신학의 명확한 개념 정립을 위하여 이 두 가지 이해를 분리하여 이야기를 전개하고자 한다.

1) 포괄적 개념으로서의 상황신학

상황신학은 일차적으로 지금까지—특별히 소위 제3세계에서—발전되어 온 복음과 상황과의 관계를 규명하고자 하는 모든 신학적 노력들을 총괄하는 개념으로 이해된다. 상황신학에 대한 이러한 이해가 제3세계 신학을 무비판적으로 수용하여 총괄하는 개념으로 이해하고자 하는 것은 아니다. 오히려 지금까지의 신학적 시도들을 비판적으로 수용하면서 기존의 제 시도들을 개념적으로 수렴하고자 하는 것이다.

독일의 신학자 폴커 퀴스터(Volker Küster)에 의하면 "상황신학이라는 개념은 복음과 문화와의 관계를 규명하고자 하는 지속적인 토의의 결과로 생겨난 개념이며, 오늘날까지 논의되었던 다른 모델들을 포괄하는 개념이다."[6] 퀴스터는 복음과 문화와의 관계를 규명하고자 하는 지금까지의 모델들을 크게 문화-종교적인 유형(Inkulturationstheologien)과 사회경제적 및 정치적 유형(Befreiungstheologien)으로 분류한다. 상

---

6 Volker Küster, *Theologie im Kontext: zugleich ein Versuch über die Minjungtheologie*, Nettetal, 1994, 18.

황신학이라는 개념은 이 두 유형을 종합하는 개념일 뿐 아니라 최근에 대두되는 환경 문제에 대한 성찰까지 포괄하는 신학이다.[7]

상황신학을 이렇게 포괄적인 개념으로 규정할 때, 이러한 개념 규정이 가지게 되는 장점은 명백하다. 상황신학이라고 하는 포괄 개념을 도입함으로써, 많은 경우에 서로 배타적인 신학적 입장으로 여겨져 왔던 여러 형태의 제3세계 신학들이 외적인 갈등 구조를 탈피하여 긍정적이고 발전적인 내적 상호 비판의 구조를 가지게 된다. 더욱이 상황신학에 대한 이러한 이해는 상황신학이라고 하는 개념을 제3세계에 국한된 것으로 제한하지 않고, 제1세계의 신학에까지 확장시킨다. 즉, 제3세계에서 발생한 상황신학이라고 하는 새로운 신학적 시도들을 통하여 제1세계의 신학자들은—그것을 제1세계의 신학이 제3세계라고 하는 상황 속에서 전혀 다른 음조로 되돌아오는 메아리로 경험하면서— 자신의 전통적 신학에 대한 새로운 자각을 하게 되는바, 그것은 소위 서구 신학이 다른 새로운 신학들의 정당성 여부를 판단하는 시금석으로서 정통신학의 자리를 차지하는 신학이 아니라 그것 또한 다른 상황신학들 옆에 있는 또 하나의 상황신학이라고 하는 자기 정체성의 발견이다. 이러한 점은 실로 서구 신학이 제3세계의 신학적 시도들에 감사해야 할 일이다. 그리고 그러한 부단한 자기 성찰 및 인식의 변환은 우리도 언제나 마음에 준비를 하고 있어야 할 태도이다. 이러한 자기 정체성의 발견을 퀴스터는 다음과 같은 말로 표현한다. "새로운 질문들 앞에서 낡은 대답들은 더 이상 타당하지 않게 되었다. 이와 함께 서구 신학이 보편적이고 영원히 타당한

---

7 *Ibid.*, 36-49 참조.

신학(theologia perennis)이어야 한다는 요청도 부인되었다."[8]

위에서 언급한 장점 외에도 상황신학이라고 하는 용어가 오늘날에 적합한 신학적 개념을 대변한다는 것은 이 용어를 기존의 여타개념들과 비교해 볼 때 더 확실해진다. 기독교의 복음이 타 문화권에전해질 때 발생하는 사건으로서의 복음과 문화와의 관계를 규정하는기존의 용어들로는 적응(Akkommodation), 토착화(Indigenisierung), 문화토착화(Inkulturation) 등이 있다. 이 용어들이 가지는 문제와 한계를검토해 보면, 상황신학이라는 개념이 가지는 탁월성을 명백히 인식할 수 있게 되리라 생각한다.

적응 모델(Akkommodationsmodel)은 주로 가톨릭교회에서 발전된개념이다. 적응 모델의 근거는 복음 자체가 지닌 문화에 대한 적응내지 변혁 가능성에 있다. 복음을 전하기 위하여 피선교국의 비기독교적인 문화를 선교국의 기독교 문화로 대치시킬 필요가 없다는 것이다. 복음의 전파가 비유럽 문화의 유럽화를 의미하는 것은 아니다. 오히려 복음을 바르게 전하기 위해서는 복음을 피선교국의 문화적토양에 적응시켜 전파해야 한다는 것이다. 이미 초대교회 이방 선교에서 보인 것처럼 기독교의 헬라화로 표현되는 복음의 이방 문화에의 적응 내지 순응은 복음의 전파를 위한 불가피한 현실이었다. 선교신학적 관점에서 적응 모델이 이론적으로 고찰되기 시작한 것은 유럽의 선교사들이 완전히 이질적인 문화, 특별히 아프리카와 아시아의 문화들을 접한 시기와 일치한다. 다시 말해서 복음을 전혀 다른문화의 언어와 관습으로 표현해야 하는 당위성이 적응 모델이라고

---

8 *Ibid.*, 18.

하는 신학적 성찰을 불러일으켰다고 할 수 있다. 이러한 구체적인 예로 마테오 리치(Matteo Ricci)의 중국에서의 선교 정책을 들 수 있다. 그는 중국의 유교적 가치관, 공자 제의 및 조상 제사 등을 받아들였다. 비록 이러한 유교적 제의가 마테오 리치 사후, 1704년 교황 클레멘스(Clemens) 11세에 의하여 금지되었지만, 나중에는 1742년에 다시 허용되었다.[9]

기독교 복음의 선교라는 관점에서 볼 때 적응 모델의 장점은 분명하다. 피선교국의 상황에서 볼 때, 이 모델은 사람들에게 이미 익숙한 문화적, 종교적, 사상적 표현 방식 내지 구체적인 실천의 형태를 띠기 때문에 사람들로 하여금 처음 접하는 종교적 진리인 기독교의 복음을 큰 거부감 없이 접할 수 있게 해 준다.

반면에 적응 모델의 취약점 및 한계도 뚜렷하다. 적응 모델이 가지는 한계는 이 모델이 너무 교회 중심적인 경향성을 띠고 있고, 선교의 주체와 선교의 객체 사이에 명확한 위상차를 내포하고 있는 점이라고 퀴스터는 비판한다.[10] 프릿츠 콜부르너(Fritz Kollbrunner)의 설명은 이러한 사실을 더 명료하게 해 준다. "적응(Akkommodation)의 주체는—우선적으로는 외국 선교사와 그 교회의 형태로, 그다음에는 개개의 토착 교회의 형태로 드러나는— 교회이다. 하지만 이 교회는 전적으로 보편적 교회, 구체적으로 말하자면, 로마의 중앙집권적인 지휘 체제에 의존하고 있다."[11]

---

9 *Ibid.*, 26 참조.

10 *Ibid.*, 29.

11 Fritz Kollbrunner, "Die klassische Theori: Akkommodation," *Theologie der Dritten Welt, EATWOT als Herausforderung westlicher Theologie und Kirche*, Hg. Giancarlo Collet, Immense, 1990, 138.

상술한 한계 외에도 적용 모델이 가지는 기본적인 취약점이 있다. 적용 모델을 지향하는 선교사는 의식적이든 무의식적이든, 복음과 문화를 서로 분리시킬 수 있는 두 요소로 생각한다. 그에게 가장 좋은 선교 정책은 복음으로부터 서구 문화라고 하는 옷을 벗겨내고, 다시금 복음이 전파되는 지역의 옷을 입히는 것이다. 그러나 복음과 문화에 대한 이러한 이해는 애당초 잘못된 견해이다. 이에 대해서는 3장에서 복음과 상황이라는 주제를 다룰 때 더 자세히 고찰할 것이나, 여기서는 이러한 견해의 오류만 간략히 지적하고자 한다. 문화 내지 상황으로부터 완전히 분리된, 혹은 분리시킬 수 있는 복음이란 관념적으로는 몰라도 실제로는 존재하지 않는다. 복음과 문화를 이와 같이 서로 분리될 수 있는 두 요소로 생각하는 적용 모델은 김광식이 비판하는 복음의 토착화에 대한 하나의 오해를 연상시킨다.

다음으로 사람들이 복음의 토착화를 오해하고 있는 경우는 주로 토착화를 변장술 정도로 생각하기 때문에 생긴다. 초창기 서양 선교사가 밀입국하여 선교 활동을 할 때, 한복 차림에 깊은 방갓을 쓰고 다니던 변장술이 토착화의 선구라는 것이다. … 미국식 추수감사절 대신에 추석을 한국적 추수감사절로 바꾸자고 하는 사람이나, 성찬의 두 요소인 빵과 포도주 대신에 흰무리와 막걸리를 사용하자고 주장하는 사람들은, 그래도 토착화를 악마화하려고 하지 않고 토착화에서 어떤 긍정적인 면을 인정해 보려고 한다. … 그러나 이러한 오해는 복음의 형식과 내용이 처음부터 확정되거나 뚜렷하게 구별된다고 생각하는 잘못을 저지른다.[12]

---

12 김광식, 『토착화와 해석학』 (서울: 대한기독교서회, 1987), 114-115.

다음은 우리말 토착화로 번역되는 독일어 'Indigenisierung' 혹은 영어 'Indigenization'이라는 개념을 살펴보자. 여기서 문제를 제기하고 싶은 점은 언어적 문제이다. 사실상 이 단어 자체에는 문제가 없다. 문제는 이 단어가 사용되었던 역사적 정황에 있다. 'Indigenisierung'이라는 용어를 사용하는 데 있어서의 난점은 'indigen'이라는 용어에 내포된 역사적 경험에 있다. 로버트 슈라이터(Robert J. Schreiter)에 의하면 이 용어는 대영제국의 식민지 통치 전략을 대변했던 개념으로서 식민지에서 원주민을 효율적으로 통치하기 위하여 식민 통치를 위한 관료를 토착인의 지도급 인사로 대치하였던 전략을 일컫는다. "그리하여 동 아프리카인이나 인도인들은 이 개념을 통하여 새로운 신학적 시도가 아니라 식민지 시대를 연상하기 쉽다."[13] 이와 같은 점을 고려할 때, 'Indigenisierung'이라는 용어는 우리가 피해야 할 용어로 보인다. 그러므로 한국의 토착화신학을 외국어로 번역할 때도 단어 자체의 의미를 따라서 'Indigenisierungstheologie'라고 하는 것보다는 그 신학적·내용적 의미에 치중하여 'Inkulturationstheologie'로 번역하는 것이 더 적합하다고 생각한다. 지금까지 우리나라 신학적 접근에서는 용어 자체에 기초해서 토착화를 Indigenisierung 혹은 Indigenization으로 번역했다. 위에서 지적한 것처럼 용어의 번역도 그 구체적인 상황성을 고려하여 적합하게 이루어져야 한다고 생각한다.

끝으로 문화토착화(Inkulturation)에 대하여 검토해 보자. 문화토착화 모델은 적응 모델과 비교해 볼 때, 선교 주체와 선교 객체 사이의

---

13 Robert Schreiter, *Abschied vom Gott der Europäer: zur Entwicklung Regionaler Theologien*, Salzburg, 1992, 21.

계층적 질서를 극복했다. 적응 모델에서 적응의 주체가 선교사들 내지는 그들에 의하여 설립된 교회인 반면, 문화토착화 모델에서의 토착화 사건의 주체는 복음 그 자체이다. 선교사들 및 신학자들은 이러한 복음의 토착화 사건의 조력자요 해석자일 뿐이다. 그 어느 누구도 스스로를─복음의 토착화에 관한 한─ 다른 사람보다 우월한 자리에 놓을 수 없다. 또한 문화토착화는 복음과 문화의 역동적 상관관계를 전제하기 때문에 복음과 문화를 내용과 형식으로 분리하여 생각한다든지 한 문화를 정적인 것으로 혹은 단편적인 것으로 취급하지 않는다. 이렇게 볼 때 문화토착화라고 하는 개념에는 거의 문제가 없어 보인다.

여기서 번역의 문제에 관하여 한 가지 짚고 넘어가자. 위에서도 언급한 것처럼 한국의 토착화신학은 'Inkulturationstheologie'로 번역됨이 마땅하다. 모든 학문에서 번역의 문제는 실로 중대한데, 나는 한국의 토착화신학이 세계에 제대로 소개되지 않은 가장 큰 이유가 그 신학이 세계어로 번역되지 않았음에 기인한다고 생각한다. 이는 민중신학이 번역과 스스로를 알리는 작업을 통하여 한국을 대표하는 신학으로 세계에 소개되고 있는 것과 비교해 보면 더욱 확실하다. 사실 우리의 문화적, 정신적 유산은 세계에 알려지지 못하는 경우가 어디 이뿐이랴. 세계의 유명 대학에서 한국의 고전을 찾아본 경험이 있는 사람은 알 것이다. 없다! 외국어로 제대로 번역된 정신적, 문화적으로 가치 있는 한국의 고전은 없다! 이 글을 써서 출판되는 사이에 혹시 새로운 자료가 등장할지는 모르겠으나, 있는 자료라고는 외국에서 한국에 관하여 쓴 박사학위 논문뿐이다. 한국어를─필요한 경우 한자까지도─ 읽지 못하는 외국인은 아무리 한국에 관하여 연구하고 싶어도 자료가 없다. 한국에 관하여 공부하고 싶다면 한국어를 공부하라고 교만할 일이 아니다. 아직 우리나라는 스스로 우리를 알려야만 세계가 우리에게 관심을 가지는 정도의 위상에 머무르고 있다. 지나친 비하만큼이나 위험한 것은 지나친 교만이다. 우리 문화와 신학을 세계의 많은 사람이 읽고 이해할 수 있는 언어로 번역하는 일은 상황신학의 또 하나의 과제이다. 그런 과정을 거쳐야지만 우리의 신학이 정당한 평가를 받을 수 있으며, 그 평가는 다시 피드백의 과정을 거쳐 우리의 새로운 학문적 발전으로 꽃필 수 있다. 서구신학이 상황신학의 피드백을 통하여 스스로의 신학적 전통과 학문성을 새롭게 인식하게 되고, 그를 통한 새로운 신학적 인식을 할 수 있었다면, 우리의 신학적 발전에도 마찬가지의 과정과 성찰이 요구된다. 이를 위한 불가결한 요소가 우리의 문화와 신학이 더 광범위한 영역의 언어로 번역되는 일이다.

다시 원래의 논의로 돌아가자. 문화토착화라고 하는 개념의 정당성과 그 장점을 충분히 수긍하면서도 퀴스터는 이 모델이 그 용어가 가지는 편향성(Inkulturation)으로 인하여 너무 문화적 요소에 집착하게 됨으로써 신학이 직면해야 하는 개개 상황의 해방적 요소를 등한시하게 된다는 점을 지적한다. 신학이 직면하는 개개의 상황에 대한 인식은 실로 신학의 성격 자체를 변화시킨다. 정치·경제적으로 어떤 입장에 서는가의 문제부터 문화를 어떻게 이해하는가의 문제에 이르기까지 신학의 성격을 규정하는 상황에 대한 논의는 실로 다양한 형태를 띤다. 이 주제를 자세히 다루는 것은 이 책의 후반부에 맡기기로 한다. 특별히 본 책의 성격상 이 주제는 신자유주의를 다루면서 같이 다루어져야 할 주제로 생각한다. 여기서는 상황신학에 대한 일반론에 머무르고자 한다.

2) 기독교 신학에 대한 인식의 전환으로서의 상황신학

이미 위에서 어느 정도 암시가 주어졌듯이 상황신학이라고 하는 개념은 단순히 제3세계의 신학적 시도들만을 의미하는 것은 아니다. 제3세계의 신학적 시도들의 결과로 다시금 제1세계의 신학적 사유에로 피드백(feedback)된 신학적 유산이 상황신학이라고 하는 인식이다. 즉, 복음과 서구 문화를 동일시하던 견해(제국주의적 기독교 선교)로부터 타문화 속에 뿌리내리고 열매 맺는 복음의 역사에 대한 경탄(복음의 탈서구화 및 상황화)을 거쳐 서구 신학 또한 다른 상황신학들 옆에 있는 하나의 상황신학이라고 하는 일련의 자기 정체성 발견의 과정이 서구 신학이 제3세계 신학으로부터 배우게 된 신학적 유산이라고 할 수 있다.

다시금 강조하거니와 그 어떤 신학도 그 신학이 생성되고 발전된 상황으로부터 자유로울 수 없다. 신학은 결코 진공 속에서 성장하지 않는다. 이러한 의미에서 볼 때, 모든 신학은—스스로를 상황신학이라고 인정하든지, 혹은 인정하지 않든지 간에— 상황신학이다. 이는 최근의 신학적 논의에서 비로소 비롯된 내용이 아니다. 앞에서 살펴본 것처럼 이미 초대교회 시기에서부터 기독교 신학은 상황에 스스로를 맞추어가는 노력을 해 왔다. 아니 사실은 성경 자체가 상황의 영향하에서 기술되었다. 구약성경과 신약성경 각각의 성경 본문 중에 그 성경이 기술된 상황과의 관계를 전제하지 않고 바르게 이해될 수 있는 본문은 없다. 성서신학의 주된 과제가 바로 그 본문이 쓰인 상황을 연구하는 일이다. 그뿐인가? 역사신학은 어떤가? 역사신학은 기독교가 그리고 교회가 각각 처한 상황 속에서 어떻게 발전 혹은 퇴보했는가를 다루는 학문 아닌가? 그 내적 동인은 물론 외적 상황까지 연구해야만 바르게 정리되는 학문 분야가 기독교 역사를 다루는 학문 분야이다. 기독교 역사가 소위 세속사와 분리되어 고찰될 수 없다는 사실 자체가 이미 신학이 상황으로부터 분리되어 고찰될 수 없음을 시사한다. 실천 신학의 분야는 또 어떤가? 기독교가 처한 상황에 대한 인식이 가장 철저하게 요구되는 학문 분야가 바로 실천 신학의 분야가 아닌가? 기독교 신학은 그 처음부터 마지막까지 상황신학일 수밖에 없고, 또 상황신학이어야 한다. 차이점은 어떤 신학은 상황신학이고 어떤 신학은 상황신학이 아니라는 데에 있는 것이 아니라, 어떤 신학은 스스로를 상황신학으로 인식하는 반면에 어떤 신학은 그러한 인식을 하지 못하거나 혹은 그 인식 자체를 거부한다는 사실에 있다. 이 두 가지 형태의 상황신학—스스로를 상황신학으로 인식하는 상황신학과 스스로 인식하지 못하거나 그러한 사실을 부정하는 상황신학—은 서로 구별되어야 한다.

이러한 두 가지 신학적 입장을 개념적으로 명쾌하게 구별하는 신학자로 페터 베어(Peter Beer)를 들 수 있다. 그는 '수동적으로 컨텍스트화된 신학'(passiv kontextualisierte Theologie)와 '능동적으로 컨텍스트화된 신학'(aktiv kontextualisierte Theologie)이라는 두 가지 개념으로 전술한 두 신학적 입장을 설명한다. 베어에 의하면 전자는 주어진 상황에 상응하는 신학자들의 의도적 노력이 결여된 상황신학이다. 다시 말해서 스스로의 신학을 상황신학으로 인식하는 신학자들의 자의식이 결여된, 그래서 상황신학이라고 하는 신학적 주제에 관한 신학적 성찰 작업이 뒤따르지 않는, 그러나 그럼에도 불구하고 여전히 본질상 상황신학일 수밖에 없는 신학의 현주소를 대변하는 개념이 '수동적으로 컨텍스트화된 신학'이다. 이에 반하여 '능동적으로 컨텍스트화된 신학'은 의식적으로 방향 설정된 신학적 노력을 수반하는 상황신학이며, 바로 본 책에서 신자유주의와 함께 논의를 발전시켜가고자 하는 의미에서의 상황신학이다.

> 신학이 상황으로부터 받는 영향은 의식적이고, 목표 지향적인 신학적 작업의 결과일 수도 있다. 이러한 신학적 작업은 스스로를 새로운 상황에 직면한 자로 인식하는 신학자들에 의하여 비롯되어진다. 그들은 하나님에 관한 언술(Rede von Gott)의 중차대한 현실성을 견지하고자 노력하는 가운데, 신학이 우리의 삶과 가지는 관계 및 각각의 상황 속에서 신학이 바르게 이해될 수 있는 가능성을 확실히 하고자 노력한다. 이러한 노력은 물론 이론적이고 체계적인 신학적 성찰 및 주어진 상황 내의 다른 모든 사람과의 대화에 그 기반을 두어야 하는 것이다.[14]

그 어떤 신학도 그 신학이 몸담고 있는 상황과 유리되어 생성, 발전되지 않았다는 것은 명백하다. 아니 오히려 개개의 신학 자체가 그 신학이 생성, 발전되어 온 상황을 대변한다. 그러기에 상황신학이라고 하는 인식은 전체 신학적 성찰로 확대되어야 한다. 상황신학을 이렇게 신학 전반에 대한 인식의 전환으로 이해할 때, 그러한 인식의 전환의 구체적 내용을 형성하는 중심 주제에 관한 질문이 제기되는

---

14 Peter Beer, *Kontextuelle Theologie: Überlegungen zu ihrer systematischen Grundlegung*, Paderborn: München: Wien, 1995, 13.

바, 그것은 복음과 상황의 문제이다. 신자유주의라는 구체적인 모습으로 등장하는 상황에 대한 신학적 응답에 대해서는 책의 후반부에 서술할 것이고, 여기서는 단지 원론적으로 문화를 중심으로 한 모든 상황과 복음과의 관계를 짚어보고자 한다.

3장
상황신학의 중심 주제 ― 복음과 상황(문화)

1. 복음과 문화

복음과 문화에 대한 논의는 이미 있어 왔다. 그러나 지금까지 논의된 대부분의 내용은 복음과 문화와의 관계를 그저 도식적으로 설명하는 차원의 것이다. 그 모든 논의에 선행되어야 할 질문, 즉 그러한 논의에 참여하는 사람들이 이해하는 복음이란 무엇이며, 또한 문화란 무엇인가 하는 질문은 생략된 채, 혹은 그러한 논의의 참가자 모두가 동일한 의미로 복음 내지 문화를 이해하고 있는지 등의 기본적 전제는 무시된 채로 논의가 진행되어 온 것이 지금까지의 현실이다. 이러한 논의의 결과는 자명하다. 상정할 수 있는 가장 나쁜 결과는 서로가 동일한 말을 하고 있다고 생각하는 가운데 서로 다른 말을 하고 있는 것이다. 가능하게 제기될 수 있는 이러한 문제를 해결하는 길은 복음과 문화에 대한 최소한의 공통적 이해 기반을 마련하는 것이다. 물론 복음 내지 문화를 한마디로 정의하는 것은 불가능하다. 그러나 최소한 복음과 문화에 대한 이해의 다양성은 성찰되어야 한다. 이러한 다양한 이해의 가능성이 먼저 성찰되어야만 비로소 공통적 이해 기반이 가능해질 것이다. 복음 및 문화라고 하는 개념은 결코 자명한 개념이 아니다. 자명하지 않은 개념을 누구에게나 자명한 개념으로 착각하는 데에 가장 큰 문제의 소지가 있다. 여기서는 보다 일반적인 문화의 개념부터 살펴보기로 한다.

1) 문화에 대한 다양한 이해

우리는 문화라는 용어를 얼마나 무비판적으로 아무런 성찰 없이 사용하고 있는가? 우리가 흔히 사용하는 '서구 문화', '아시아 문화' 등은 정밀하지 않은 용어 사용의 전형적인 예이다. 일상적으로 옳은 듯이 사용하는 용어들에서부터 그 정밀하지 않은 사용의 허구를 밝히고자 한다. '서구 문화'라는 말을 예로 들어 설명해 보자. 우리가 '서구 문화'라는 말을 사용할 때, 그 말 중의 '서구'란 도대체 구체적으로 어디를 가리키는 말인가? 그것은 미국을 가리키는 말인가? 혹은 유럽의 어떤 나라를 가리키는 말인가? 우리는 때로는 미국을 지칭하면서 서구 문화라는 말을 쓰고, 때로는 유럽의 확정하지 않은 그 어떤 나라를 머릿속에 그리면서 서구라는 말을 사용한다. 이러한 용어 사용이 적합하려면, 미국과 유럽 모든 나라의 문화가 동일한 문화이어야 한다. 혹은 백 보 양보해서 개개의 문화들이 다양한 모습을 띠고 있다고 해도 그 다양한 문화들 안에 부인할 수 없는 공통된 요소가 문화의 주요 특징으로 굳건하게 자리 잡고 있어야 한다. 다시 말해서 누구도 부인할 수 없는 문화적 공통분모가 확실하게 규명되어야 한다는 말이다. 아니면 우리가 서구 문화라는 말을 사용할 때, 그것은 미국과 유럽의 모든 나라들의 문화를 통칭하는 용어이어야 한다. 그런데 그 모든 문화를 통칭한다고 할 때, 그것은 구체적으로 무엇을 가리키는가? 아니 그러한 통칭이 가능하기는 한 것인가? 그 모든 문화를 통칭한다고 할 때, 구태여 서구 문화라는 말을 쓰는 이유는 무엇인가? 차라리 그냥 인류 전체를 아우르는 말로 '문화'라고 하지.

다시 한번 돌이켜 생각해 보자. 그 누구도 유럽 문화와 미국 문화를 동일한 문화라고 말하지는 않을 것 같다. 엄밀히 말하면 유럽 문화도 하나의 문화로 수렴될 수 없다. 독일의 문화, 프랑스의 문화, 영국의 문화, 그리스의 문화, 터키의 문화, 폴란드의 문화, 러시아의 문화, 스페인의 문화 등등을 하나의 문화라는 우산에 가둘 수 있을까? 그럴 수 없다면 우리가 '서구 문화'라는 용어를 사용할 때, 우리 각자는 서로 다른 생각을 머릿속에 가지고 대화를 나누는 것이 된다. 누구는 미국 문화를, 누구는 독일 문화를, 누구는 영국 문화를, 또 누구는 어디 어디 문화를 머릿속에 그리면서 동일하게 '서구 문화'라는 말로 스스로의 생각을 표현한다. 서로 동일한 내용을 그리지도 않고 서로 간 생각의 차이도 묻지 않은 채 우리는 '서구 문화'라는 동일한 언어를 사용한다. 그렇다면 '서구 문화'의 실체는 없는 것과 마찬가지이다. 최소한 우리가 사용하는 언어에 있어서 동일한 의미로는 존재하지 않는다. 어쩌면 우리는 아주 정련되지 못한 방식으로 그 어떤 진지한 성찰도 없이 우리의 문화와 다른 그 어떤 문화를 머릿속에 그리면서 ─이 또한 각자 다른 모습으로 성찰됨에도 불구하고─ 그것을 '서구 문화'라고 표현하는 것은 아닐까?

이와 같은 현상은 우리가 '동양 문화', '아시아 문화' 등과 같은 용어를 사용할 때도 동일하게 발생한다. 구체적으로 한번 생각해 보자.

우리는 우리의 문화를 베트남, 필리핀, 인도, 파키스탄 등의 문화와
동일한 문화로, 아니 백 보 양보해서 비슷한 문화로라도 받아들이는
가? 공통점보다는 차이점이 더 많은 것이 한국의 문화와 기타 여러
아시아 국가 문화 간에 현실 아닌가? 어떤 서양인이 아시아 문화라는
말을 하면서 한국 문화와 베트남 혹은 인도의 문화를 한 범주 안에
넣는다고 생각해 보라. 이러한 무비판적이고 무례한 자세를 받아들
일 수 있겠는가? 이렇게 구체성과 현실성을 결여한 용어들에서 이미
보이는 것처럼 우리는 문화라는 말을 사용할 때, 각자 상이하고 다양
한 이해의 지평 위에서 그 말을 사용한다. 문화라는 말이 한 가지
의미로 정의될 수 없는 용어인 것은 분명하다. 이제 이러한 점을 염두
에 두면서 문화라는 용어의 의미를 사전적 의미로부터 다양하고 상
이한 이해의 가능성까지 간략히 정리해 보자.

　문화(culture, Kultur)라는 말의 어원은 라틴어 'colere'(가꾸다, 경작하
다, 꾸미다 등의 뜻을 가짐)이다. 이 어원에 근거해 볼 때, 문화라는 말은
'가공되지 않은 것, 거친 것, 고상하지 않은 것 등의 의미를 지닌 자연
에 대한 상대 개념'[1]이 된다. 이러한 일차적이고 물질적인 어원적 의
미는 이미 고대에 정신적 의미로까지 확대된다. 즉, 자연을 경작한다
고 하는 물리적 차원을 뛰어넘어서 인간의 정신 및 영혼을 바르게
가꾼다고 하는 의미로 확대 이해된다. 여타의 존재들과 다른, 인간의
육체적, 정신적, 영적 능력의 총화로 이해된 문화라고 하는 개념이
18세기까지 유지되어 온 문화에 대한 이해였다.[2]

---

1 Frithjof Rodi, "Kultur," *Theologische Realenzyklopädie*, Bd. 20, 177.

2 Herbert Zdarzil, "Kultur," *Evangelisches Kirchenlexikon: internationale theologisches
　Enzyklopädie, Bd. 2, Göttingen, 1986, 1507.

19세기에 이르러 문화라고 하는 개념은 또 다른 이해의 지평을 획득하게 된다. 문화는 이제 인간에 의해 형성되고 가꾸어진 구체적 대상 혹은 인류의 구체적 업적으로 이해된다. 이에 상응하여 특정한 시대적, 지리적, 민족적 통일체의 정체성 내지 전통을 뜻하는 말로 문화의 개념이 변화되었다. 중세 문화, 게르만 문화 등의 표현은 이러한 이해가 구체적으로 드러난 예이다.[3]

문화에 대한 이해는 더 세분되어 세밀한 의미를 가지게 된다. 한 사회를 개념적으로 분화할 때, 문화라고 하는 단어는 새로운 의미를 지니게 된다. 한 사회의 다른 여러 요소—정치, 경제, 법 등—와 구분되는 특별한 정신적, 예술적 영역을 우리는 또한 문화라고 일컫는다. 이러한 이해는 우리가 일상생활 속에서 이해하고 있는 문화라는 개념이다.[4] 문화에 대한 이러한 이해는 신문의 여러 면을 생각해 보면 쉽게 이해가 될 것이다. 정치면, 경제면, 사회면, 문화면 등.

조금 더 사회를 분화해 보면 하나의 문화 속에서 서로 분리되어 있는 혹은 주도적 문화에 의하여 가리어져 있는 또 다른 문화적 요소들을 볼 수 있다. 우리가 흔히 사용하는 말로 청소년 문화, 신세대 문화, 향락 문화, 대학 문화 등이 그것이다. 또한 분리되거나 가리어져 있던 문화의 일부분이 기존의 문화에 대하여 강한 비판 내지 반발의 요소로 등장할 때, 우리는 그것을 반(反)문화(counter-culture, Gegenkultur)라고 부른다. 이렇게 가리어져 있던 문화가 드러나서, 혹은 새롭게 재해석되어서 기존의 전체 문화에 대한 새로운 이해의 지평을 열어준 역사 속에서의 구체적인 예로 히피문화, 민중문화의 재발견 같은

---

3 *Ibid.*

4 Frithjof Rodi, "Kultur," *Theologische Realenzyklopädie*, Bd. 20, 184.

것을 들 수 있다.

2) 복음에 대한 다양한 이해

문화라고 하는 개념만 다양한 이해의 지평을 가지고 있는 것이 아니다. 기독교에서 가장 많이 사용하는 용어 중 하나인 복음이라는 개념도 마찬가지이다. 말 그대로 복된 소식을 뜻하는 복음은 이미 신약성경에서부터 다양한 의미로 등장한다. 예수가 선포한 복음은 이미 이 땅에 씨가 뿌려진 임박한 하나님 나라(하나님의 통치)이었다. 오순절 이후 복음은 새로운 의미를 지니게 된다. 사도들은 예수를 주와 그리스도로 선포했다. "너희가 십자가에 못 박은 이 예수를 하나님이 주와 그리스도가 되게 하셨느니라"(행 2:36). 그리하여 이제 복음을 선포한 자가 복음의 내용이 된 것이다.[5] 특별히 사도 바울에 의하여 선포되는 복음은 율법의 공로에 대비되는 의미를 지니는데, 예수 그리스도의 십자가의 구속의 죽음을 믿음으로써 하나님으로부터 의롭다 여김을 받게 되는 은혜의 사건을 가리키는 말로 이해된다.[6]

2세기 이후로 복음은 우리에게 지금까지 전승되어 오고 있는 특정한 기독교 문헌의 양식을 뜻하게 된다. 특기할 점은 신약성경 정경 안에서 우리가 예수 그리스도에 관한 문헌으로서의 한 복음(das eine Evangelium)을 네 가지 양식으로 접하게 된다는 사실이다. 각자의 특

---

5 사도행전 5:42 참조. "그들은 날마다 성전에서 그리고 이집 저집에서 쉬지 않고 가르치고, 예수가 그리스도임을 전하였다."

6 Peter Stuhlmacher, "Evangelium," *Evangelisches Kirchenlexikon: internationale theologisches Enzyklopädie*, Bd. 1, Göttingen, 1986, 1219.

정한 관심사 혹은 상이한 전승 자료 등에 의하여 네 복음서는 예수에 관하여 부분적으로 상이한 모습을 전한다. 복음서뿐 아니라, 다른 신약성경의 문헌들에서도 복음은 여러 다른 형태로 전해진다. "신약성경의 문헌들은 각각 상이한 언어, 전승, 문화적 토양을 가진 사람들에게 예수 그리스도의 한 복음을 전하고자 노력한 한 개인 혹은 공동체에 의하여 기록된 문헌들이다. 하나의 복음이 유대 기독교인들에게 전파될 때와 헬라어를 사용하는 주민들에게 전파될 때, 그 양자는 다른 형태를 지니게 된다."[7]

신학적으로도 복음의 핵심은 서로 상이하게 강조된다. 종교개혁 시대 한 시대를 놓고 보아도 서로 다른 개혁의 모티브에 따라 복음의 서로 다른 측면이 강조된다. 마틴 루터(Martin Luther)가 복음을 율법의 상대 개념으로 이해한 반면, 토마스 뮌쩌(Thomas Müntzer)와 같은 과격파 종교개혁자는 윤리적, 정치적 의미의 복음을 강조하였다. 사회적 복음에 대한 강조는 19세기 신학의 전반적 경향이었다. 이러한 경향은 슈테커(Stoekker), 블룸하르트(Blumhart), 라가쯔(Ragaz), 쿠터(Kutter) 등으로 대변되는 종교사회주의 신학자들(religiöse Sozialisten)에게서 뿐 아니라 하르낙(A. v. Harnack)에게서도 드러난다. "복음은 사회적 사신이다. … 복음은 가난한 자들을 위한 연대성과 형제애의 선포이다."[8]

---

7 EMW *Information Nr. 110: Schritt halten mit Gott. Das Evangelium und unsere Kultur: Ein deutscher Beitrag zur Vorbereitung der Weltmissionskonferenz im November 1996,* erarbeitet von einer Arbeitsgruppe zum Studienprozess über Evangelium und Kultur, März 1996, 22-23.

8 Adolf von Harnack, *Das Wesen des Christentums,* Leipzig, 1990/München – Hamburg 1964. Zitiert nach Alfred Jäger, "Evangelium(2. Dogmatisch)," *Evangelisches Kirchenlexikon,* 1222.

상황신학의 관점에서 볼 때, 복음 내지 복음의 토착화는 각각의 상황 속에서 각각 고유한 방식으로 이해된다. 상황신학의 신학적 기초는 하나님의 사람 되심에 있다. 예수 그리스도의 성육신은 바로 하나님이 이 역사 속에 스스로를 알리고자 상황화한 계시의 사건이다. "하나님은 예수 그리스도의 탄생, 삶, 죽음, 부활을 통하여 스스로를 상황화하셨다."9

이러한 하나님의 상황화는 하나님이 스스로를 알리고자 원하는 오늘날의 각 상황 속에서도 신학자들에 의하여 계속되어야 한다. 상황화의 과정에서 일차적으로 중요한 점은 복음이 각자 주어진 문화 종교적, 사회·경제적 상황에서 어떻게 이해되는가 하는 점이다. 블라저(K. Blaser)는 각 상황신학들의 공통된 특성을 다음과 같이 이야기한다. "서구 신학이 스스로를 보편적 신학으로 이해하는 것에 대한 비판 그리고 각각 '다른 교회'(W. Freytag) 안에서 그에 따른 각자 다른 질문들에 대하여 고유한 방식으로 답변하고자 하는 시도."10

상황신학의 특성에 비추어 볼 때, 복음에 대한 이해는 새로운 지평을 획득한다. "상황신학에서 복음의 토착화를 위한 노력은 또 다른 방향 정립(서구 기독교적 사유로부터의 해방) 및 부분적인 다른 강조점들과 함께 계속 진행된다. 이러한 노력은 각자 자신의 자리에 기초함의 구체적인 표현이다. 이와 함께 구체적이고 특정한 상황 속에서의 증언으로 이해되는 성경에의 새로운 접근이 병행된다."11

이러한 새로운 접근은 성경에 등장하는 사건들 내지 의미들에 대

---

9 K. Blaser, "Kontextuelle Theologie," *Evangelisches Kirchenlexikon*, 1222.
10 *Ibid.*
11 *Ibid.*

한 새로운 통찰을 가능하게 한다. 특별히 성경이 기록된 당시의 상황과 오늘날의 상황이 동일한 성격을 지니는 경우에, 오늘날 경험하는 상황이 성경에 접근하는 새로운 길을 열어줄 수 있다. 우리나라가 일제의 식민지 통치하에 있을 때에 출애굽 사건에 대한 민족 공동체의 진지한 실존적 물음이 제기된다든지, 가난과 부의 문제에 대한 오늘날 제3세계 신학에서의 새로운 해석이 그것이다.

3) 복음과 문화의 역동적 관계

지금까지 고찰된 바, 복음과 문화에 대한 이해의 다양성은 일견 복음과 문화의 문제를 다루는 데 걸림돌로 작용하는 듯이 보인다. 그러나 신앙과 신학의 걸림돌은 회피함으로써가 아니라 직면함으로써만 극복될 수 있다. 우리는 복음과 문화에 대한 다양한 이해를 충분히 견지하는 가운데 그러한 다양성이 가지는 긍정적인 측면을 이야기함으로써, 오히려 더 근원적인 문제의 해결을 기대할 수 있을 것이다.

이미 이야기된 바대로 복음에 대한 고정적 이해는 불가능하다. 아니 그것은 불가능할 뿐 아니라 복음의 본질에 위배된다. 복음은 그 어떤 인간적 상황 내지 전제로부터 규명되는 것이 아니다. 복음은 오직 복음으로부터만 알려진다. 복음이 여러 상이한 신학적 모티브에 따라, 또한 여러 정치, 경제, 문화적 상황 속에서 스스로를 다른 내용으로 드러낸다고 하는 사실은 복음의 정체성을 위협하는 것이 아니다. 오히려 그것은 복음을 어떤 특정한 문화에 갇힌 복음으로 이해하는, 복음에 대한 고정적 이해를 불허함으로써, 복음의 정체성을 바르게 묻게 한다. 복음을 하나의 특정한 문화와 결부시키고자 하는 인간의 자의적 노력이 복음을 얼마나 왜곡시킬 수 있는가 하는 좋은 예를 우리는 독일 국가사회주의 하에서의 독일 교회에서 발견할 수 있다. "히틀러와 '독일 기독교인들'이 주도한 복음과 독일-게르만 문화와의 종합은 복음의 왜곡이었으며, 더 나아가 복음에 반(反)하는 것이었음이 대부분의 목회자들과 평신도들에게 명백하게 드러났다."[12]

그러므로 우리가 질문해야 할 바른 내용은 복음에 대한 고정된 정의가 아니라 어떻게 하면 복음의 정체성을 위협하지 않으면서 복음의 자유로운 자기 개시(開示)를 말할 수 있는가 하는 것이다. 그리고 복음의 이러한 자기 개시는 그 어떤 인간학적 기준점도 거부하는 하나님의 주권에 속한 일이며, 언제나 미래의 사건으로 우리에게 열려 있는 종말론적 사건이다. 따라서 복음의 정체성을 묻는 일은 과거에 속한 일이 아니라 언제나 종결되지 않는 미래적 성격을 띤다. 하이데거의 사유를 신학에 적용시킴으로써 복음의 본원적이고, 아직 말해지지 않았고, 구체적인 상황들 속에서의 복음들로 인하여 결코 소진되지 않는 복음의 의미를 진술한 하인리히 오트(Heinrich Ott)의 말은 이러한 의미에서 중대한 의미를 지닌다. 그는 하이데거의 사유가 신학에 이바지하는 것을 다음과 같이 설명한다.

근본적인 사유는 그것이 역운이고 따라서 경험이기 때문에 사유되지 않은 것으로부터 사유하고, 또한 사유되지 않은 것을 향하여 사유한다. 그러므로 예컨대 서양의 형이상학은 '형이상학의 진리'로부터 사유하는데, 이 진리는 그러나 동시에 사유되지 않은 것이다. 이러한 사실과 병행하여 하

---

12 *EMW Informationen Nr. 110: Schritt mit Gott. Das Evangelium und unsere Kultur*, 12.

이데거는 언어와 시에 대한 성찰에서 모든 시인은 근원적으로 자신의 고유한 시를 가지고 있는데, 그 시는 그에게 말해지지 않은 것으로 남아 있는 시이며, 이러한 말해지지 않은 시로부터 그 시인은 말한다. 이와 동일한 의미로 기독교 신학도 말해지지 않은 것—그리스도의 복음—으로부터 말해야 한다. 복음이 말씀인 것은 분명하다. 그러나 복음의 말씀은 그 말씀으로부터 말해진 여러 구체적인 말들 속에서 소진되지 않는다. 복음은 우리에게 언제나 kata(~에 의한)의 형태로 다가온다. 마태에 의한 복음, 마가에 의한 복음, 요한에 의한 복음 등으로 각각의 증인에 의하여 증언된 말들 뒤에(혹은 그 행간에) 언제나 말해지지 않은 말씀의 창조적 능력이 존재한다. 이 말해지지 않은 말씀으로부터 그리고 말해지지 않은 말씀을 향하여 신학은 사유하고 있는 것이다. 이러한 것이 신학적 경험이다.[13]

복음에 대한 이해가 역동적일 수밖에 없는 것처럼 문화에 대한 이해도 마찬가지이다. 더 나아가서 복음과 문화의 관계에 대한 논의는 더욱더 역동적일 수밖에 없다. 이렇게 역동적인 두 주제인 복음과 문화라고 하는 주제를 다룰 때 가장 먼저 제기되어야 하는 물음이 있다. 그것은 복음과 문화라고 하는 주제가 복음과 문화를 서로 별개의 것으로 분리시켜 놓고 연구한 다음에, 그 두 주제를 종합하면 되는 주제인가, 혹은 그 둘을 언제나 통일성 안에서 동시적으로 고찰해야 하는 주제인가 하는 것이다. 이 물음은 혹자는 이렇게, 혹자는 저렇게 하는 식으로 개인의 취향에 따라 취사선택할 수 있는 문제가 아니다. 어떻게 하는 것이 복음과 문화라고 하는 주제에 접근해 가는 바른

---

13 Heinrich Ott, "Four Decades of Theology in the Neighbourhood of Martin Heidegger," *Eglise et Theologie*, 25(1994), Canada, 92.

방식인가 하는 옳고 그름의 문제이다. 그러하기에 이 문제는 엄정한
판단을 요구한다.

이 물음과 연관하여 새로운, 그러나 본질적으로는 동일한 내용인
문제를 제기하고자 한다. 시대와 지역에 따라 항상 새로운 형식을 덧
입는 소위 순수한 복음 그 자체를 우리는 만날 수 있는가? 이미 오트
의 글에서 드러나는 것처럼 복음은 상황에 따른 구체적인 말들 속에
서 소진되지 않는, 아직 완전히 말해지지 않은 말씀이다. 우리는 구체
적인 하나의 말을 복음으로 규정할 수도 없고, 모든 말들을 종합한
것으로 복음을 규정할 수도 없다. 그리고 모든 상황적 요소를 제거한
순수한 복음 그 자체를 상정할 수도 없다. 복음은 그 어떤 순수한
형태가 미리 있고 그 후에 구체적인 상황 속에서 변형된 것이 아니다.
복음은 구체적인 상황 속에서 주어진 것이기에 복음은 구체적인 상
황 속에서만 우리에게 알려진다. 복음은 언제나 문화와 분리되지 않
은 형태로만 우리에게 나타난다. 도식적으로 설명하면 복음과 문화
와의 관계는 핵심과 껍질 같은 것이 아니라 오히려 양파 같은 것으로
보아야 할 것이다.

슈라이터는 전자를 다음과 같이 설명한다. "근원적인 기독교 계시
가 핵심을 형성하고, 그 계시가 일어난 문화적 상황들은 껍질을 이룬
다. 때때로 이 핵심을 끄집어내어 다른 새로운 문화적 상황에 적응시
키기 위해 껍질은 벗겨져야 한다."[14] 일견 그럴듯해 보이는 이러한
사고의 취약점은 이 이론이 하나의 엄연한 사실을 간과하는 데 있는
데, 그것은 기독교의 계시도 그 어떤 문화적 진공 상태에서 일어난

---

14 Robert J. Schreiter, *Abschied von Gott der Europäer: Zur Entwicklung Regionaler Theologie*, 23.

것은 아니라는 사실이다.

누구라도 좀 더 자세히 고찰해보면 성서 안에도 '핵심'과 문화적으로 조건 지어진 '껍질'이 공속하며, 오랜 기간에 걸쳐 서로 영향을 끼쳐왔다는 사실을 발견할 수 있을 것이다. … 더 나아가서 문화적 상황이 복음의 형성에 참여한다. 이것은 복음의 주변적인 것들에만 국한된 이야기가 아니라 그리스도에게 붙여진 칭호의 변천사―사람의 아들, 다윗의 자손, 메시아 내지 그리스도, 하나님의 아들, 주님 등―에서 드러나는 것처럼, 혹은 예수의 십자가 죽음에 관한 신약성경의 상이한 해석들이 가리키듯이 복음의 핵심에 영향을 미치는 것이다.[15]

위의 논의에서 드러나는 것처럼 핵심과 껍질이라고 하는 도식은 복음과 문화와의 관계를 규명하는 데 적합하지 않은 도식이다. 오히려 양파라고 하는 도식이 복음과 문화 둘 사이의 관계를 더 잘 드러내는 것으로 보인다. 이 도식은 복음과 문화가 서로 분리될 수 없는 통일적 관계를 이루고 있다고 하는 견해를 대변한다. 만약 복음이라고 하는 핵심을 찾아내기 위하여 문화라고 하는 껍질을 자꾸 벗겨가다 보면, 종국에는 아무것도 남아 있지 않게 되는 현실이 복음과 문화와의 관계를 적절히 조명해 주는 것처럼 보인다. "복음은 언제나 문화의 영향을 받은 모습으로만 존재한다. 그러므로 복음은 다른 문화와의 만남에서 언제나 새롭게 파악되고 규정되어야 한다."[16]

우리는 결코 문화와 동떨어진 복음을 만날 수 없다. 그러나 이러

---

15 *Ibid.*, 25-26.
16 *EMW Informationen Nr. 110*, 23.

한 사실은 복음에 대한 불가지론일 수 없다. 오히려 복음에 대한 관념적 사고에 대한 경고로 받아들여야 할 것이다. 실제적인 삶의 현장 내지는 구체적인 문화적 콘텍스트와 완전히 분리된 복음은—관념 속에서는 존재할 수 있을지 몰라도— 실제적으로는 존재하지 않는다.

또한 이러한 이해가 복음과 문화의 동일시로 이해되어서도 안 될 것이다. 복음과 문화와의 관계는 서로가 서로에게 영향을 끼치는 상호 공속 관계이지만, 이것이 복음과 문화의 동일시를 의미하는 것은 아니다. 서로 간의 관계를 논한다고 할 때, 그것은 이미 서로 다른 두 실체를 전제한다. 우리가 그 어떤 문화로부터도 독립된 소위 순수한 복음 그 자체를 만날 수는 없다고 할 때, 그것은 복음을 부정하는 말이 아니다. 또한 문화가 복음에 미치는 영향을 이야기한다고 해서 그것을 마치 복음의 문화에 대한 종속성을 이야기하는 것으로 오해해서도 안 된다. 복음과 문화와의 관계는 내용과 형식의 관계 또는 우열의 관계가 아니다. 문화 변혁의 역동적 힘을 가지고 있는 복음과 그 복음의 표현 및 의미 전달의 체계를 가지고 있는 문화와의 관계는 서로가 서로에게 영향을 미칠 수밖에 없는 관계이다. 이 서로 간에 미치는 영향을 애써 부인하여 소위 순수한 복음을 수호하겠다고 하는 태도는 사실은 복음의 수호가 아니라 문화를 변혁시키는 복음의 역동적 힘을 부정하는 태도이다. 오히려 복음과 문화의 상호관계에 대한 엄밀한 신학적 성찰을 통하여 복음은 그 역동적 힘을 드러낼 것이다. 아니 어쩌면 이러한 신학적 성찰 자체가 이미 복음이 스스로를 드러내는 역사일지도 모른다.

지금까지 우리는 복음과 문화에 관하여 고찰해 보았다. 이러한 문제를 고찰할 때, 생략할 수 없는 질문은 도대체 이러한 논의가 무엇을 위한 논의인가 하는 문제 제기이다. 복음과 문화와의 관계를 논하는 것이 단순히 우리의 지적 흥미를 충족시키기 위한 사변적 유희가 아니라면 거기에는 분명한 동기가 있어야 한다. 우리가 상황신학에 대한 논의를 지속적으로 그리고 언제나 새롭게 다시 제기하는 이유는 기독교가 오늘, 언제나 새로운 오늘, 주어진 상황 속에서 존재하는 근본적인 이유와 근거, 즉 그 실천성에 있다. 기독교는 주어진 상황에 답변하는—언제나 지금 이 자리에서 하나님의 응답을 전파하는— 의무를 지닌 종교이다. 그러므로 기독교 신학은 단순한 지적 흥미가 아니라 그 실천성에 궁극적인 학문적 과제가 있다. 주어진 상황에서 하나님의 의를 실천하는 옳은 길은 그 상황에 대한 바른 인식을 필요로 한다. 리처드 니버(Richard Niebuhr)는 사회에 대하여 책임을 져야 하는 존재로서 기독교인을 규정하면서 이에 대한 명쾌한 답을 제공한다. 복음과 문화와의 관계를 체계적으로 수행한 신학자로 꼽히는 니버는 기독교 신앙과 콘텍스트 사이에서의 인식의 문제를 해명하는 가운데 이 질문에 대한 답변을 시사한다. "신앙 안에서 결단한다고 하는 것은 주어진 상황을 인식하는 가운데 결단함을 의미한다. 기독교인으로서 주어진 상황을 가능한 한 가장 잘 이해하는 것은 그가 그 상황 안에서 행하는 의무만큼이나 중요한 의무이다."[17] 그가 이렇게 신앙과 상황 인식과의 밀접한 관계를 강조하는 것은 기독교인은 사회에 대하여 책임을 지는 존재이어야 한다는 인식에 기인한다. 이러한 인식에 근거하여 그는 키에르케고르(S. Kierkegaard)의 개인적 실존주의를 비판한다.

---

17 H. Richard Niebuhr, *Christ and Culture*, New York, Hagerstown, San Francisco, London, 1951, 234.

우리의 신앙적 결단은 개인적일 수밖에 없다. 그것은 사실이다: 그 결단은 그러나 결코 개인주의적인 것일 수는 없다. … 우리는 같이 연루되어 있어서 개개의 '나'는 우리의 구원 혹은 멸망에서 자신의 운명에 직면한다. … 그것(키에르케고르의 실존주의)은 개인의 책임성을 고집하기 때문이 아니라 한 자아가 다른 자아를 향하여, 또 그를 위하여 가져야 할 책임성을 무시하기 때문에 사회적 문제를 외면한다.[18]

니버가 강조하는 기독교인의 사회에 대한 책임이 복음과 문화 내지 상황이라고 하는 주제를 논의하는 근본 동기이다. 그리고 언제나 그래야 한다. 복음과 문화 내지 상황을 논의하는 것은 단순한 사변일 수 없다. 오히려 그것은 복음의 바른 전파를 위하여 노력해야 하는 그리고 복음에 적중된 자로서 그가 사는 사회와 문화에 책임을 져야 하는 참 기독교인의 실존적 질문이다.

지금까지 논의된 상황신학 이해에 비추어볼 때, 오늘날 상황에 대한 이해는 신학이 제 역할을 바르게 수행하기 위한 선결 조건이다. 그런데 예전의 논의에서 상황신학이 직면했던 상황과 오늘날 신학이 직면하는 상황에는 근본적인 차이가 있다. 예전의 상황신학이 직면했던 상황은 개개의 신학이 생성, 발전된 한 국가나 문화권에 국한되어 있었다. 물론 이 경우에도 다른 국가나 문화권의 영향이 없었던 것은 아니나, 그 영향력은 제한적이어서 상황신학의 일차적 관심은 자국의 문화권에 집중되어 있었다. 전 지구적인 상황은 이러한 자국 문화권의 상황을 설명하기 위한 배경 역할을 할 뿐이었다. 그러나 오

---

18 *Ibid.*, 242-244.

늘날 신학이 직면하는 상황은 신자유주의 세계화이다. 그런데 신자유주의가 추동하는 세계화의 현실은 이미 전 지구촌을 점령했으며, 오늘날 그 어느 나라도, 그 어느 문화권도 이 신자유주의의 폭거에서 자유롭지 못하다. 다시 말해서 신학이 직면해야 하는 상황 자체가 변했다는 말이다. 한 나라나 한 문화권의 문제가 예전과는 비교할 수 없는 정도와 규모로 신자유주의 세계화의 문제에 기인하고 있고, 그러한 본질적인 뿌리의 문제가 해명되지 않는 한, 지역의 문제 또한 해명과 해결이 불가능한 것이 오늘날 신학이 직면한 신자유주의의 현실이다. 이 문제를 철저히 규명하고자 하는 의도가 본서를 집필하게 된 근본 동기이다.

2. 기독교 신학의 상황성과 보편성 — 해석학적 논의

지금까지 우리는 상황신학의 의미를 규정해 보았고, 그 중심 주제로서 복음과 문화를 논의했으며, 이러한 논의의 근본 동기가 무엇인지 검토해 보았다. 그 결과로서 우리는 상황신학이라고 하는 신학적 주제가 오늘날에 필요불가결한 주제임을 확인하였다. 또한 우리는 상황신학의 중심 주제를 형성하는 복음과 문화 내지 상황과의 관계에 대한 논의가 깊은 성찰을 요청하는 심각한 주제임을 실감하였다. 그뿐만 아니라 이러한 모든 논의를 가능하게 하는 근본 동인이 기독교인의 사회에 대한 책임 의식임을 자각할 수 있었다.

이제는 상황신학에서 제기될 수 있는 물음으로서 기독교 신학의 상황성과 보편성을 검토해 보고자 한다. 상황신학이라는 용어를 들으면—용어에 대한 선입견 때문일지는 몰라도— 그것이 기독교 신학의 보편적 지평을 상실하게 하는 것은 아닌가 하는 의혹을 떠올리는 사람들이 있다. 이러한 오해를 불식하기 위하여 이해의 보편적 지평을 지향하는 해석학적 논의와 함께 이 문제를 검토해보고자 한다.

상황신학에서 중요한 의미를 지니는 요소는 각각 주어진 상황에 대한 바른 인식이다. 그러나 그렇다고 해서 텍스트로서의 성경이 등한시되는 것은 아니다. 텍스트로서의 성경과 오늘날의 콘텍스트와의 문제는 사실상 성서 해석에서 가장 중요한 과제 중의 하나이다. 발덴펠스는 텍스트와 콘텍스트에 대한 오늘날의 논의가 성서 해석학에서 비롯된 것이라고 말한다. "성서의 이해 문제는 우선적으로 성서가 씌어진 그 초대교회의 '삶의 자리'(Sitz im Leben)와의 관련하에서, 그다음은 성서의 바른 이해를 위해 노력하는 오늘날의 '삶의 자리들'(Sitze im Leben)과 연관된 가운데에서 전면에 드러나게 된다."[19]

상황성의 문제와 관련하여 해석학의 주제를 탁월하게 설명하는 신학자로 하인리히 오트(Heinrich Ott)를 들 수 있다. 그는 해석학을 아주 넓고 깊게 이해한다. 오트에 의하면 해석학은 생소한 지평에 대한 수용을 전제한다. 이러한 수용은 '문화제국주의'와 반대되는 성질을 가지는 '상호 제한이라는 해석학적 자의식'으로 일어난다.[20] 오트는 특별히 상황성과 관련하여 성서 주석을 이야기한다. 그에 의하면 성서 주석이란 "성서와의 대화이며, 성서의 전승과 오늘날 상황이라고 하는 두 요소를 통하여 그리고 그 안에서 우리에게 말씀하시는 하나님과의 대화이다."[21] 성서의 말씀 외에 또 다른 두 번째의 하나님

---

19 H. Waldenfels, "Kontextuelle Theologie," *Lexikon Missionstheologischer Grundbegriff*, 224.
20 Heinrich Ott, *Apologetik des Glaubens: Grundprobleme einer dialogischen Fundamentaltheologie*, Darmstadt, 1994, 163.

말씀을 추구해서는 안 된다는 점은 그에게 분명하다. 그러나 동시에 그는 경고한다. "성서의 말씀은 우리에게 하나님의 말씀이 될 수 없다. 만약 우리가 그 말씀을 우리의 고유한 실존과 경험에 관련 없이 주석한다면."[22]

상황신학에서 가장 큰 위험 요소로 등장하는 것은 상황성에 빠져서 기독교 신학의 보편적 차원이 가리어지는 것이다. 이 문제를 해결하기 위해서 상황신학은 해석학적 성찰을 필요로 한다. 왜냐하면 해석학은—오트가 설명하듯이— 생소한 지평의 수용을 전제로 하기 때문이다. 이 생소한 지평의 수용이라는 자세는 상황신학으로 하여금 다른 문화들 및 다른 상황신학들과의 대화의 지평을 열어놓음으로써 복음의 보편성을 견지할 수 있게 해 준다. 세계교회협의회(WCC)의 공식 문헌이 이 점을 분명히 해 준다. "보편성은 변화에 대한 개방적 자세와 문화 간의 교류에서 성장할 수 있다. 보편성은 또한 자신의 문화의 독특한 풍성함에 대한 인식이 증가함에 따라 깊어가는 개별성을 통하여 성장한다."[23]

참다운 보편성은 결코 상황성을 배척하지 않고, 오히려 각자의 상황성을 북돋운다. 왜냐하면 참다운 보편성은 스스로를 폐쇄시키지 않고 다양함으로 인하여 그 풍성함을 더하는 보편성이기 때문이다. 참다운 상황성은 다른 상황성 및 보편성에로 열려 있는 싱황성이다. 왜냐하면 진실로 자기의 상황을 인식하고 그에 대한 깊은 성찰을 할 수 있다는 사실은 이미 남의 문화적 유산의 독특성과 풍성함에 대하

---

21 *Ibid.*, 178.

22 *Ibid.*

23 David M. Paton, ed., *Breaking Barriers*, Nairobi, 1975, 193.

여도 긍정적인 가치 평가를 내릴 수 있는 덕목을 전제하기 때문이다. 상호 보완, 상호 조명, 이해 지평의 확대 및 심화 등은 상황신학이 견지해야 할 가장 중요한 덕목이다. 이제 이러한 덕목이 가능하게 전 개될 수 있는 상황신학의 해석학적 지평을 이야기해 보자. 그러기 위해서 먼저 우리에게 '지평 융합'(Horizontverschmelzung) 또는 '영향 사'(Wirkungsgeschichte) 등의 용어의 창시자로 유명한 가다머(Hans-Georg Gadamer)의 해석학의 요체를 살펴보고자 한다. 나는 그가 고대의 문 헌이 오늘날 우리에게 어떻게 해석, 가능하게 다가오는가 하는 질문 에 대해 긍정적이고 적극적인 하나의 모티브를 착안해 낸 점을 그의 가장 탁월한 공적으로 평가한다.

> 이제 시간은 더 이상, 서로를 분리시키고 떨어뜨려 놓는다는 이유로 해서 극복되어야 할 심연이 아니다. 오히려 사실상 시간은 현재의 사실들이 근 거하는 사건들을 실어 나르는 근원이다. 따라서 시간의 편린들은 극복되 어야만 하는 그 어떤 것이 아니다. … 중요한 것은 시간적 격차를, 이해를 위한 긍정적이고 창조적인 가능성으로 받아들이는 것이다. 시간적 격차 는 갈라진 심연이 아니라 근원과 전통의 연속성으로 꽉 차 있는데, 그 빛 안에서 모든 전승들이 스스로를 우리에게 드러내어 준다.[24]

가다머의 해석학에서 탁월하게 드러나는 점은 여타의 해석학에서 극복해야 할 가장 큰 장애로 여기는 시간적 격차를, 오히려 이해를 돕는, 아니 이해 자체를 가능하게 만드는 가장 핵심적인 요소로 자리

---

24 Hans-Georg Gadamer, *Gesammelte Werke Bd. 1. Hermeneutik 1: Wahrheit und Methode, Grundzüge einer philosophischen Hermeneutik*, 5. Aufl., Tübingen, 1986, 302.

매김했다는 데에 있다. 그러나 우리가 상황신학을 고찰할 때, 일차적으로 문제가 되는 것은 시간적 격차라기보다는 공간적 격차다. 이 공간적 격차는 언어적 격차, 문화적 격차, 정신적 격차, 종교적 격차, 사고방식의 차이 등으로 드러난다. 그리고 이러한 차이는 같은 문화권 내에서 시대가 다름으로 말미암아 생기는 격차 내지는 이질성보다 더 극복하기 어려운 차이로 여겨진다.

나의 물음은 다음과 같은 것이다. 가다머가 시간적 격차를 오히려 텍스트 이해를 위한 긍정적인 요소로 평가했듯이 공간적 격차 또한 긍정적 요소로 평가될 수는 없는 것일까? 가다머가 시간적 격차를 긍정적 요소로 평가할 수 있었던 근거는 그 시간적 격차가 빈 공간이 아니라 본문의 전승과 해석의 역사로 꽉 차 있는 살아 있는 대화의 연속적 공간이라는 점에 있다. 그런데 상황신학을 이야기할 때, 본질적으로 전제될 수밖에 없는 공간적 격차는 본문의 전승으로도 그 해석의 역사로도 꽉 차 있는 공간이 아니다. 그렇다면 우리는 무엇에 근거해서 이 공간적 격차를 극복 내지 긍정적으로 재조명할 것인가? 여기서 우리의 논의는 다문화 사회에 직면한 기독교 신학의 해석학적 논의로 발전하게 된다.

3. 다문화 사회에 직면한 기독교 신학의 새로운 해석학적 논의

오늘날 우리는 여러 문화가 서로 중첩되고 공유되는 세상에서 살아가고 있다. 세계화로 특징지어지는 오늘날의 정치, 경제, 문화 현상은 말할 것도 없거니와, 인터넷의 발달로 인한 정제되지 않은 문화 간 접촉은—너무 과다한 문화 정보 유입으로 인하여 오히려— 우리가 현재 살고 있는 세상을 자기 정체성을 상실한 문화의 시대로 몰아가고 있다. 문화적 풍요 속의 빈곤이 오늘날의 문화 현상을 진단하는 적절한 표현인 듯하다. 이러한 문화 과다와 문화 부재의 양면성을 띠고 있는 오늘의 상황을 기독교 신학과 선교는 어떻게 수용할 것인가?

기독교 선교는 애초부터 문화 간 접촉을 전제한다. 예수 그리스도의 파송 명령 "그러므로 너희는 가서 모든 민족을 제자로 삼아 아버지와 아들과 성령의 이름으로 세례를 베풀고"(마 28:19)에서 드러나는 것처럼 기독교 선교는 모든 민족에게로 향한다. 이러한 모든 민족에게로 향하는 기독교 선교는 사도행전에서 구체적으로 확인된다. "오직 성령이 너희에게 임하시면 너희가 권능을 받고 예루살렘과 온 유대와 사마리아와 땅끝까지 이르러 내 증인이 되리라"(행 1:8).

공간적 이동과 시간적 격차를 통하여(온 유대와 사마리아와 땅 끝까지 이르러) 타민족과 타문화를 접했던 시기의 기독교 선교와 공간적 이동이 없어도 이미 동시다발적으로 타문화와의 접촉이 만연한 오늘날의 기독교 선교 간에는 어떠한 연속성이 있을까? 우리는 예수 그리스도의 증인됨을 예전처럼 단순히 복음을 전달하는 메신저의 기능으로 축소시킬 수 있을까? 아니 이런 방식으로 과연 예수 그리스도의 증인이 될 수는 있는 것일까?

나는 상기한 문제에 대한 답변을 신학적 해석학에서 찾으려고 한다. 그런데 텍스트 해석 내지는 이해, 혹은 저자 이해에 집중하는 해석학이 문화 간 만남에 어떤 의미를 가질 수 있으며, 문화 간 선교의 문제에 있어서 어떤 답변을 줄 수 있다는 것인가? 신학적 해석학의 의미를 좀 더 확장시켜서 텍스트를 통한 독자 실존의 이해 혹은 독자가 처한 상황에 대한 이해에 집중한다면, 그래도 다문화 선교를 위한 기초 설정에는 도움이 될 것이다. 그러나 이것도 오늘날 집적된 문화 만남의 홍수,—동시에 자기 문화 정체성 상실— 앞에서는 충분한 의미 설정이 되지 못한다고 보인다.

오늘날 문화 간의 만남이라는 화두가 예전 시대와는 전혀 다른 패러다임을 전제한다면, 해석학이라는 학문의 내용 설정도 새로운 패러다임을 요청한다. 전통적인 해석학적 논구가 동일한 문화권 내에서의 시간적 격차에 집중했다면, 이제 새로운 해석학적 논의는 다양하고 동시다발적으로 혼재하는 문화 간의 만남을 전제하는 해석학적 논의로 탈바꿈되어야 한다. 전통적인 해석학적 논의가 저자 - 텍스트 - 독자로 이어지는 직선적인 구조와 관련되어서 능동적인 저자와 수동적인 독자와의 교감에 초점을 맞추었다면, 이제 새로운 해석학적 논의는 저자와 독자가 동시에 텍스트 형성에 참여하고 상호 이해에 동참하여 공감하는 상호 조명의 해석학이 되어야 한다. 전통적인 해석학에서 강조되었던 텍스트와 콘텍스트의 이분법적 구조조차도 다시 고찰되어야 하며, 확장된 의미로서의 텍스트, 텍스트화된 콘텍스트, 더 나아가 새로운 텍스트 형성까지도 논의되어야 한다.

1) 기존의 해석학적 입장에 대한 비판적 고찰

독일의 선교 신학자 테오 순더마이어(Theo Sudermeier)는 지금까지의 기독교 선교에서 일방적인 의사소통만이 강조되어 왔음을 비판한다.

선교학에서 중요한 주제는 단지 '의사소통'의 문제였다. 무엇이 선포되어야 하는지에 대해서는 아무런 의문이 있을 수 없었다. 선포의 내용은 이미 잘 알고 있기 때문에 문제는 다만 신앙의 공탁물(depositum fidei)을 얼마나 효과적으로 의미 있게 비그리스도교인들에게 선포할 수 있느냐는 것이었다. 이미 개신교 선교 초기부터 번역과 접촉의 형식, 호교론 그리고 어떻게 하면 다른 종교를 낮게 평가하고 거짓 종교로 입증할 수 있느냐는 문제가 중요하게 다루어졌다.[25]

그러나 그에 의하면 이러한 의사소통 자체가 이미 해석학적 과정을 전제한다. "의사소통이란 발신자와 수신자 사이에서 일어나는 일방적인 사건이 아니어서 전하는 내용 자체가 하나의 문화적 상황에서 다른 문화적 상황에의 변화를 야기하는 수신자 1과 수신자 2의 전달 과정에서나 혹은 전달 수단 자체, 즉 발신자가 동시에 수신자이기도 한 '연결 통로'에 의하여 변화된다."[26]

선교신학에 있어서 순더마이어의 새로운 인식은 우리의 주의를 불러일으킨다. 복음의 증인이 된다는 것은 우편물 집배원이 속달 편지를 배달하듯이 하나의 소식을 전달하는 것이 아니라 그 소식을 받아들이는 사람과 맺는 사랑의 관계까지 의미한다. 이러기 위해서는 전달되어야 할 텍스트 이해뿐 아니라 그 소식을 받아들이며 동시에 그 소식의 일부가 되는 수신자에 대한 이해까지도 전제되어야 한다.

---

25 테오 순더마이어 지음/채수일 엮어 옮김, 『선교신학의 유형과 과제』(서울: 대한기독교서회, 1999), 151.

26 Theo Sundermeier, *Konvivenz und Differenz. Studien zu einer verstehenden Missionswissenschaft*, hg. von Volker Küster, Erlangen: Verlag der Ev.-Luth. Mission, 1995, 89.

"그리하여 해석학은 의사소통에 선행하며, 그것을 대치하지는 않는다고 할지라도 동반하기는 해야 한다."[27]

오늘날 선교신학에 있어서 해석학적 과제를 이야기하는 순더마이어에게 있어서 그 해석학은 전통적인 서구 해석학을 가리키는 것이 아니다. 오히려 그는 서구 해석학의 자기중심적 경향을 비판한다. "그러나 무엇을 이해한단 말인가? 서구의 해석학이, 특히 실존주의적 해석학에서는 언제나 나 자신의 이해와 관련되어 있다는 것은 주목할 만하다. 다른 인간, 낯선 텍스트의 이해가 아니라 나 자신에 대한 새로운 이해, 텍스트와의 만남에서 출발하는 나 자신에 대한 새로운 이해와 서구의 해석학은 관계되어 있다."[28]

서구 해석학에 대한 순더마이어의 이러한 비판은 이미 서구의 인식론적 전통에 뿌리 깊은 것이다. 몰트만은 동일한 것은 오직 동일한 것에 의하여 인식된다는 아리스토텔레스의 원리에 근거한 서구의 인식론적 동일성의 명제를 비판한다. "이러한 인식론적 동일성의 명제가 엄격하게 이해될 경우, '다른 것'과 '낯선 것'은 인식될 수 없다."[29] 서구의 이러한 인식론적 기초는 서구 사회를 자기중심적이고 폐쇄적인 사회로 만든다. 왜냐하면 이 인식의 원리와 결합의 원리를 다른 사람들에게 적용할 때, 우리는 다른 사람 속에서 단지 나에게 상응하는 것만을 인식하며 나와 다른 것, 낯선 것을 인식하지 못하기 때문이다.[30] 이러한 원리는 하나님 인식에도 동일하게 적용된다. "동일성의

---

27 *Ibid.*, 90.
28 테오 순더마이어 지음/채수일 엮어 옮김, 『선교신학의 유형과 과제』, 157.
29 위르겐 몰트만 지음/김균진 옮김, 『신학의 방법과 형식 — 나의 신학 여정』(서울: 대한기독교서회, 2001), 167.
30 앞의 책, 169 참조.

기본 명제를 하나님 인식에 적용할 경우, 인식하는 인간의 신격화 (Vergottung)가 일어나거나 하나님의 인간화(Vermenschlichung)가 일어난다. 우리 위에 있는 신적인 것을 우리는 오직 우리 안에 있는 신적인 것을 가지고 인식할 수 있다."[31]

이러한 서구 전통적 인식론에 반하여 몰트만은 "다른 것은 오직 다른 것에 의하여 인식된다"는 고대 그리스 철학의 명제에 의지하여 변증법적 인식을 내세운다. "우리는 그의 낯섦과 이질성 혹은 새로움을 그것과 상응하지 않는 우리 안에 있는 것을 통하여 비로소 인식한다. 그것과 모순되는 우리 안에 있는 것을 가지고 우리는 다른 것을 인식한다. 일치를 통해서가 아니라 불일치를 통하여 우리는 깨어나며 새로운 것에 대하여 민감하게 된다."[32]

문화 간의 만남을 이야기할 때, 서구의 전통적 해석학은 아무런 도움이 되지 못한다는 것은 순더마이어의 기본 전제이다. 그렇다면 우리는 문화 상호 간의 대화를 위하여 어떤 해석학적 입장을 가져야 하는 것인가? 그에 의하면 다른 문화권에 있는 사람과의 만남에서 중요한 것은 바로 그의 타자성이다. "이해는 낯선 사람, 타인을 견디는 데서 발생하든지 아니면 이해는 전혀 시작되지 않는다."[33] 이러한 해석학은 더 많이 알려는 지식욕이나 이국적인 것에 대한 관심에서 유도되지 않는다. "함께 사는 삶에 대한 경험이 해석학의 기초다. … 타자성에서 나는 무엇이 현존재이고 무엇이 삶이고 자유인지를 경험한다."[34]

---

31 앞의 책, 169.
32 앞의 책, 189-190.
33 테오 순더마이어 지음/채수일 엮어 옮김, 『선교신학의 유형과 과제』, 158.

순더마이어와 몰트만의 탁월한 비판적 인식론과 비판적 해석학은 오늘날 다문화 상황에 직면한 기독교 신학과 해석학적 성찰에 하나의 지침을 제공한다. 이들의 비판적 입장을 수용하면서 좀 더 발전적인 대안을 마련하고자 하는 것이 본 장의 목적이다.

2) 동일한 문화권 내에서의 시간적 격차를 극복하기 위한 해석학 vs. 다양한 문화 간의 호혜적 상호 이해

동일한 문화권 내에서 텍스트 혹은 저자와 독자와의 해석학적 연관을 가장 탁월하게 설명해 준 학자는 가다머로 평가된다. 이미 '지평융합'(Horizontverschmelzung) 또는 '영향사'(Wirkungsgeschichte) 등의 해석학적 중심 공식으로 유명한 가다머의 해석학적인 공헌은 흔히 텍스트나 저자의 이해에 장애 요소로 이야기하는 시간의 격차를, 오히려 이해를 돕는, 아니 이해 자체를 가능하게 만드는 핵심적 요소로 자리매김했다는 점에 있다.

가다머의 이러한 통찰이 신학적 해석학의 분야에서도 지대한 공헌을 한 것은 사실이지만, 이 또한 앞에서 논의한 바 있는 인식론적 동일성에 근거한 서구 해석학의 한계를 벗어나지 못한다. 무엇보다도 여러 다양한 문화가 서로 영향을 끼치며 공존하고 있는 오늘날 지구촌 시대에 있어서 동일한 문화권이라는 전제 자체가 하나의 허구일 수 있다. 더욱이 문화 상호 간의 교류를 전제한 기독교 선교를 생각할 때 복잡한 요소들을 제거하고 단순화시키는 해석학적 논의는

---

34 앞의 책, 161.

자칫 환원주의에로 귀착될 수 있다.

그렇다면 대안은 무엇인가? 서로 이질적인 문화 상호 간의 만남에 있어서 몰트만이나 순더마이어가 강조하듯이 서로 다름에 대한 존중과 수용이 매우 귀중한 덕목임에는 분명하지만, 구체적으로 그것이 어떻게 서로 간에 이해를 가능하게 하는가? 다양한 문화 간의 상호 이해라고 하는 명제 자체는 아름다운 명제이지만 실제로 그것이 가능한가? 이 문제에 답변하기 위해서는 문화에 대한 새로운 이해 지평이 필요하다.

두 문화 혹은 여러 문화가 상이하다고 할 때, 그것은 서로 다른 색깔을 가지고 있는 문화로 비유할 수 있다. 예를 들어 주황색 문화와 녹색 문화를 상정해 보자. 흔히 이 두 문화는 서로 다른 색깔을 가지고 있는 문화로만 이해한다. 그러나 주황색을 이루는 빨강과 노랑 그리고 녹색을 이루는 파랑과 노랑을 생각해 보자. 우리는 이 색깔들이 완전히 혼합되어 원래의 빨강, 노랑, 파랑은 상실한 것으로 이해한다. 그러나 한 문화를 이루는 각각의 요소들을 생각할 때, 그 요소들은 자신의 색깔을 상실하고 다른 색으로 변모한 것이 아니라 서로 근접하여 있어서—마치 점묘파 화가들의 그림에서처럼— 일정한 거리에서 보면 서로 혼합된 색으로 보이는 것으로 상정할 수 있다. 실제로 한 문화를 이루는 각각의 요소들은 그 문화 전체의 색깔로 해소되어 버리지 않는다. 그리하여 외부에서 볼 때는 혼합된 색으로 스스로를 드러내는 문화도 그 내부에서 볼 때는 서로 다른 색깔들이 공존하고 있는 양상을 띤다. 문화를 이렇게 이해할 때, 우리는 문화 상호 이해를 위한 두 가지 시사점을 발견하게 된다.

첫째, 하나의 문화를 보는 관점은 크게 두 가지로 대별된다. 안에서부터의 관점과 밖으로부터의 관점이 그것이다. 문제는 이 두 가지 관점은 서로 상이한 문화 이해를 불러일으키며, 그 어느 것 하나도 자체로서 완전하지는 않다는 점이다. 우리가 하나의 문화를—그것이 내가 속한 문화이든 다른 문화이든지 간에— 이해하려면 이 두 가지 관점 간의 상호 보완 내지는 협력이 필요하다. 내가 가진 인식 및 이해의 한계는 나와 다른 관점을 가진 사람에 의해서만 수정, 보완될 수 있다. 내가 속한 문화에 대한 이해는 그 문화에 속하지 않은 사람의 이해에 맞닥뜨림으로써만 새로운 의미 지평을 획득하며, 내 스스로의 닫힌 한계에서 벗어나게 된다. 이러한 점에서 문화 상호 간의 만남과 상호 이해를 위한 노력은 그 자체로서 올바른 문화 이해를 위한 초석이 된다.

둘째, 서로 다른 문화 간의 만남을 단지 이질적인 두 문화의 만남이라고 이해할 때는 불가능했던 상호 이해의 기준점이 점묘적 요소의 복합체로 문화를 이해할 때는 분명하게 된다. 각각의 문화 속에서 서로 다른 요소들에 의하여 영향을 받기는 하지만, 그럼에도 불구하고 문화 간에는 서로가 공유하고 있는 색깔들이 있다. 다시 한번 비유로 돌아가면 파랑의 요소와 함께하는 노랑과 빨강의 요소와 함께하는 노랑은—각 문화권 내에서의 역동적인 상호작용의 결과로 인하여 — 서로 이질적인 면도 지니고는 있으나, 그럼에도 불구하고 노랑이라는 요소를 공유한다. 이 공통분모는 문화 간 상호 이해의 근거가 된다. 이러한 공통 기반으로부터 출발하여 나와 너의 문화를 상호 교류하며 이해하는 것은 각각 자기 문화에 대한 이해 및 상대방 문화 이해에 깊이를 더하게 된다. 이러한 상호 이해의 과정이야말로 오늘날 동시다발적인 다문화 만남의 현실에서 빛을 발할 수 있는 해석학적 과정으로 여겨진다. 더욱이 내 문화 속에 있는 노랑(빨강과 함께 있어 주황색을 형성하는 노랑)과 다른 문화 속에 있는 노랑(파랑과 함께 있어 녹색을 형성하는 노랑)을 비교, 검토함으로써 내 문화 속에서 단편적으로 일면만 드러났던 노랑의 성격을 더 다면적으로 좀 더 온전히 알 수 있게 된다.

3) 텍스트와 콘텍스트 vs. 콘텍스트를 포괄하는 통전적 텍스트

전통적 해석학에서는 텍스트와 콘텍스트와의 관계가 —그것이 저자의 콘텍스트에 집중하거나 독자의 콘텍스트에 집중하거나 하는 차이는 있을지 몰라도— 그 중심 테마를 이룬다. 그러나 여러 문화의 만남을 전제하는 상호 문화 해석학적인 접근에 있어서 이러한 고전적인 접근은 자칫 구체적 상황에서 벗어난 공허한 논의가 되기 쉽다. 왜냐하면 동일한 텍스트라 할지라도 서로 다른 문화라는 콘텍스트에 접하게 되면 다른 텍스트로 등장하게 될 수 있기 때문이다. 텍스트-콘텍스트 도식조차도 이미 그 안에 동일한 문화권 안에서의 연관 관계라고 하는 전제를 가지고 있기 때문이다. 그러나 가장 단순한 예로 하나의 텍스트가 한 언어에서 다른 언어로 번역될 때, 이미 그 번역된 텍스트 언어는 번역되기 전의 언어 텍스트와는 사뭇 다른 의미 지평을 가지게 된다. 흔히 하는 말로 번역(Übersetzung)은 옮겨놓음(Über-setzung)을 뜻한다. 이 옮겨놓음은 번역이 단순히 기술적인 언어 대치가 아니라 서로 다른 문화권의 통전적인 이해를 교환한다는 의미를 함축하고 있다.

이 점에 있어서 텍스트로서의 성서를 콘텍스트를 포괄하는 해석학적 상황화의 산물로 이해하는 세베리노 크로아토의 논의는 의미심장하다.

> 사실상 보편적인 언어는 없다. 성경조차도 시대와 문화를 넘어서서 기록되지 않았다. 성경은 히브리 민족에 의하여 히브리 민족을 위하여 기록되었다. 오직 깊은 영향을 끼친 새로운 해석에 의하여 성경은—제한된 지리적 영역에서— 초대 기독교인들의 책이 되었다. 즉, 성경의 사신은 강력한 정도로 상황화되었다. 그리하여 성경이 다른 역사적 상황에서 이해되기 바란다면, 그것은 '재상황화'(re-kontextualisiert)되어야 한다.[35]

상황화-재상황화로 표현되는 크로아토에 의한 성경에 대한 해석학적 과제는 오늘날 다문화 상황에서의 기독교 해석학에 새로운 빛을 비추어 준다. 텍스트를 상황에 맞게 해석하고 이해하는 데에 초점을 맞춘 종래의 해석학적 논의는 문화 간 이해에 있어서 태생적 한계를 지니고 있다. 이미 앞에서도 논의된 내용이지만 우리는 결코 문화와 동떨어진 복음을 만날 수 없다. 실제적인 삶의 현장 내지는 구체적인 문화적 콘텍스트와 분리된 복음은 실제 존재하지 않는다.

동일한 방식으로 문화적, 언어적 콘텍스트와 분리된 텍스트는 존재하지 않는다. 우리는 소위 순수한 텍스트를 접할 수 없다. 텍스트와 콘텍스트는 이미 서로 분리할 수 없게 연합된 하나의 실체이다. 그리하여 문화 간 이해에 있어서 필요한 해석학적 원칙은 콘텍스트를 포괄하는 통전적 텍스트를 수용하는 일이다. 이러한 상호 수용을 통한

---

35 J. Severino Croatto, *Die Bibel gehört den Armen: Perspektiven einer befreiungstheologischen Hermeneutik*, Chr. Kaiser Verlag München, 1989, 92.

상호 이해의 태도만이 오늘날 다문화 선교를 지향하는 기독교 해석학의 새로운 가능성을 열어 준다.

4) 텍스트의 수동적 이해 vs. 텍스트의 능동적 이해 내지 텍스트 생성

기존의 해석학적 논의에 있어서 주제어 중의 하나는 이해였다. 그것이 본문의 이해이든, 실존의 자기 이해이든, 혹은 저자의 세계와 독자의 세계와의 지평 융합이든 그 모든 해석학적 과정의 중심에는 '이해'가 있다. 그러나 앞에서 논의된 것처럼 텍스트가 우리에게 그저 주어져서 우리의 수동적인 이해만을 촉구하는 것이 아니라 이미 텍스트 자체가 콘텍스트를 포괄하는 통전적 작품이라면, 우리는 텍스트를 해석하는 자로서 동시에 텍스트를 생성하는 자가 된다. 나는 이를 텍스트에 대한 능동적 이해로 칭하고자 한다. 이것은 우리가 수용하고 수용하지 않고의 문제가 아니다. 그 누구든 텍스트를 자신의 방식으로 이해하는 과정을 통하여 텍스트 생성에 참여하게 된다.

텍스트를 능동적으로 이해한다는 이러한 원칙에 충실하고자 할 경우 우리가 텍스트를 접하는 자세는 훨씬 더 조심스러울 수밖에 없다. 내가 속한 상황에서 이해되는 텍스트는 내가 속한 상황과 함께 다른 상황의 독자에게 텍스트로 등장하게 되는 것이다. 이러한 텍스트 이해는 특별히 독자의 삶의 자세 및 실천의 문제와 결부되어 있다. 이해는 삶의 실천을 전제하고, 역으로 삶의 실천은 텍스트에 대한 새로운 이해를 낳는다. 그리고 이러한 삶의 실천은 그 실천을 야기한 텍스트의 성격을 규정한다. 이렇게 규정된 텍스트가 콘텍스트를 포괄하는 통전적 텍스트로서 타인에게 이해된다.

텍스트에 대한 이러한 해석학적 요청은 사실상 기독교 신앙과 신학 전반의 문제이다. "신학의 필수 불가결한 과제는 우리의 상황 안에서 복음이 어떠한 구체적인 방법으로 인간의 삶을 개혁하고 변화시키는지 묻는 것이다."[36] 이러한 명제와 함께 미글리오리는 신학과 윤리가 서로 연관되어야 함을 역설한다. 미글리오리의 신학적 성찰은 복음과 인간 삶의 변화를 서로 분리될 수 없는 한 주제로 보는 입장을 대변하며, 이것이 여기서 역설하고자 하는 텍스트의 능동적 이해에 상응한다.

---

36 다니엘 L. 미글리오리 지음/이정배 옮김, 『조직신학입문』(서울: 도서출판 나단, 1994), 36.

4장
신자유주의와 상황신학의 새로운 패러다임

1. 상황신학의 주제로서의 신자유주의

위에서 논의된 상황신학 이해에 비추어볼 때, 오늘날 상황에 대한 이해는 신학이 제 역할을 바르게 수행하기 위한 선결 조건이다. 그런데 예전의 논의에서 상황신학이 직면했던 상황과 오늘날 신학이 직면하는 상황에는 근본적인 차이가 있다. 예전의 상황신학이 직면했던 상황은 개개의 신학이 생성, 발전된 한 국가나 문화권에 국한되어 있었다. 물론 이 경우에도 다른 국가나 문화권의 영향이 없었던 것은 아니나, 그 영향력은 제한적이어서 상황신학의 일차적 관심은 자국의 문화권에 집중되어 있었다. 전 지구적인 상황은 이러한 자국 문화권의 상황을 설명하기 위한 배경 역할을 할 뿐이었다.

이미 밝혀진 것처럼 오늘날 신학이 직면하는 상황은 신자유주의 세계화이다. 그런데 신자유주의가 추동하는 세계화의 현실은 이미 전 지구촌을 점령했으며, 오늘날 그 어느 나라도, 그 어느 문화권도 이 신자유주의의 폭거에서 자유롭지 못하다. 다시 말해서 신학이 직면해야 하는 상황 자체가 변했다는 말이다. 한 나라나 한 문화권의 문제가 예전과는 비교할 수 없는 정도와 규모로 신자유주의 세계화의 문제에 기인하고 있고, 그러한 본질적인 뿌리의 문제가 해명되지 않는 한, 지역의 문제 또한 해명과 해결이 불가능한 것이 오늘날 신학이 직면한 신자유주의의 현실이다. 그런데 신자유주의가 만들어 낸 작금의 현실은 그 현실 이면을 꿰뚫어 보는 예리한 눈을 가지지 않은 사람들에게는 그저 주어진 현실로 무비판적으로 받아들이거나, 신자유주의가 주장하는 내용들을 가장 효율적인 진실로 받아들이는 과정을 통하여 전 지구적으로 받아들여진 현실이다. 이러한 현실을 명백히 밝히기 위하여 1부 2장에서 '신자유주의에 관한 허상과 진실'이라는 내용을 다루었다. 이어서 '신자유주의의 형성', '신자유주의의 본질', '대한민국의 신자유주의'를 차례로 서술했다. 본서 1부에서 신자유주의에 관한 서술을 신자유주의가 만들어 내고 사람들의 머릿속에 주입시킨 허상으로부터 시작한 이유는 분명하다. 그것은 2부에 이어지는 상황신학의 주제로서 신자유주의를 생각했기 때문이다.

기독교 신학은 예언자의 전통을 이어받아 거짓이 횡횡하는 시대적 상황에서 그 거짓을 폭로하고 진실을 밝힐 의무가 있다. 여기서 중요하게 기억해야 하는 점은 그것이 **의무**라는 점이다. 거짓과 진실의 문제에 관한 한 그리고 그 문제가 우리 사회를 하나님의 뜻과는 다른 가치로 오도해 가는 한, 기독교 신학은 거짓을 폭로하고 그 이면의 진실을 밝혀야만 한다. 이러한 소명을 감당하지 않는 것은 신학이 스스로의 정체성을 상실하는 것이다. 여기서 중요한 점을 지적하고 싶다. 진실과 거짓이 뚜렷이 구분될 때는 기독교 신학의 과제가 비교적 용이하다. 그리고 그런 때에는 기독교인으로서 하나님 앞에서 신앙의 양심에 따라 진실을 토로하기가 비교적 수월하다. 여기서 기독교적 정체성을 가지지 않은 기독교인의 경우는 논외로 하자. 기독교인이라고 입으로는 말하지만, 그 삶은 불의와 부정을 행하는 사람들의 경우는 참된 기독교인이라고 말할 수도 없고, 그리하여 여기서 언급할 가치도 없다. 여기서 문제가 되는 경우는 신앙의 양심을 따라 살고자 하는 참된 기독교인들의 경우이다. 다시 말해서 참과 거짓이 불분명할 경우, 어느 것이 정의로운 것인지 잘 모를 경우, 거짓된 가르침에 현혹되어 잘못된 것을 진리로 잘못 알 경우, 받아 온 교육 탓에—물론 이 경우 신자유주의적 가치관을 주입하는 교육을 말한다 — 신자유주의가 가장 효율적인 이념이요, 그 이념을 실행하는 제도가 가장 선진적인 제도라고 생각하는 경우들이 문제이다. 잘못된 가치관이 자리 잡을 경우 그러한 가치관과 하나님의 뜻을 동일한 것으로 오해하여 하나님의 뜻을 그릇되게 실천하는 기독교인들이 있을 수 있다. 아니 실제로 미국의 신보수주의(neoconservatives) 진영에서 볼 수 있는 것처럼 미국의 패권주의와 기독교 근본주의와는 실제로 밀접히 연결되어 있다.

상황신학의 주제로서 신자유주의를 다룬다는 것은 이렇게 단순하지 않은 상황을 전제한다. 무엇보다도 신자유주의에 대한 가치 평가가 상반될 수 있다. 그러하기에 상황신학의 주제로서 신자유주의를 상정한다는 것은 비상한 노력을 요구한다. 이러한 노력들의 구체적 내용들은 다음 절에서 자세히 다룰 것이나, 여기서는 신자유주의를 신학의 주제로 다룸에 있어서 명심해야 할 사항들만을 제시하는 것으로 정리하고자 한다.

상황신학의 주제로서 신자유주의를 다룬다는 의미는 첫째, 신학이 회피할 수 없는 주제로 신자유주의를 상정한다는 것을 의미한다. 이미 설명한 것처럼 신학은 스스로 처한 상황에 대해 책임 있는 응답을 할 의무가 있다. 신학이 책임 있는 응답을 제대로 하기 위해서는 무엇보다도 상황에 대한 정확한 인식이 선행조건이다. 신자유주의를 신학이 연구해야 할 상황으로 결정한 것은 기본적으로 적절한 선택으로 볼 수 있다. 그러나 여기에는 신학이 해결해야 할 과제가 산적해 있는데, 그것은 신자유주의에 대한 분명하고도 정확한 판단이다. 이러한 문제는 신학의 주제로 신자유주의를 상정한다는 두 번째 의미를 시사한다.

상황신학의 주제로 신자유주의를 다룬다는 의미는 둘째, 신자유주의에 대해 엄밀하고도 공정한 연구와 판단을 해야 한다는 당위성을 포함한다. 신학은 신학 외의 분야를 다룰 때 특히 주의해야 한다. 각 학문 분야는 나름대로 학문적 전통과 자체 논리가 있다. 이에 대한 문제 제기는 다음 절에 다루겠으나, 여기서 밝히고 싶은 것은 신학이 신자유주의를 연구의 대상으로 삼는다고 할 때, 그것은 신자유주의에 대한 기존의 연구를 존중하면서 거기에 신학적 함의를 추가하는 것을 의미한다는 점이다. 정치, 경제, 사회 문제에 관한 한 신학은 조심스럽게 접근해야지 하나님의 말씀을 전한다는 소명에 사로잡혀서 독단적인 주장을 하면 안 된다는 말이다. 상식적으로 당연한 이 말을 구태여 부언하는 이유는 지금까지 인류사에서 신학 내지 교회의 권위가 진리에 반(反)하는 교리적 주장을 해 온 역사가 허다하기 때문이다. 일례로 지동설에 대한 정죄를 비롯한 많은 이단 논박이 그러했다. 그러므로 신자유주의를 신학적 연구의 대상으로 삼는다는 것은 신학적 편견으로 신자유주의를 마음대로 조작 내지 평가하면 안 된다는 의미를 내포한다.

셋째, 상황신학의 주제로 신자유주의를 다룬다는 의미는 신자유주의를 **신학적으로** 다룬다는 의미이다. 이것을 둘째 의미와 혼동하면 안 된다. 신자유주의를 연구할 때, 어디까지나 객관적 입장에서 그리고 엄밀한 학문성에 입각해서 다루어야 함은 분명한 전제이다. 이러한 객관적 자세는 어떤 연구에서도 견지되어야 하는 기본자세이다. 그러나 동시에 우리는 연구하는 주체에 대한 성찰도 해야 한다. 내가 신자유주의를 연구한다고 할 때, 나는 그 연구를 통해서 정치학적, 경제학적, 사회학적 통찰을 하고자 하는 것이 아니다. 나는 신학자로서 신자유주의를 연구하는 것이다. 연구 과정에서 다른 학문 분야의 연구에 힘입어야 하고, 기존 연구의 결과를 존중하면서 신자유주의를 성찰해야 하지만, 내가 신자유주의를 연구하는 동기와 그 결과의 적용은 신학에 뿌리내리고 있다. 신학적 반성과 기독교적 대안이 신학의 주제로 신자유주의를 연구하는 기본 동기가 되어야 한다.

2. 신자유주의에 직면한 상황신학의 과제들

신자유주의라고 하는 전 지구적 상황에 직면한 기독교 신학은 이전의 상황과는 전적으로 다른 상황에 직면한 신학적 과제를 가지게 된다. 계속 이야기해 온 것처럼 우리 앞에 펼쳐진 신자유주의라고 하는 전 지구적 상황은 신학적 과제를 무엇인가 총체적인 것으로 만든다. 이미 신학이라는 학문 자체가 인간의 문제를 포괄적으로 다루는 학문이라는 점에서는 논박의 여지가 없다. 신학이 인간의 문제와 인간이 살아가는 사회의 문제들 그리고 인간이 만든 사회 속에 등장하는 부조리의 문제, 고통 받는 이웃의 문제 등에 관심을 가지고 신학의 중심 주제로 삼아야 한다는 사실을 부정하는 태도는 이미 논외다. 기독교 신학은 하나님에 관한 학문이지만 그것은 동시에 인간에 관한 학문이다. 기독교 신학은 하나님에 관하여 말하는 학문이지만, 그 말은 하나님의 은혜에 적중된 인간에 관하여 말하는 과정을 통하여서만 밝혀진다. 하나님에 관한 말로서의 신학과 인간에 관한 말로서의 신학은 서로 분리되지 않는다. 그리고 이 분리되지 않는 현실이 신학으로 하여금 신학이 자리한 상황과 그 상황 속의 인간을 연구하게 만든다. 이는 신학의 부가적 과제가 아니라 본원적 과제이다. 다시 말해서 여기서 다루고자 하는 '신자유주의에 직면한 상황신학의 과제들'은 기독교 신학의 본원적 과제라는 말이다.

본서는 신자유주의의 실상을 비판적으로 고찰하는 과정을 통하여 이 시대에 기독교 신학이 지향해야 할 바를 제시하고자 하는 의도로 서술되었다. 이를 위하여 1부에서 신자유주의를 분석하되, '신자유주의에 관한 허상과 진실', '신자유주의의 형성', '신자유주의의 본질', '대한민국의 신자유주의'라는 내용으로 신자유주의를 고찰했다. 물론 이 정도 내용으로 신자유주의를 완벽하게 연구했다고 말할 수는 없다. 그러나 앞에서 이야기한 것처럼 본서의 목적은 신자유주의 자체를 연구하는 것이 아니라 신자유주의를 기독교 신학으로 해석하면서 신학의 과제를 논구하는 데에 있다. 그리하여 본서에서 다루는 신자유주의도 신학적 접근과 대안 모색에 필요 불가결한 내용에 집중한 측면이 있다. 앞으로 신학이 연구해야 할 과제는 신학이 지향하는 방향에 따라 더 넓어지고 깊어질 수 있다. 그런 면에서 이러한 연구는 종결될 수 없는 과제의 성격을 지닌다.

이러한 분석과 검토를 통하여 기독교 신학이 지향해야 할 과제를 제시하는 것이 이 절의 내용이다. 이미 예상되는 방향이지만 앞으로 진행될 서술을 위해서 자세히 과제의 방향과 내용들을 설명하고자 한다. 1부에서 여러 번에 걸쳐 강조한 내용이지만, 신자유주의는 단순한 경제 이론이 아니다. 신자유주의는 그 정책을 주도하기 위한 강력한 정책적 추동을 필요로 한다. 그리고 그것은 경제 분야에 국한된 정책이 아니라 경제 분야로부터 비롯된 정책적 아젠더가 사회 전 분야를 망라하여 신자유주의 논리를 이식하는 과정을 거치며, 그 결과 전체 사회를 신자유주의 통치 원리가 주도하는 사회로 변화시키는 결과를 낳는다. 그리고 이러한 변화는 한 국가, 한 지역, 한 문화권에서만 발생하는 현상이 아니라 전 세계에 걸친 변화이다. 그리하여 신자유주의를 논의하는 일은 전 방위적인 연구를 필요로 한다. 경제학적인 내용, 세계 경제의 변화에 대한 역사적 고찰, 국제 정치의 문제, 국제기구를 이끄는 힘과 논리, 각 문화권과 나라의 문제 등 무수한 문제들을 연구할 수 있는 능력을 요구한다. 그뿐만 아니라 일반인으로서는 그 구체적인 내용을 자세히 알 수 없는 금융자본주의의 세세한 내용들을 비롯한 신자유주의가 영향을 끼치는 각각의 영역들 및 학문 분야들을 고려하면 신자유주의를 고찰하기 위한 연구 과제는 다른 연구 과제와는 다른 비상한 접근을 요청한다. 신자유주의에 직면한 상황신학의 과제 또한 이러한 다양하고도 복잡한 전문 지식을 요청하는 작업이 될 수밖에 없다. 그러므로 신자유주의에 관한 한 상황신학의 과제는 상식적인 선에서의 학제 간 연구가 아니라, 보다 엄밀한 학제 간 연구를 필요로 한다. 이에 대한 논의가 첫 번째 과제에서 상술된다.

신자유주의에 직면한 상황신학의 과제로 엄밀한 학제 간 연구가 요구되지만, 그러한 학제 간 연구가 무엇을 지향하는 학제 간 연구인지도 또한 중요하다. 신학자로서 신자유주의에 관한 학제 간 연구를 하는 궁극적인 목적은 그 연구를 통하여 올바른 신학적 진술을 함에 있다. 다시 말해서 다양한 연구를 통해서 신자유주의의 본질을 밝히는 연구를 했다 하더라도 그 연구가 거기서 그친다면 그것은 신학적 연구라고 보기 어렵다. 물론 학제 간 연구를 하는 각 학문 분야는 나름대로 각자 자기 학문 영역에 기여할 바를 찾아야 할 것이다. 나와는 다른 학문 영역에 기초한 연구 방법과 내용을 가지고 신자유주의라는 주제에 천착하는 다양한 접근을 통하여 얻게 된 통찰이 나의 학문 영역에 새롭게 기여하는 바를 깨닫고 그에 상응하는 새로운 학문적 성찰을 이끌어 내는 것이 학제 간 연구의 목적이라고 할 때, 학제 간 연구에 임하는 각 학문 영역은 나름대로 중심적 가치를 견지해야 할 필요가 있다. 신자유주의에 관한 학제 간 연구에서 기독교 신학이 견지해야 할 중심적 가치는 기독교의 경제 정의라고 생각한다. 신자유주의 원리는 기독교 공동체 밖에서만 그 맹위를 떨치는 것이 아니라 이미 기독교 공동체 내부에서도 기독교의 본질적 가치를 호도하여 기독교의 내용 자체를 왜곡하고 있다. 그런 면에서 기독교의 경제 정의를 고찰하는 것은 신자유주의에 직면한 상황신학의 중요한 과제가 된다. 이 내용이 과제의 두 번째 내용을 이룬다.

신자유주의에 직면한 상황신학의 세 번째 과제는 연구와 실천의 지속성이다. 신자유주의는 지나가 버린 과거 역사의 유물이 아니다. 신자유주의가 탄생한 역사적 배경은 우리가 신자유주의를 연구함에 있어 언제나 돌이켜 보아야 할 중요한 계기이지만, 신자유주의는 과거에 머물러 있지 않다. 스스로 진화해 가는 유기체처럼 신자유주의는 스스로를 지속적으로 진화시켜간다. 그러므로 신자유주의에 직면한 상황신학의 과제를 설정하는 일 또한 계속적으로 진화해 가야만 한다. 더욱이 신자유주의 연구가 엄밀한 학제 간 연구를 필요로 하고, 그 연구가 상황신학의 과제를 지향한다는 의미에서 기독교 경제 정의를 고찰하는 것이라면, 이러한 연구는 언제나 현재의 연구가 되어야 한다. 그리고 그것은 단순한 이론화 작업에 그치는 것이 아니라 기독교 신학의 성격상 실천을 수반하는 것이어야 한다. 그리하여 연구와 실천의 지속성을 신자유주의에 직면한 상황신학의 세 번째 과제로 설정할 수 있다.

1) 신자유주의에 관한 엄밀한 학제 간 연구

신자유주의를 연구한다는 것은 하나의 학문 분야를 연구하는 작업과는 다른 성격을 지닌다. 신자유주의라는 연구 주제 자체가 이미 다의적이고 다차원적일 뿐 아니라 실제 우리가 접하는 모든 삶의 영역을 포괄하는 주제이기 때문이다. 또한 신자유주의라고 하는 주제는 다양한 학문 영역에 걸쳐 있는 주제이다. 다양한 학문 영역에 걸쳐 있을 뿐만 아니라 그 다양함이 학문의 방향성과도 관계가 깊다. 즉, 경제학 분야의 예 하나만 들더라도 신자유주의를 추동하는 경제학파가 있는가 하면 신자유주의를 경계하며 새로운 경제 질서를 제안하는 학파도 있다. 신자유주의의 영향을 받은 사회 내의 다른 분야들도 마찬가지이다. 경제적 효율성의 측면에서 신자유주의를 긍정적으로 평가하는 사람들이 있는가 하면, 그 효율성이 허구임을 증빙하고자 하는 학자들도 있다. 자유시장경제에 대해서도 마찬가지이다. 하이에크처럼 시장의 자유를 최선의 방책으로 주장하는 학자도 있고, 장하준처럼 무분별한 시장의 자유가 허구라고 말하는 사람도 있다. 애덤 스미스에 대한 해석과 적용도 가지가지이다.

이런 점들을 감안할 때 신자유주의를 신학의 주제로 삼아 연구하는 데에는 학문적인 제약이 있다. 그런데 앞에서 언급한 것처럼 오늘날 인간을, 인간이 살아가는 사회를, 인간이 지닌 가치관을, 오늘날 세계를 주도하는 제도를 규정하여 자신의 논리 법칙으로 휘몰아 가는 신자유주의를 생각할 때, 그것은 기독교 신학이 피할 수 없는 주제요 대상이다. 신학이 회피할 수 없는 주제이지만 동시에 신학이 독자적으로 접근하기에는 학문적인 제약이 따르는 주제인 신자유주의를 바르게 연구하여 신학의 과제를 설정하는 일은 엄밀한 학제 간 연구를 요구한다. 여기서 학제 간 연구에다가 '엄밀한'이라고 강조한 이유는 흔히 학제 간 연구라고 할 때 저지르는 실수를 피하기 위해서이다. 흔히 학제 간 연구라고 할 때 저지르는 실수는 타학문 분야에서 연구하여 얻은 결론을 차용하여 내 학문 분야에 적용하는 것으로 이해하는 것이다. 그러나 그러한 연구는 학제 간 연구라고 보기에는 너무 조야하다. 상황신학의 과제를 위하여 신자유주의를 연구함에 있어서 학제 간 연구를 언급할 때 그것은 그렇게 피상적이고 조야한 연구를 일컫는 것이 아니다. 신자유주의를 둘러싼 다양한 학문 분야의 전문가들이 각자의 입장에서 의견을 제시하고 그 의견을 각자 전문 분야의 입장에서 비판적으로 고찰하는 과정을 거친 진지한 다학문적 성찰을 이야기하는 것이다. 이미 신자유주의가 다학문적 복잡성의 성격을 지니기에 그에 관한 연구도 그러한 과정을 밟아야 한다. 그리고 이러한 학제 간 연구를 통하여 신학은 신자유주의에 관한 타학문에서의 연구도 진지하게 배워야 한다. 이러한 과정이 없이는 신자유주의에 관하여 피상적이거나 한 방향에 치우친 이해를 가지게 될 뿐이며, 그렇게 오도된 이해는 신학의 과제를 설정하는 데에도 영향을 끼쳐 그릇된 방향과 내용으로 채워진 신학적 언술을 드러내게 된다.

신자유주의 연구를 할 때 엄밀한 학제 간 연구가 필요한 이유는 그러한 학제 간 연구가 없이는 신자유주의에 관한 정확한 이해 자체가 불가능하기 때문이다. 그런데 신자유주의 연구를 위한 엄밀한 학제 간 연구라고 할 때, 거기에는 준수해야 할 학문적 규칙이 있다. 한 분야의 전문가는 다른 분야의 전문가를 자기의 분야에 관한 한 비전문가로 인지해야 한다. 이 말은 한 분야의 전문가로서 우월 의식을 가지라는 말이 아니다. 학제 간 공동 연구를 하는 다른 분야의 전문가들이 이해할 수 있는 방식으로 자신의 전문 분야 이론을 전해야 한다는 말이다. 또한 다른 분야의 전문가들은 그 전문가의 이론을 진지하게 경청하면서 배우고 자기 전문 분야에서의 문제 제기를 통하여 그 이론을 더 풍성하게 만들어가야 한다. 이러한 소통과 상호 배움을 통한 각각 분야의 새로운 통찰 획득이 이루어져야 하는 분야가 신자유주의라고 하는 총체적 대상이다.

신자유주의에 직면한 상황신학의 과제를 생각할 때, 학제 간 연구라는 과제는 더욱 절실하다. 신자유주의를 신학적으로 연구한다는 것은 사실상 무엇을 하겠다는 것인지 애매모호하다. 신자유주의에 관하여 신학적인 언급을 할 수는 있지만 신학 자체가 신자유주의를 연구하는 직접적인 학문적 도구가 될 수는 없다. 본서 1부에서 신자유주의에 관한 논의를 진행한 내용만 일견해도 그 내용이 신학적인 접근만으로는 불가능한 내용임을 알 수 있다. 다루었던 내용의 목차를 점검해 보기만 해도 그 내용의 다양함에 따른 전문 지식이 요청된다는 것을 짐작할 수 있을 것이다. 신자유주의 형성에 관한 역사적 고찰은 물론이려니와, 그 구체적 내용을 들여다볼 때 신학자가 관심을 가지고 연구할 내용이기는 하지만 신학만으로는 접근이 불가능한 내용들이 많다. 예컨대, 브레튼우즈 체제, 정치경제사상으로서의 신자유주의, 통치성, 금융적 축적, 지배 계급 정치프로젝트 등 각 전문 영역 전문가들의 학문적 노력에 의존해야 하는 경우가 많다. 이런 점을 고려할 때, 신자유주의를 연구하는 일은—그것이 신학적인 접근이라 할지라도— 엄밀한 학제 간 연구의 기초 위에서만 가능하다. 엄밀한 학제 간 연구라고 하는 이야기는 신학이 타 학문의 연구 결과를 수동적으로 받아들이는 것만을 의미하지 않는다. 신학자도 그 논의에 적극적으로 또한 전문가로서 합류해야 한다. 다양한 학문 분야 전문가들의 소리를 경청하되, 기독교 신학이라고 하는 또 하나의 전문 분야를 대변해야 한다. 이를 위해서 신학자는 나름대로 신학 분야에서 신자유주의에 관한 전문가가 되어야 한다.

2) 기독교 경제 정의 확립

우리가 현실로 경험하는 세계의 문제들의 근원이 되는 이론 및 통치 체계가 신자유주의라면, 신자유주의의 문제는 기독교 신학이 회피해서는 안 되는 핵심 주제가 되어야 한다. 실제로 이미 일부 신학자들은 신자유주의와 교회 내지는 신학의 문제를 다루었다.[1] 그리고 이러한 시도들은 정당한 것이었다. 신자유주의 사상의 원조로서 하이에크의 신자유주의 이론을 분석한 장윤재의 논문은 독자들로 하여금 신자유주의에 대한 사고의 물꼬를 터 준 의미가 있다. 그가 강조하는 바, "신자유주의는 단순한 자유시장 경제 '이론'을 넘어선다. 신자유주의란 시장은 결코 실패하지 않는다는 시장에 대한 일종의 '종교적 신앙'을 의미한다"[2]라든가 "신자유주의는 고전적 자유주의 이론에 사회적 정의와 평등을 전면적으로 부정하는 보수적 사회윤리를 결합한 것이다"[3]라는 성찰은 우리로 하여금 신자유주의의 본질을 직시하게 하는 귀중한 연구이다.

기독교 경제교육의 필요성과 방향을 제시하는 박화경은 성서와 에큐메니칼 문서들에 의거하여 신자유주의와는 근본적으로 다른 가치를 지향하는 하나님의 경제를 다음과 같이 정의한다: ① 인간다운

---

1 신자유주의 내지 오늘날 자본주의의 문제에 대한 신학적 성찰은 이미 수행되어 왔다. 대표적인 연구들은 다음과 같다. 양명수, "자본주의 윤리와 한국교회," 대한기독교서회,「기독교사상」52(12) (2008. 12.): 56-66; 박득훈, "한국교회, 자본주의의 예속에서 해방되어야," 대한기독교서회,「기독교사상」52(1) (2008. 1.): 32-57; 장윤재, "광야로 돌아가자. 신자유주의 무한 경쟁 시대에 교회가 본질적으로 회복해야 할 것들" 대한기독교서회,「기독교사상」49(10) (2005. 10.): 50-57; 채수일, "신자유주의에 대한 교회의 대응: 돈으로 하는 에큐메니컬 운동," 대한기독교서회,「기독교사상」45(1) (2001. 1.): 87-102; 박충구, "자본주의와 기독교," 대한기독교서회,「기독교사상」36(12) (1992. 12.): 43-71; 장윤재, "경제 세계화와 하이에크의 신자유주의에 대한 비판" 제3시대 그리스도교 연구소,「시대와 민중신학」8 (2004. 10.): 235-268; 김성건, "고도성장 이후의 한국교회: 종교사회학적 고찰" 38 (2013. 3.): 5-45; 박화경, "기독교 경제교육의 필요성과 방향" 한국기독교교육정보학회,「기독교교육정보」(35) (2012. 12.): 385-428; 이정배, "자본주의시대의 기독교 신학과 영성 – 작은 교회 운동의 신학적 성찰을 중심하여," 한신대학교 한신 신학연구소,「신학연구」(64) (2014. 6.): 108-140.

2 Robert W. McChesney, "Introduction to Noam Chomsky," Noam Chomsky, *Profit Over People* (New York: Seven Stories Press, 1999), 8-9, 장윤재, "경제 세계화와 하이에크의 신자유주의에 대한 비판" 제3시대 그리스도교 연구소,「시대와 민중신학」8 (2004. 10.), 241 에서 재인용.

3 앞의 논문, 241.

삶과 존엄성을 파괴하는 가난을 몰아내는 경제, ② 하나님의 형상인 인간의 본유적 가치와 자유에 근거한 경제, ③ 공동체성을 추구하는 경제, ④ 지구공동체의 생명을 살리는 경제.[4]

상기 두 학자는 물론 다른 연구자들도 기독교 신학이 다루어야 할 중요한 신학적 과제로 신자유주의의 문제를 언급한다. 그리고 신학자들은 나름대로 정당한 근거와 논리로 신자유주의의 문제에 직면한 신학의 과제를 역설한다. 장윤재는 하이에크의 사상을 정치경제학적 측면, 윤리적 측면, 신학적 측면 세 가지로 비판한다. 이러한 장윤재의 비판은 하이에크의 사상을 원론적 차원에서 분석하고 비판한 점에서 공헌하는 바가 크다. 특히 기독교적인 비판에서 장윤재는 열려진 가능성으로서의 초월적 영역을 부정하는 하이에크의 이론을 부정하며, 기독교 신학이 집중해야 할 초월적 가능성이자 현 세계의 부정적, 초월적 세계로서의 하나님 나라에 대한 주의를 환기시킨다.[5]

신자유주의에 대항하는 한국 교회의 실천적 대안으로 채수일은 대안금융운동과 사회책임투자운동을 이야기한다. 이러한 두 운동이 구조적 변혁에는 미흡한 방식이라는 점을 채수일은 인정한다. 그러나 그가 주장하는 내용에는 간과하면 안 되는 중요한 실천적 원칙이 들어 있다. "그러나 해야 할 일을 예언자적으로 선언하는 일과 동시에 할 수 있는 일을 실천해야 하는 긴장 가운데 서 있는 것이 교회의 실존 양식이다."[6]

---

4 박화경, "기독교 경제교육의 필요성과 방향" 한국기독교교육정보학회, 「기독교교육정보」 (35) (2012. 12.): 401-404.

5 장윤재, "경제 세계화와 하이에크의 신자유주의에 대한 비판," 256-263.

6 채수일, "신자유주의에 대한 교회의 대응: 돈으로 하는 에큐메니컬 운동," 91. 대안금융운동과 사회책임투자운동의 내용에 관해서는 앞의 논문, 91-100.

하나님의 경제를 역설하는 박화경의 주장은 하나님의 경제를 위한 기독교교육을 제시하는 구체적인 실천 방안으로 귀결된다. 그는 하나님의 경제를 공부하는 성인 공부 그룹의 필요성을 역설한다. 왜냐하면 하나님의 경제를 공부해서 실천할 수 있는 사람들을 양육하는 것이 무엇보다 중요한 과제이기 때문이다. 그리하여 신학자와 목회자로 시작할지라도 그 공부는 평신도 그룹으로 확대되는 것이 이상적이라는 것이다. 이러한 공부의 내용으로 박화경은 현실의 경제 문제에 대한 분석과 하나님의 경제의 실현을 이야기한다. 구체적으로는 오늘의 경제 문제와 그리스도인, 하나님의 나라와 하나님의 경제, 하나님의 경제의 빛에 비추어 본 세계의 경제 질서, 하나님의 경제를 위한 개인의 경제윤리, 하나님의 경제를 위한 기업의 경제윤리, 하나님의 경제를 위한 교회의 역할, 하나님의 경제를 위한 구체적 실천 방안들을 이야기한다.[7]

신자유주의와 기독교 신학에 대한 상기한 기존 연구들은 나름대로 의미가 있다. 이는 신자유주의에 대한 역사적 · 원론적 접근에서부터 오늘 한국 사회와 교회의 구체적인 대안에 이르기까지 우리가 신학적으로 신자유주의를 논할 때 참고할 내용들이다.

그러나 지금까지의 연구는 신자유주의를 경제적 이론의 범주에 집중해서만 논의한 면이 있다. 그러나 앞에서 밝혔듯이 신자유주의는 경제 이론의 범주를 벗어나 있다. 오히려 경제 정책임이 강조되어야 한다. 다시 말해서 신자유주의 이론이 강조하는 시장 불개입, 작은 정부, 노동 유연성, 규제 철폐 등등의 이론이 사실상 기득권자들을

---

7 박화경, "기독교 경제교육의 필요성과 방향," 412-419.

위한 원리이며, 동시에 역으로 (정신적, 육체적) 임금 노동자들을 규제하고, 그들의 삶을 피폐하게 만드는 질서를 옹호하기 위한 개입을 하며, 서로 간의 경쟁 체재를 구축하여 가장 합법적으로 노동자들을 억압하는 제도임이 간과되는 면이 있다. 기독교 신학은 신자유주의의 바로 이러한 면에 대한 통찰력을 키워야 한다는 것이 나의 생각이다. 신자유주의는 경제 이론에서 출발하되 구체적으로는 임금 노동자를 규제하는 정책으로 구체화되었고, 따라서 단순히 경제의 영역에서만 논구될 수 없는 인간 사회의 총체적인 연구를 필요로 한다는 점이 인식되어야 한다. 그리고 바로 이러한 점에서 신학이 진정 기여할 바가 논구되어야 한다.

오늘날 신자유주의로 특징지어지는 경제 문제는 그리하여 경제 전문가들만의 문제가 아니며, 오히려 인간과 인간 사회의 문제를 총체적으로 다루는 신학의 중심 과제이어야 한다. 경제 문제는 오직 경제 전문가들만이 다룰 수 있으며, 거기에는 어떤 윤리적 가치가 중요한 것이 아니라 객관적 사실만이 중요하다는 인식이 일반적인 사고이다. 그러나 경제 문제가 단순히 이론의 문제가 아니고, 그 결과로 빚어지는 것이 우리 주위의 가난과 불평등과 빈부 격차와 굶주림과 비인간화와 비정규직의 양산과 젊은 세대의 좌절과 미래에 대한 절망들이라면, 그것은 단순히 경제의 문제가 아니라 신학의 문제이다.

인간을 경제적 동물이라고 한다. 우리의 삶을 지탱하는 모든 요소가 경제적 요소임은 분명하다. 의식주를 비롯하여 사람들과의 관계를 맺는 일에 경제적 활동은 필수적인 요소이며, 나를 비롯한 가족의 생계와 자녀들의 양육 및 교육을 위해서도 경제적 요소는 불가결하다. 인류의 역사 속에서 경제적 활동의 형태는 다양했을지언정 그 활동 자체가 없었던 시기는 없다. 그리고 경제라는 단어는 오늘날 자본주의 시대 속에서 가장 중요한 의미를 지닌 언어가 되었다. 실로 이 시대를 살아가는 우리들을 표현하기에 '경제적 동물'이라는 말보다 더 적합한 말이 없을 듯도 하다. 그런데 자본주의와 경제적 동물이라는 두 용어는 각자 사용될 때보다 서로 연관될 때 더 치명적인 의미 지평을 가지게 된다. 그것은 자본주의가 가지고 있는 기본적 속성에 기인하는 것 같다. 자본주의의 근간을 이루는 효율성, 자유경쟁, 이기심 등과 경제적 동물이라는 개념이 결합할 때, 경제적 동물 안에 숨어 있는 비인간적인 속성이 드러난다.

이에 반해 기독교의 가르침은 새로운 경제적 가치관을 제시한다. 그것은 때로 비효율적이고, 자유경쟁의 원리에 맞지 않으며, 이기적이라기보다는 이타적인 경제 원리이다. 기독교는 우리의 경제 활동 자체를 악한 것으로 여기지 않는다. 경제 활동 자체가 아니라 경제를 대하는 우리의 잘못된 가치관을 꾸짖는다. 우리는 이러한 하나의 예를 예수 그리스도의 가르침에서 찾을 수 있다. 포도원의 비유(마 20:1-16)를 통하여 예수 그리스도는 새로운 경제적 가치를 일깨운다. 그 비유에서 포도원의 주인은 일찍 온 일꾼이나 늦게 온 일꾼에게나 똑같이 한 데나리온을 품삯으로 준다. 그는 사실 각각의 일꾼들과 맺은 계약을 성실히 이행한 주인이다. 주인에게는 문제가 없다. 그리고 그가 일꾼들과 맺은 계약에도 문제가 없다. 문제는 일찍 와서 일을 더 많이 한 일꾼들에게서 발생한다. 그러나 그들도 부당한 대우를 받은 것은 아니다. 문제는 그들보다 일을 더 적게 한 일꾼들이 그들과 **동등한** 대우를 받았다는 사실에 있다. 그들의 문제 제기는 사실상 옳지 않은 문제 제기이다. 나보다 못한 사람이, 나보다 적게 일을 한 사람이, 나보다 경제적 가치를 덜 창출한 사람이, 나보다 경쟁에서 뒤떨어진 사람이 나와 동등한 대우를 받는 것에 대한 불만이다.

예수 그리스도의 포도원 비유는 지나간 시대의 하나의 비유가 아니다. 그것은 오늘날 자본주의 시대를 관통하는 가치관을 꾸짖는다. 우리가 경험하는 경제 체제, 즉 자본주의는 자유경쟁을 통한 효율성의 추구를 근간으로 한다. 자유경쟁시장이 효율적으로 운영되기 위한 인간의 기본적 속성을 이기심에서 찾은 것은 자본주의 선구자 애덤 스미스의 위대한 업적이다. 그는 자유경쟁시장을 가능하게 하는 근본 동기를 인간이 지닌 이익 추구와 이기심에서 본다. 인간만이 지닌 본성의 중요한 하나로서 애덤 스미스는 교환 기질을 이야기한다. 그런데 이 교환은 각 개인이 추구하는 이익에 상응한다. 그는 말한다. "우리들이 식사를 준비할 수 있는 것은 푸주, 술집 또는 빵집의 박애심 때문이 아니라 그들 자신의 이익에 대한 그들의 관심 때문인 것이다. … 우리 자신의 필요를 그들에게 말하는 것이 아니라 그들 자신의 이익을 그들에게 말하는 것이다."[8]

오늘날 자본주의 가치관을 숭상하는 사람들은 흔히 그 학문적, 논리적 원조로 애덤 스미스의 국부론을 인용하며 정당함을 주장한다. 흔히 인용되는 '분업'과 '보이지 않는 손'에 의해 자유경쟁시장은 최상의 효율성을 창출하게 된다는 것이다. 그러나 대부분의 사람들이 잘 모르는 사실이 있다. 애덤 스미스는 무한 경쟁을 통한 약육강식의 세상을 머릿속에 그리며 자유경쟁시장을 이야기한 것이 아니다. 그는 자유로운 노동 임금의 정착을 저해하는 제반 요소, 즉 당시의 동업

---

8 애덤 스미스/최호진·정해동, 『국부론』, 31-32.

조합의 횡포, 고용주들의 담합 등에 대해서 반대할 뿐만 아니라 정치·경제 주도 세력에 의한 임금의 일방적인 결정을 시대에 뒤떨어진 악법으로 규탄했다. 그가 가장 중요하게 생각한 것은 노동의 가치였다. 또한 한 국가가 부유하게 되기 위해서는 노동자의 임금이 적정 수준 이상이 되어야 한다는 점도 역설했다. 국부론을 통해 그가 추구한 것은 전체 임금 노동자가 잘사는 나라였다. 심지어 그는 최저 임금에 대해서도 이야기했다. 노동자가 본인과 가족을 부양하기에 부족하지 않은 금액이 최저 임금이 되어야 한다는 것이다. 고용주와 노동자의 임금 쟁의가 발생할 때, 그는 노동자의 입장을 변호한다. 결국 애덤 스미스가 주장한 자유경쟁시장은 노동자의 임금을 비롯한 제반 권리가 제대로 지켜져야 함을 역설한 것이었으며, 가난한 노동자의 부가 결국 전체 국가의 부의 기반이 된다는 것을 밝힌 것이다.

오늘날 기독교 교회가 오도된 자본주의적 가치관에 매몰되어 있다고 하면 지나친 판단일까? 오늘날 교회도 신앙의 자유경쟁시장에서 집단적 이기심에 의지한 효율성의 신화를 쓰고 있는 것으로 보인다. 그것은 더 많은 신도와 더 큰 예배당으로 구체화된다. 공동체 안에서도 마찬가지이다. 일찍 온 일꾼들이 스스로를 늦게 온 일꾼들과 비교하며 늦게 온 일꾼들과의 차별을 당연시하듯이 연륜과 경험으로, 혹은 사회적 지위로 신앙을 평가하며 구별 짓는 풍토가 이미 교회 안에 만연해 있다. 그러나 기독교 공동체는 늦게 온 일꾼들도 동등한 대우를 받아야 하는 공동체이다. 늦게 온 일꾼들도 동일한 품삯을 받는 것을 같이 즐거워하는 공동체가 우리가 지향하는 공동체가 되어야 한다. 나보다 못한 사람이 나와 동등한 대접을 받는 것을 기뻐할 뿐만 아니라 나보다 못하고 약하고 가난한 사람들을 위하는 이타적 공동체가 우리의 공동체가 되어야 한다.

성경은 꾸준히 세상의 가치관을 부정하고 뛰어넘는 하나님의 가치를 증언한다. 구약에서 고아, 과부, 이방인으로 묘사되는 그 시대의 약한 자들, 가난한 자들에 대한 구체적인 관심과 도움이 그것이며, 예수 그리스도의 최후의 심판 비유에 등장하는 주린 자, 목마른 자, 나그네, 헐벗은 자, 병든 자, 옥에 갇힌 자에 대한 구체적인 도움의 손길이 바로 그것이다. 아픈 곳이 중심이 되는 사회가 바로 우리가 지향하는 기독교 공동체이다. 아픈 자, 소외된 자, 주변인들을 중심으로 초대하여 모두 하나가 되는 공동체가 바로 우리가 지향하는 공동체이다. 유토피아적인 환상이라고 포기하는 곳에 하나님의 나라는 도래하지 않는다. 익숙해진 우리의 경제적 편견으로는 불가능해 보이는 일도 그 편견에서 벗어나는 순간 새로운 가능성으로 열린다. 그 역사적 가능성을 우리는 예수 그리스도의 삶에서 본다. 독일의 신학자 본회퍼는 그의 삶을 '남을 위한 현존'(Für-andere-dasein)으로 규정한다. "예수의 '남을 위한 현존'이 초월 경험이다! 자기 자신으로부터 자유함, 죽음에 이르기까지 '남을 위한 현존'으로부터 비로소 전능, 전지, 편재가 비롯되어 나온다. 신앙은 바로 이러한 예수의 존재에 동참하는 것이다. … 우리가 하나님과 맺는 관계는 '남을 위한 현존' 안에서의, 예수의 존재에 동참하는 속에서의 새 생명이다. 초월이란 무한하고 도달할 수 없는 과제가 아니라 언제나 우리에게 주어져서 도달할 수 있는 이웃이다."9 기독교 공동체는 우리의 경제적 편견을 타파하고 뛰어넘는 환상을 추구하는 공동체가 되어야 한다. 그러한

---

9 Dietrich Bonhoeffer, *Widerstand und Ergebung: Brief und Aufzeichnung aus der Haft*. 15, durchges. Aufl. (Gütersloh: Kaiser, 1994), 205.

우리의 환상 가운데 하나님의 나라가 도래한다. "믿는 사람이 다 함께 있어 모든 물건을 서로 통용하고 또 재산과 소유를 팔아 각 사람의 필요를 따라 나눠주며 날마다 마음을 같이 하여 성전에 모이기를 힘쓰고 집에서 떡을 떼며 기쁨과 순전한 마음으로 음식을 먹고 하나님을 찬미하며 또 온 백성에게 칭송을 받으니 주께서 구원받는 사람을 날마다 더하게 하시니라"(행 2:43-47). 사도신경에 등장하는 유토피아적인 공동체는 기독교가 지향하는 경제 정의의 상징적 묘사라고 보면 좋을 듯하다. 신자유주의 정책이 빚어낸 효율성과 경쟁 위주의 사회에서 기독교의 경제 정의는 그 반대 방향을 지향하며 전적으로 새로운 가치를 여는 대안으로 스스로를 자리매김해야 할 것이다.

3) 연구와 실천의 지속성

엄밀한 학제 간 연구라고 하는 과제와 기독교 경제 정의 확립이라고 하는 두 번째 과제에서 이미 암시되듯이 신자유주의에 직면한 상황신학의 과제는 부단한 연구와 실천을 요청한다. 신자유주의는 일시적으로 유행하는 정책이 아니라 나름대로 역사를 거쳐 스스로 생각하기에 가장 효율적인 방식으로 진화해 왔다. 그뿐만 아니라 현재 신자유주의 정책을 국가의 기조 정책으로 채택하여 추진하는 국가가 미국을 비롯한 세계 경제를 주도하는 국가이며, 그 정책을 지지하며 협조 체제를 공고히 하고 있는 국제 금융기구들을 생각할 때, 신자유주의를 대상으로 하여 신학적 과제를 고찰하는 주체에게도 비상하고 꾸준한 노력이 요구된다.

앞에서 이야기한 것처럼 자본주의 경제 문제 내지 신자유주의에 관한 신학적 연구들은 있었다. 그리고 그 연구들은 나름대로 의미를 지닌다. 그러나 신자유주의에 관한 신학적 연구는 지나간 역사에 관한 연구가 아니다. 그것은 지나간 역사를 포함하되 현재 살아서 전 지구적 차원에서 정치, 경제, 사회 부문은 물론 인간의 가치문제, 교육 철학의 문제, 경쟁 체제의 문제 등 우리가 살아가는 인류 사회 전반적인 구조와 가치의 문제를 규정하는 원리이자 그 원리를 관철시키는 체제의 문제를 다루는 것이다. 이미 이러한 연구의 범위 자체가 하나의 학문 영역에서 다룰 수 없는 광대한 범주이거니와 그 연구의 방법에 있어서도 각 학문 영역이 지속적으로 신자유주의의 이론적, 제도적 변화에 발맞추어야 한다.

신자유주의가 단순한 경제 이론이 아니라는 점은 본서의 곳곳에서 피력했다. 다시 말해서 신자유주의는 완결된 이론으로서 우리 앞에 등장하는 것이 아니라 정책에 지속적으로 반영되면서 스스로 적용에 따른 변용의 과정을 거쳐 왔다는 말이다. 그뿐만 아니라 지금도 계속해서 각 나라의 상황에 따라, 경제적 필요에 따라, 통치의 필요에 따라, 정책적 결정에 따라 효율적인 금융 자본의 축적을 위하여 진화해 가는 중이다. 이러한 진화의 결과는 신자유주의적 세계화로 등장하게 되며, 이 세계화로 인하여 전 지구촌은 회복 불가능한 빈익빈 부익부의 양극화에 진입하게 된다. 문제는 이러한 신자유주의 정치 경제 정책이 대다수의 비전문가들은 이해할 수 없는 방식으로 진행된다는 점이다. 한 나라에 외환위기가 닥칠 때 대부분의 국민은 그 원인과 대처 방식을 알지 못한 채로 모든 과정이 진행된다. 심지어는 외환위기가 도대체 왜 일어나는지도 알지 못한다. 미국에서 경제 위기가 발발했을 때에도 대부분의 사람들은 그 내용을 제대로 알지 못한 채로 그 경제 위기의 쓰나미에 휩쓸려 버리고 만다. 서브프라임 모기지가 무엇인지, 누가 그러한 제도를 만들어 내었는지, 그로 인해 돈을 버는 주체는 누구이고 돈을 잃는 피해는 누구의 몫인지, 국제금융기구의 역할은 무엇인지 그리고 국제금융기구들은 역할을 제대로 하고 있는 것인지 등등 대부분의 일반인들은 신자유주의 경제 정책과 세계화가 진행되는 내용에 대하여 무지하다. 이는 신학자의 경우에도 마찬가지이다. 아니 신자유주의 정치경제에 정통하지 않은 그 누구라도—타 학문 분야의 전문가라 할지라도— 무지하기는 마찬가지이다. 그런데 말했다시피 신자유주의는 역사의 발전에 따라 또 자체 자본 증식 논리 및 지배체제의 필요에 따라 계속 변화해 간다.

신자유주의에 직면한 상황신학의 과제는 학제 간 성격을 띨 수밖에 없다. 이러한 학제 간 연구는 그러나 필요한 경우에 연구를 진행하는 학술대회식의 연구여서는 곤란하다. 그러한 일시적 연구에는 한계가 있다. 지속적으로 학제 간 연구를 진행하는 하나의 학파와도 같은 항구 조직이 필요하다. 동시에 그것은 단순히 이론적 연구에 국한될 수 없고, 사회 내에서의 구체적 실천적 성격을 가져야 한다. 신자유주의의 모순을 끊임없이 지적하는 가운데 그 대안을 모색해 가고 그 대안을 실천하는 방안을 궁리하여 실천해 보는 과정을 통하여 새로운 가능성이 하나씩 구체화될 것이다. 신자유주의가 단순한 이론이나 이념이 아니라 구체적으로 사회를 추동해 가는 정책이라는 점을 잊으면 안 된다. 이런 면에서 신자유주의에 직면한 상황신학의 과제도 이론에 머무를 것이 아니라 구체적 실천 방안도 함께 논의하며 열어가는 구체적 과제를 탐구해야 한다. 그리고 그것은 이론과 실천의 상호 피드백으로 이어지는 지속적인 과정으로 구체화되어야 한다.

이런 면에서 연구와 실천의 지속성이라고 하는 원칙은 학제 간 연구와 기독교 경제 정의에 입각한 상황신학이 명심해야 할 과제이다.

3. 상황신학의 새로운 패러다임을 지향하는 담론들

본서는 지금까지 신자유주의를 탐구하고, 그에 직면한 상황신학의 과제를 논구했다. 그런데 본서에서 수시로, 명시적으로 혹은 암시적으로 밝힌 사실은 신자유주의를 상황신학의 과제로 삼는다는 것은 비상한 관점과 노력을 필요로 한다는 점이었다. 상황신학이 연구의 주제로 삼았던 이전의 대상과는 양적, 질적으로 다른 대상이 신자유주의라고 하는 대상이다. 범위 면에서 한 나라나 한 문화권의 내용이 전 세계로 확대되며, 신학적 접근을 해야 하는 문제들도 한 지역의 문제를 넘어 전 지구적인 차원의 문제가 된다. 또한 한 국가나 지역의 모순의 뿌리가 세계적 차원을 가진 문제가 된다. 이것을 역으로 생각하면 직면한 문제에 천착하여 해결 방안을 마련하고자 하는 노력도 그 차원이 넓고 깊어져야 한다는 것을 의미한다. 간단한 예로 외환위기의 문제를 생각해 보자. 외환위기는 한 나라가 직면한 문제이지만 그 문제는 그 나라 내에서 해결될 수 없다. 국제적 협력이나 원조를 통해서만 문제 해결이 가능해진다. 그 문제의 원인도 한 나라 자체 내에서 발생한 일이 아니다. 2008년의 금융위기는 미국에서 발발했지만, 그 영향과 피해가 미국에 국한되지 않았다. 과거로 돌아가서 보면 신자유주의가 전면에 등장하는 하나의 계기가 되었던 원유 파동도 산유국들의 결정이 전 세계적인 파국을 가져온 역사이다. 이 모든 예에서 드러나는 바, 이러한 세계적 차원의 문제는 어느 한 국가나 지역의 문제에 국한되지 않을뿐더러 그 해결 방안도 한 국가나 지역의 차원을 넘어서야 한다.

상황신학의 새로운 패러다임을 논한다는 것은 기존의 상황과는 질적으로 다른 새로운 상황을 전제한다. 그리고 그 새로운 상황에 직면해서 신학이 취해야 하는 새로운 가치관을 반영한다. 여기서 논의되는 새로운 패러다임은 종결된 이야기가 아니다. 무한 경쟁과 그 경쟁을 통한 배제의 논리, 효율성에 집중한 가치 판단, 경제 발전 지상주의 등의 문제에 직면해서 새로운 가치에 입각한 새로운 패러다임을 구상하는 것이 앞으로 전개될 논의의 핵심이다. 이러한 새로운 패러다임은 이미 부분적으로 다루어진 담론이기도 하다. 여기서는 그러한 담론을 이어받아 상황신학이 밀고 나아가야 할 새로운 패러다임으로 좀 더 다듬어 보고자 한다.

상황신학의 새로운 패러다임을 지향하여 진행하고자 하는 내용은 첫째, 기본소득 담론이다. 직업이나 능력에 상관없이 모든 사람에게 지급되는 기본소득의 내용을 미래의 대안으로 제시하며 그 내용을 고찰한다. 둘째, 경쟁을 통한 배제의 논리에서 소외된 이들을 포용하는 새로운 가치관으로의 전환을 글로벌 고령화의 문제와 결부시켜 풀어간다. 셋째, 신자유주의 논리의 중심에 있는 효율성의 신화를 효율적 이타주의와 비교하면서 상황신학이 추구해야 할 가치를 새롭게 조명한다.

1) 기본소득 담론

기본소득에 대하여 논의를 시작하기에 앞서 기본소득이라는 개념에 대한 정확한 개념 정의가 필요하다. 기본소득에 대한 담론은 다양하게 제시된다. 더욱이 기본소득의 실제 적용에 있어서는 그 사회와 국가가 처한 상황에 따른 다양한 수정된 정책이 등장할 수 있다. 이러한 다양한 적용의 가능성을 염두에 두더라도 기본소득이 원래 지향하는 원칙과 방향성에 대해서는 일고할 필요가 있다. 여기서는 한국조세재정연구원의 연구에 의거하여 기본소득의 기본 원칙을 설명하고자 한다. 한국조세재정연구원의 연구위원인 최한수는 기본소득에 대한 일반적 정의에 의거하여 기본소득의 구성요소를 보편성, 무조건성, 개별성, 현금지원, 충분성이라는 5가지로 설명한다.[10]

① 보편성: 한 사회의 구성원이라면 누구나 국적과 연령을 불문하고 수급권자가 될 수 있다. 보편성 원칙에 따르면 한국에 거주하고 있는 외국인 노동자들도 원칙적으로 기본소득을 받을 자격이 주어진다.

② 무조건성: 기본소득의 수급 자격이 소득(혹은 재산) 수준(흔히 말하는 자산조사[means-test] 없이)과 상관없을 뿐 아니라 노동시장에서의 지위 그리고 사회보험료(연금이나 고용보험료)의 납부 여부와도 연계되어 있지 않다. 즉, 일정한 요건을 충족하면 청구권이 무조건적으로 생긴다는 점에서 보험료를 납부한 자에게만 허용되는 사회보험(social insurance)이나 일정한 소득(혹은 재산)과 자격요건을 충족한 사람에게만 주어지는 사회부조(social assistance)와 구별된다.

③ 개별성: 혜택이 주어지는 기초 단위가 가구가 아닌 개인이다. 바로 이 점에서 기본소득제도는 우리나라의 대표적 사회부조제도라 할 수 있

10 최한수, "각국의 기본소득 실험과 정책적 시사점," 한국조세재정연구원, 「재정포럼」 251 권 0호(2017. 5.): 32-57, 34.

는 기초생활보장제도와 차이가 있다. 기초생활보조제도의 기본단위
는 가구이다.

④ 현금지원: 정부가 개인에게 혜택을 부여하는 방식이 현금 이전(cash
transfer) 형태로 이루어진다는 점에서 현물 급여나 조세 지출과 다르다.

⑤ 충분성: 지급 수준이 최저생계비가 아닌 인간다운 삶을 누릴 수 있는
수준이어야 한다.

기본소득이 제4차 산업혁명 시대를 맞아서 새로운 대안으로 부각
되기는 했으나 이에 관한 논의가 이제야 등장한 것은 아니다. 앤디
스턴에 따르면 기본소득에 관한 최초의 논의는 미국에서 등장했다.
그는 기본소득을 최초로 주장한 인물로 미국 건국의 아버지이자 정
치이론가인 토마스 페인을 꼽는다. 앤디 스턴이 전하는 내용을 요약
하면 다음과 같다. 토마스 페인이 주장한 기본소득 개념은 토지의 공
적 성격에 기초한 것이었다. 원래 자연 상태의 토지는 인류의 공동재
산임을 천명하며 토마스 페인은 토지를 경작하는 토지 소유주는 토
지 자체가 아니라 토지를 개선한 데 대한 가치를 획득한다는 의미로
받아들여야 한다고 주장한다. 그러므로 모든 경작된 토지의 소유주
는 자신의 땅에 대한 지대를 공동체에 지불할 의무가 있다는 것이다.
바로 이 지대를 기본소득의 재원으로 삼자는 것이 토마스 페인의 구
상이다. "토지 사유제가 도입됨으로써 많은 사람이 자연으로부터 물
려받은 유산을 상실한다. 우리는 그 대가로 21살이 된 모든 사람에게
15파운드를 일괄 지급해야 한다. 또한 50살이 된 사람에게도 그들이
살아 있는 동안 매년 10파운드를 주어야 한다."[11]

미국에서 등장한 기본소득 개념은 그 후 유럽으로 건너가서 버트

런드 러셀(Bertrand Russel)의 기본소득 개념, 데니스 밀러(Dennis Miller)의 국가 보너스(state bonus) 제도, 제임스 미드(James Meade)의 사회적 배당금 등의 제각기 다른 이름으로 제안되었다. 그러나 그 기본 정신은 오늘날 기본소득과 동일한 가치에 기초한 것이었다.[12] 무엇보다도 제2차 세계대전 이후 결성된 국제연합(UN)의 '세계 인권 선언'(Universal Declaration of Human Rights)에도 기본소득의 정신이 들어 있다. "모든 사람은 자기 자신과 가족이 건강한 삶을 살아가는 데 필요한 음식, 의복, 주택, 의료 및 기타 사회복지 등 적절한 생활 수준을 누릴 권리를 갖는다. 또 실업, 질병, 장애, 배우자 상실, 노화 등과 같이 스스로 통제할 수 없는 상황 속에서 생계가 위험에 처할 때 보호받을 권리가 있다."[13]

유럽에서 발전된 기본소득 논의는 다시 미국으로 회귀한다. 신자유주의 경제학자 밀턴 프리드만(Milton Friedman)은 역소득세(negative income tax)라는 개념으로 기본소득의 시행을 제안했다. "이는 연방 조세제도를 활용해 소득이 일정 수준에 미치지 못하는 개인이나 가정에 보조금을 지급하는 형태로 국민에게 기본소득을 제공한다는 발상이었다."[14] 1968년 미국에서 1,000여 명의 경제학자들은 국민에게 적절한 소득을 보장할 것을 촉구하는 문서에 서명했으며, 그 서명자 중 한 사람인 존 케네스 갤브레이스(John Kenneth Galbraith)는 빈곤 문제의 해결책은 모든 사람에게 적절한 기본소득을 제공하는 것이라고

---

11 앤디 스턴·리 크래비츠/박영준, 『노동의 미래와 기본소득』(서울: 갈마바람, 2019), 275-276.
12 앞의 책, 277-278.
13 UN Declaration of Human Rights; General Assembly Resolution 217A; 1948. 앞의 책 278에서 재인용.
14 앞의 책, 278.

주장했다.[15]

그러나 기본소득 운동을 가장 치열하게 벌인 사람으로서는 마틴 루터 킹을 들 수 있다. 그는 가난의 문제가 해결되지 않은 상태에서 획득한 흑인들의 권리는 형식적 권리에 불과하다고 하였다. 그의 연설문을 살펴보면 그의 단순하고 정확한 논조를 엿볼 수 있다.

이제 나는 가장 단순한 접근이 가장 효과적이라고 확신한다. 가난에 대한 해답은 최근 널리 논의되고 있는 방법, 즉 기본소득에 의해서 가난을 직접 없애는 것이다. … 1년에 200억 달러면 기본소득을 보장할 수 있다. 부정의하고 사악한 베트남 전쟁을 수행하는 데 350억 달러를 쓰는 나라라면 그리고 사람을 달에 보내는 데 200억 달러를 쓰는 나라라면, 하나님의 자녀들을 지구 위에서 자신들의 다리로 서게 하는 데 그만한 돈을 쓸 수 있다 (1967년 연설문).[16]

미국에서의 기본소득 논의가 실제적으로 정치적인 결실을 맺지는 못하였지만 꾸준하게 이론적인 접근은 있었다. 여기서 미국에서 논의된 기본소득 논의들을 간단히 살펴봄으로써 우리의 기본소득 논의에 도움이 되는 길을 찾고자 한다. 앤디 스턴은 여러 전문가가 제시하는 3개의 다른 대안을 소개한다. 그 첫 번째 대안은 예일대 로스쿨의 브루스 애커먼(Bruce Ackerman)과 앤 엘스톳(Anne Alstott) 교수의 안이다. 그들은 18세 생일을 맞은 모든 미국 시민에게 일시불로 8만 달러를 지급하되, 그 재원은 상위 40퍼센트의 부자들로부터 매년 2퍼센트

---

15 앞의 책, 279.
16 강남훈, "왜 기본소득인가," 「기독교사상」(2016. 6.): 44-55. 45에서 재인용.

의 재산세를 거두어 충당하자는 것이다. 그는 이 돈이 젊은이들이 성년의 삶을 시작하는 데 요긴한 돈이기는 하지만, 평생 생계를 유지하는 데 충분한 돈이 될 수는 없다는 지적을 한다.[17]

두 번째 대안으로는 정치학자 찰스 머리(Charles Murray)의 견해를 든다. 머리는 기존의 복지 프로그램들을 모두 중단하고 그 프로그램에 투입된 비용을 모든 시민이 21세가 된 순간부터 죽을 때까지 현금으로 계속 지급하는 방안을 제안한다. 이러한 기본소득을 통하여 국민이 삶에 대해 더 책임 있는 자세를 갖게 된다는 것이다.[18]

세 번째 대안은 사회적 기업가 피터 반스(Peter Barnes)의 구상이다. "그의 이론은 토머스 페인의 사상, 즉 모든 인간은 자연으로부터 물려받았거나 공동으로 창출한 부를 통해 소득을 얻을 권리가 있다는 개념을 바탕으로 한다. 반스에 따르면 공기, 물, 전자기파 스펙트럼 등은 모두의 공통 자산이며 특허권, 저작권, 상표권 등과 같은 지식재산권은 인류가 함께 창출한 자산에 해당한다. 그러므로 연방정부가 이런 권리를 특정인에게 부여한다는 의미는 지식재산권을 가진 개인이나 기업에 수익 창출을 위한 '임시적' 독점권을 제공한다는 뜻이다. 미국의 소프트웨어나 엔터테인먼트 기업 그리고 제약 회사들이 소유한 지식재산 가치는 5조 달러가 넘는다. 반스는 이 기업들이 자사의 지식재산권을 침해받지 않는 대가로 정부에 수수료를 납부하는 것은 매우 정당한 일이라고 믿는다."[19] 공기를 이용하거나 오염시켜서 돈을 버는 기업은 공기 사용료를 내야 하며 그 기금을 스카이

---

17 앤디 스턴 · 리 크래비츠/박영준, 『노동의 미래와 기본소득』, 282-283.
18 앞의 책, 283-284.
19 앞의 책, 284-285.

신탁기금에 모아 18세 이상의 미국 시민에게 배당금을 지불한다는 구상을 내놓기도 했는데, 이 대안에 따르면 모든 미국 성인에게 연간 5,000달러의 배당금을 지급할 수 있다고 한다. 밴스의 이러한 대안에 대해 앤디 스턴은 그 주된 목표가 국민의 소득 수준을 향상시키는 데 있기보다는 환경오염을 줄이는 데 있다고 평한다.[20]

지금까지 기본소득의 기본 개념 및 미국에서 논의된 기본소득의 예를 들었다. 이제는 기본소득 논의에 있어서 문제점으로 지적되는 몇 가지 질문들을 중심으로 논의를 지속하고자 한다. 이에 관하여는 각 나라의 구체적 현실에 대한 구체적 논의가 뒤따라야겠지만, 일단 논의의 단초를 연다는 의미로 평이하게 기술된 강남훈의 설명을 소개하고자 한다. 사실 강남훈의 설명은 비전문가 독자들을 고려한 쉬운 설명이기 때문에 기본소득 담론의 단초를 여는 데 적합하다고 생각한다. 물론 앞으로 진행될 기본소득 연구에는 더 전문적이고 여러 정치 · 경제적 상황을 고려한 구체적인 담론이 뒤따라야 할 것이다.

강남훈은 선별복지와 기본소득을 비교하는 것으로 논의를 시작한다. 이 두 가지의 차이로 느껴지는 속성은 기본소득을 동일하게 적용하는 가운데 계층별 세금을 다르게 조절함으로써 선별복지와 동일한 효과를 낼 수 있다는 것이다. 이러한 논의를 통해서 강남훈은 다음과 같이 결론 맺는다. "선별복지냐, 기본소득이냐 논쟁할 필요가 없다. 두 정책은 동일한 재분배 효과를 낳을 수 있기 때문이다. … 가난한 사람을 도와주는 정책에는 찬성하지만, 부자까지 도와주는 것에는 반대하는 사람이라도 기본소득에 반대할 이유가 없다. … 선별복지

---

20 앞의 책, 285.

와 기본소득(역진세)은 동일한 재분배 효과를 낳지만, 기본소득(역진세) 정책은 다음과 같은 이유에서 더 바람직하다. 첫째로 가난한 사람에게 수치심을 안겨 주는 낙인효과가 없다. 둘째로 부당하게 자격심사에서 떨어져서 못 받는 경우가 없어진다. 셋째로 행정비용이 적게든다. 선별복지에서는 자격심사 비용이 들지만, 기본소득(역진세)에서는 자격심사 비용이 들지 않는다."[21]

기본소득이 선별복지에 비해서 가지는 가장 중요한 경제학적인 장점으로 복지함정의 문제가 없다는 점을 들 수 있다. 선별복지의 경우 최저생계비 이하의 사람들에게 선별복지 정책을 실시한다면, 최저생계비 이상의 소득이 발생하는 경우 선별복지 혜택에서 제외될 것이기 때문에 선별복지의 수혜자들은 일자리가 있어도 일을 안 하게 되는 문제가 있다. 그러나 기본소득의 경우 일을 해서 소득이 발생하는 것이 기본소득의 수금에 전혀 영향을 주지 않기 때문에 그로 인한 일자리 기피 현상이 발생하지 않게 된다. "이와 같이 기본소득은 선별복지에 비해서 저소득층에 대한 노동 유인이 훨씬 크다. 이것이 기본소득이 갖는 중요한 장점이다. 가난해서 남의 도움을 받는 사람들이 일자리가 주어졌을 때 기꺼이 일하는 사회가 제대로 된 사회일 것이다."[22]

기본소득 논의가 최근에 새로이 급물살을 타게 된 데에는 제4차 산업혁명이라는 시대적 변화가 가져오는 인류의 미래에 대한 성찰의 영향이 크다.

---

21 강남훈, "왜 기본소득인가," 「기독교사상」 (2016. 6.), 48.
22 앞의 글, 50.

기본소득을 세계적인 아젠다로 부상시킨 것은 2017년 세계경제포럼 (WEF, 소위 다보스포럼)이었다. 2017년 세계경제포럼(다보스포럼)에서 제4차 산업혁명에 따른 인공지능과 로봇 기술의 발전, 고용 없는 성장, 양극화 대안으로 기본소득을 논의함으로써 기본소득에 대한 전 세계적 관심을 더욱 촉발시켰다. 다보스포럼에서는 제4차 산업혁명으로 테크놀로지가 인간의 노동을 대체하여 향후 710만 개의 일자리가 사라질 것이라 전망했다. 이로 인해 불평등과 양극화는 더욱 심화될 것이고, 이는 경제 체제의 지속가능성에 심각한 도전이 되기 때문에 분배방식의 대안 체제로 기본소득이 필요하다는 것이다.[23]

제4차 산업혁명으로 인한 일자리 상실과 그 결과로 예견되는 빈익빈 부익부의 극대화는 오늘날 신자유주의 가치관이 주도하는 부정적인 세계 질서를 더욱 가속화시킬 것으로 예견된다. 단순한 한 분야의 기술 혁명이 아니라 정보와 기술이 융합되고 일상의 삶과 IT 기술이 접목되며 로봇을 통한 예측 불가능한 규모의 생산과 처리 능력들이 가능한 현실로 등장할 제4차 산업혁명 시대에는 그러한 첨단기술이라는 도구를 소유한 그룹과 소유하지 못한 그룹들 사이에 건널 수 없는 심연의 골이 형성될 것이다. 사실 이렇게 야기될 수 있는 문제는 제4차 산업혁명이라는 기술 발전 자체의 문제는 아니다. 오히려 그러한 기술적 발전 배후에 자리한 윤리와 가치의 문제이다. 기본소득에 관한 경제적 · 정책적 논의는 그 분야 전문가들과 함께 연구하고 배워야 할 내용이겠으나, 그 논의의 전제가 되고 바탕이 되는 윤리적 가치

---

23 석재은, "기본소득에 관한 다양한 제안의 평가와 과도기적 기본소득의 제안: 청장년 근로시민 기본소득이용권," 「보건사회연구」 38(2) (2018): 103-132, 104.

의 문제는 신학이 제시하여 공론화해야 하는 문제일 것이다. 이러한 면에서 앞서 이야기한 학제 간 연구의 의미가 있다.

신학에 제시하여야 하는 가치는 예수의 가르침에 그 근거를 가진다. 누가복음에 의하면 예수는 첫 회당 설교에서 이사야의 글을 낭독함으로써 그의 공생애 사역의 근본 가치를 설파한다. "주의 성령이 내게 임하셨으니 이는 가난한 자에게 복음을 전하게 하시려고 내게 기름을 부으시고 나를 보내사 포로된 자에게 자유를, 눈먼 자에게 다시 보게 함을 전파하며 눌린 자를 자유롭게 하고 주의 은혜의 해를 선포하게 하려 하심이라"(눅 4:18-19). 이러한 근본적인 가치는 구체적으로 예수의 비유에서 새로운 경제적 가치관으로 드러난다. 마태복음 20장에 등장하는 포도원 품삯의 비유는 일상적으로 평가하는 노동과 품삯의 관계를 허문다. 더 많이 일한 사람, 더 경쟁력 있는 사람, 더 효율적인 사람이 더 많은 품삯을 받아야 한다는 기존의 고정 관념을 허물어 모두에게 동일한 품삯이 지불되는 기이한 경제를 선보인다. 그러나 기이하다고 하는 우리의 생각은 우리가 길들여진 경쟁적 경제 원리에서의 관점에 의한 것일 뿐이다. 자본주의 특히 오늘날의 신자유주의적 자본주의 가치에 따르면 더 많은 시간, 더 많은 노동력, 더 효율적인 생산 방식, 더 경쟁력 있는 사람들은 그에 상응하는 부를 획득할 권리가 있다. 생산을 통해서 얻어진 재화가 모두에게 분배되는 것이 왜 문제인가? 나보다 일을 적게 한 사람이 나와 동등한 대우를 받는 것이 왜 문제일까?

예수의 가르침에 기초한 기독교 신학의 가치는 무한 경쟁의 신화를 형성한 신자유주의 체제를 근원적으로 뒤흔들어야 한다. 그리고 그러한 새로운 가치 창조의 첫걸음이 기본소득 담론이라고 생각한다.

2) 배제에서 포용으로 - 글로벌 고령화의 문제

오늘날 시대적 상황을 규정하는 가장 중요한 내용 중의 하나는 고령화 문제이다. 전 세계적 고령화는 그 현상에 대한 해석은 다양할지 몰라도 그 사실 자체에 대해서는 누구도 반박하지 않는 현재와 미래의 사실이다. 인류의 미래를 걱정하는 사람들의 뇌리에 가장 큰 주제 중의 하나로 자리하는 주제라고 할 수 있다. 그리하여 고령화 문제에 대한 일반론은 물론이거니와 학술적인 논문 및 저술들도 각 학문 영역에서 등장하였다. 물론 신학적인 연구들도 다양하게 제시되었다. 그러나 지금까지 진행된 신학적 연구들은 대부분 교회 내적인 과제에 집중되어 있다. 다시 말해서 지금까지의 연구는 목회적인 관심, 선교적인 관심이 중심이 되어 있고, 구체적으로는 기독교 노인 복지 문제, 교회 내의 노인 교육 문제, 노인 선교 문제 등에 집중한다.[24]

전체 인구의 고령화의 문제는 교회의 고령화를 수반한다는 점에

---

24 지금까지 연구된 주제들은 교회 내적 과제에 집중한다. 기독교 선교라는 주제도 넓게 보면 교회의 확장이라는 측면에서 교회 내적 과제라고 볼 수 있다. 이러한 연구들은 다음과 같다. 최성훈, 『고령사회의 실버목회』 (서울: 기독교문서선교회, 2017); 폴 스티븐스/박일귀, 『나이듦의 신학』 (서울: 도서출판 CUP, 2018); 김영동, "교회 노인학교와 노인선교의 전망," 장로회신학대학교 기독교사상과 문화연구원, 「장신논단」 21(2004): 305-329; 오성주, "노인신학과 기독교 교육적 과제에 대하여," 감리교신학대학교, 「신학과 세계」(2005): 33-67; 박신경, "아름다운 마무리 노년을 위한 기독교교육의 방향성," 영남신학대학교, 「신학과 목회」 36(2011): 159-179; 김진영, "탈인습적 노년기 교육과정 연구," 연세대학교 신과대학(연합신학대학원), 「신학논단」 80(2015): 111-139; 김정희, "노인부양의 공적 책임에 대한 기독교적 이해," 연세대학교 신과대학(연합신학대학원), 「신학논단」 88(2017): 55-83; 서문진희, "고령 초고령 교회의 사역 방향성에 관한 연구," 한국기독교학회, 「한국기독교신학논총」 104(2017): 309-331; 김성호, "고령사회 속 기독교 노인복지의 화두 - '안티 에이징과 웰 에이징'을 대하는 기독교 윤리적 시선," 「기독교사회윤리」 43(2019): 9-37.

서 교회 내적인 고령화 문제가 기독교 신학이 돌파해야 할 중요한 과제임은 분명하다. 그런 면에서 고령화 내지 노인의 문제에 관해서 지금까지 수행된 신학적 연구는 나름대로 의미가 있다. 그리고 그렇게 축적된 연구를 통하여 교회의 현재와 미래의 바람직한 모습을 그려보고 구현하는 것 또한 바람직한 노력이다. 본서에서는 그러한 노력들의 기반 위에서 한 걸음 더 나아가는 신학적인 시도를 수행하고자 한다. 기독교 신학이 일차적으로 교회를 위한 학문임은 누구도 부정할 수 없을 것이다. 그러나 신학은 신학이 몸담고 있는 사회적 상황에 대해서도 책임 있는 응답을 해 주어야 한다. 특별히 고령화라고 하는 주제는 교회와 사회가 동일하게 직면한 문제이다. 이에 관하여 교회 내적인 신학적 응답이 전 사회적 응답으로 확산되어 교회가 하나의 모범사례가 될 수 있는 길은 없을까 하는 것을 고찰하고자 함이 다루어질 내용이다.

고령화의 문제는 인류가 맞닥뜨린 가장 첨예한 현실이 되었다. 고령화에 대한 생각, 대안 등의 차이는 있을지 몰라도 고령화의 문제를 부정하는 사람은 없을 것이다. 전 세계적으로 노인 인구의 절대 숫자는 물론 전체 인구에서 노인 인구가 차지하는 비율도 증가하고 있다. "UN(2015b)에 의하면 전 세계적으로 인구증가율은 둔화되고 있지만 출산율 저하와 평균수명 연장으로 인하여 2015년 9억 명이던 60세 이상 인구는 매년 3.3%씩 증가하여 2050년에는 21억 명에 달하여 세계 인구의 21.5%를 차지할 것으로 예상된다."[25]

고령화라고 하는 현실과 그에 따른 전 방위적인 영향이 전 세계를

---

25 최성훈, 『고령사회의 실버목회』 (서울: 기독교문서선교회, 2017), 22-23.

강타하고 있다. 영양과 의학의 발달로 인간의 수명이 늘어나고 그에 반해 출산율은 점점 줄어가고 있으니 전 세계의 고령화는 피할 수 없이 도래한 현실이겠으나, 문제는 고령화가 끼치는 사회적 영향이다. 고령화가 가장 빠르게 도래한 나라 중 하나인 일본의 경우를 보면 "2011년 일본에서는 성인용 기저귀 매출이 아기 기저귀 매출을 앞지르기 시작했다."[26] 이는 고령화의 현실을 보여줄 뿐 아니라 고령화에 따라 상품의 성격 자체가 새롭게 규정됨을 보여준다. 기저귀는 하나의 예일 뿐이다. 상품뿐 아니라 전반적인 사회의 모든 요소에 고령화에 따른 변화가 필연적으로 일어난다.

이런 변화의 속도가 가장 빠르게 일어나는 나라가 대한민국이다. "한국은 2000년에 고령화율[27] 6.8%로 고령화 사회로 진입했고, 2017년 8월 기준 14%를 넘으면서 고령사회로 접어들었다. … 한국의 고령화 속도는 여러 측면에서 우려를 낳는다. 노인들을 위한 제도와 담론을 형성할 여유가 충분치 않고, 논의가 필요한 사안이나 천천히 인식을 바꿔 나가야 할 부분이 속도에 밀려 외면당하기도 쉽기 때문이다. 고령화 속도의 모델로 삼을 만한 선례 부재, 그동안 한국 사회에 축적된 노인 혐오, 세대 갈등과 연령주의, 생계 중심 노인복지의 한계 등 이미 떠안고 있는 조건도 만만치 않다."[28]

세계 각국이 직면하는 고령화의 현실은 일차적으로 우리에게 부

---

26 조지프 F. 코글린, "장수는 새로운 발명과 비즈니스를 창조한다," 폴 어빙 엮음/김선영 옮김, 『글로벌 고령화 위기인가 기회인가』 (서울: 글담출판사, 2017), 111에서 재인용.

27 전체 인구에서 65세 이상이 차지하는 비율을 고령화율이라고 한다. 이 비율이 7% 이상이면 '고령화 사회', 14% 이상이면 '고령 사회', 20% 이상이면 '초고령 사회'로 분류한다. 한국은 2025년에 초고령 사회로 진입할 것으로 예견된다.

28 EBS '100세 쇼크' 제작팀, 『100세 수업』 (파주: 윌북, 2018), 58-59.

정적인 현실로 다가온다. 개인적으로 겪게 되는 노화에 따른 신체 약화와 질병의 문제는 말할 것도 없거니와 개인적으로 차이는 있을지 몰라도 대부분의 노인들이 겪게 되는 일자리 상실과 그로 인한 사회적 소외 및 정신적 황폐, 경제적 어려움 등은 일반적으로 생각할 수 있는 고령화의 문제들이다. 문제는 여기서 끝나지 않는다. 국가적, 사회적 맥락에서 고찰할 때, 생산 가능 인구 축소로 인한 생산성 저하는 물론 국가적 차원에서의 노인 부양 부담 증가로 인한 정부 재정 악화, 내수 소비 시장의 악화, 의료비 증가로 인한 사회적 비용 증가, 노인 부양 때문에 빚어지는 가정 경제의 문제 및 불화, 국민연금 및 노령연금 등 사회적 비용의 증가와 그로 인한 공적 자금의 부실 등이 상정할 수 있는 고령화로 인한 부정적 현상들이다. 이러한 현상들의 결과로 빚어지는 세대 간 갈등 또한 무시할 수 없는 부정적 현실이다. 이러한 부정적 현실들을 어쩔 수 없는 현실로 그저 받아들이고 말 것인가 혹은 그와는 다른 새로운 가능성의 길을 모색할 것인가?

고령화의 현실은 사회적 차원에서만 고려될 일이 아니다. 개인에게 닥쳐오는 노화라고 하는 현실은 삶의 큰 문제로 다가온다. 노화에 따른 건강의 문제는 물론 은퇴로 인한 경제적 문제는 대부분 노인들이 겪는 문제이다. 그러나 그들이 겪는 문제는 건강이나 경제적 문제뿐 아니라 은퇴로 인한 사회적 관계의 상실, 무대에서의 퇴출로 겪는 심리적 상실감, 자녀와의 문제 등으로 복잡한 양상을 띤다. 박윤희의 박사학위 논문은 우리나라 노인 문제의 현실을 잘 드러내어 준다.

그러나 현실적으로는 개인도 사회도 예상치 못한 고령화와 관련된 사회·경제적 변화의 부정적 여파를 깨닫는 데에 많은 시간이 걸렸다. 일자리,

교육체계, 의료 및 복지 분야 등 사회정책 및 공적 기관조차 고령화의 변화와 문제에 적절히 대응하지 못했으며, 무엇보다 준비 없이 노년기를 맞이한 개인들의 삶은 더욱 열악하다.

우리나라 노인의 자살률이 OECD 국가 중에서 가장 높다는 결과가 그것의 단적인 예라고 할 수 있다. 한국보건사회연구원의 2014년 노인실태조사에 의하면, 노인의 10.9%가 자살을 생각해 본 적이 있으며, 이 중 12.5%가 실제로 자살을 시도한 적이 있었다고 응답했고, 자살 생각의 이유로 경제적 어려움(40.4%)과 건강 문제(24.4%)라고 응답하였다. 또 기혼자녀와 동거하는 노인 중 24.4%가 경제적 능력 부족 때문에 자녀와 동거한다고 응답했다. 노인의 23%를 차지하는 독거노인들의 경우, 생활의 어려움으로 경제적 불안감(25.8%), 아플 때 간호 문제(25.6%), 심리적 외로움(21.7%)을 꼽았다. … 급속한 고령화에 따른 급격한 사회변화와 부족한 노후 준비가 복합적으로 작용하여 노인 빈곤, 노인 자살 및 고독사의 급증, 의료비 지출 증가, 세대 갈등 등과 같은 심각한 사회 문제를 야기하고 있는 것이다.[29]

우리는 대개 개인적 차원의 노화의 문제를 육체적, 정신적 건강 내지 재정의 문제 등에 집중해서 생각하는 경향이 있다. 그러나 여기에 간과해서는 안 되는 중요한 요소가 있는데, 그것은 제도와 관계의 문제이다. 노화로 인한 개인적, 사회적 부정성을 해소하는 사회적 제도 혹은 닥치는 어려움을 완화할 수 있는 가족적, 사회적 관계망 등이 그것이다. 개인의 경제적인 문제와 건강상의 문제가 중요한 문제임

---

29 박윤희, "중년기의 성공적 노화에 대한 인식이 노후준비 행동에 미치는 영향 — 노후준비 교육의 매개효과 검증"(사회복지학 박사학위 논문, 2017), 1-2.

에는 분명하나, 이는 의학이나 경제 전문가 집단에서 논의할 사항이 기도 하거니와, 본서에서 다루어서 가능한 대안을 산출할 수도 없는 분야이기에 생략하기로 한다.

사회적 현상으로나 개인적인 상황으로 보나 고령화는 대개 부정 적인 현상으로 인식된다. 그리고 그것은 일정 부분 사실이다. 이미 앞에서 이야기한 자료들이 그런 사실을 뒷받침해 준다. 그러나 고령 화라는 현실이 부정적인 것은 어쩌면 그 사실 자체보다는 노년을 부 정적으로 보는 시각에서 비롯된 것인지도 모른다. 스탠퍼드 대학교 장수연구소 소장인 로라 카스텐슨은 노화와 관련된 쟁점이 노화를 바라보는 사회의 시각에서 비롯되는 것이라고 항변하며, 오히려 노 년기라는 자원은 긍정적인 자원이라고 역설한다. "인류 역사상 처음 으로 전 세계에 자원이 점점 늘고 있다. 그 자원은 바로 수백만 명의 노인들로 이들은 이전 세대의 노년층보다 교육 수준이 높고 더 건강 하다. 또 사회에 변화를 주고자 하며, 그렇게 할 수 있을 만큼 지식이 풍부하고 정서적으로도 안정되어 있다. … 따라서 21세기 초의 핵심 적인 도전 과제는 나이가 들면서 나타나는 긍정적 요소들을 사회를 위한 인프라 구축에 활용하는 것이다."[30]

일차적으로 상정하게 되는 고령화의 부정적 측면에도 불구하고 나름대로 긍정적 측면을 제시하는 사람들은 "인간의 노화에 대한 잘 못된 이미지를 걷어내면 오히려 기업에는 새로운 비즈니스 기회를, 의학 분야에는 혁신적 예방과 치료 기술의 발전을, 자선 사업 분야에 는 노인들의 풍부한 지혜를, 대학에는 인생 2막을 준비하는 노인 학

---

30 로라 카스텐슨, "고령화 사회를 바라보는 두 가지 시선," 폴 어빙 엮음/김선영 옮김, 『글로 벌 고령화 위기인가 기회인가』(서울: 글담출판사, 2016), 50.

생이라는 새로운 수요를 만들어 낼 것이라고 주장한다."[31] 글로벌 고령화의 긍정적 측면을 이야기하는 근거는 새롭게 맞게 되는 글로벌 고령화가 과거 세대와는 전혀 다른 특성을 지닌다는 점에 있다. 미래에셋 은퇴연구소 상무인 이상건은 새로운 글로벌 고령화의 특징을 몇 가지로 설명한다. "과거 세대와는 전혀 다른 '신노년층이 몰려온다!"고 주장하는 그의 의견을 요약해 보자.

인류 역사상 이렇게 대규모로 사람들이 늙어간 적은 없다. 심지어 조만간 일부 국가는 고령 인구가 젊은 인구보다 많아지는 초유의 상황을 겪게 될 것이다. 지금도 소리 없이 고령화 혁명이 진행되고 있다. 고령화는 기존 상품을 재정의하기도 하는데 대표적인 예가 기저귀 산업이다. 2011년부터 일본에서는 성인용 기저귀 판매량이 아기용 판매량을 추월했다. 기저귀란 제품의 콘셉트 자체가 근본적으로 바뀐 것이다. 돌봄 산업이 점차 커지는 것도 고령화로 인한 시대적 변화의 증거이다. 미국, 유럽 등지에서는 혼자 사는 노인들을 위한 돌봄 서비스가 정부 부문뿐 아니라 민간 비즈니스 분야에서도 성장세를 보이고, IT 기술을 바탕으로 노인들의 건강을 원격 관리하는 산업도 크게 주목받고 있다.… 한 걸음 더 나아가 일부 선진 기업들은 '회색 천장'을 없애려는 노력을 하고, 생산 현장을 고령 노동자 친화적으로 바꾸고 있다. 글씨를 크게 하고 동선을 짧게 만드는 등 작업 환경 구조 개선을 통해 생산성 증가를 꾀하는 것이다. … 먼저 이들은 규모 면에서 압도적이다. … 일본을 선두로 유럽에서는 독일, 이탈리아 등이 초고령 사회에 진입했다. 유엔의 전망에 따르면 2020년에 60세 이상 인구가

31 이상건, "우리 시대의 가장 큰 흐름, 고령화 혁명," 폴 어빙/김선영, 『글로벌 고령화 위기인가 기회인가』, 14.

10억 명에 이르게 된다고 한다. 조만간 10억 명이라는 거대한 시장이 수면 위로 떠오르게 될 것이다.

신노년층은 과거 노인들과 달리 가난하지 않다. 미국 연방준비제도 이사회의 연구조사에 따르면 양도성 예금증서의 85%, 채권과 주식의 79%, 퇴직 계좌의 63%, 전체 금융 자산의 72%를 50세 이상 노년층이 보유하고 있다. 미국만 그런 것이 아니다. 초고령 국가인 일본은 60세 이상 노년층이 일본 금융기관에 맡겨 놓은 돈의 60%를 보유하고 있다. 우리나라도 조만간 일본과 같은 길을 걸을 가능성이 높다. 현재 50~60대가 전체 금융 자산의 60%가량을 보유하고 있는데 10년 후 그들이 60~70대가 되면 일본처럼 노년층이 금융 자산에서 큰 비율을 차지하는 사회가 될 것이다.

이들은 인터넷, 모바일과도 친화적이다. 미국의 경우 65세 이상 인구 중 3분의 1이, 50~64세 인구 절반이 소셜 네트워킹 사이트를 이용한다고 한다. 노년층의 모바일 쇼핑도 계속 늘어나는 추세다.[32]

이상에서 보이는 것처럼 노년에 대한 부정적 사고는 긍정적 사고로 대치될 수 있다. 문제는 현상 그 자체가 아니라 그 현상을 바라보는 시각이며 현상에 대한 해석이다. 노년에 대한 부정적 사고와 긍정적 사고 두 입장에 대한 평가는 후반부에 다시 논의될 것이다.

논의를 발전적으로 진행시키기 위해 고령화에 대한 신학적 해석 중 이관표와 김진영의 연구 내용을 중심으로 개관하고자 한다. 고령화에 대한 신학적 해석들은 다양하지만, 그중에서 상기 두 연구가 발전적 대안을 위한 토대로써 중요한 가치를 지닌다고 생각한다.

---

32 앞의 책, 14-16.

부정성의 극단을 넘어서는 가능성으로서의 노년 정의

부정성의 극단으로서의 노년을 고찰하는 과정을 통하여, 그럼에도 불구하고 그 부정성에 매몰되지 않고 성서를 통한 노년의 신학적 의미를 찾아가는 이관표의 논문은 이런 점에서 우리가 참고할 만하다. 이하 그의 논문의 요점을 소개한다.

성서에 등장하는 노년의 부정성은—이관표에 의하면— 세 가지로 요약된다. 노년의 부정성은 첫째, 생명력이 약해지고 몸의 기관들이 시들어가는 것으로 나타난다. 이삭은 나이가 들어 눈이 침침해져서 아들을 구분하지 못한다(창27:1). 엘리 역시 나이 때문에 눈이 보이지 않는다(삼상3:2). 다윗도 늙어서는 오한 때문에 잠자리에서 젊은 여인을 필요로 했다(왕상 1:1-4).[33]

둘째, 노년은 신체적 기관이 약해질 뿐 아니라 사회적 역할에서도 배제된다. "노년은 걸음도 걷지 못하는 시기이며, 그래서 그는 더 이상 사회에 도움을 주지 못한다. '더 이상 걸음이 옮겨지지 않'[34]기에 '길거리에 늙은 남자들과 늙은 여자들이 앉을 것인데, 다 나이가 많기'(슥8:4) 때문이다. 걸음을 옮기지 못하는 것은 남자로서 그리고 한 명의 일꾼으로서 제대로 살아갈 수 없음을 의미한다. 그래서 노년은 전쟁에 나가거나 일할 수 있는 자의 명단에 들어가지 못하고 늙은 여인들은 난리에 수모를 당할 수밖에 없다."[35]

셋째, 노년은 자신의 경험 안에서 죽음이라는 부정성의 극단에 이

---

33 이관표, "소수자로서의 노년에서 꿈을 꾸는 노년으로 – 노년의 신학적 의미에 대한 연구," 문화신학회 엮음, 『소수자의 신학』 (서울: 도서출판 동연, 2017), 144.

34 Eberhard Jüngel, Tod (Stuttgart: Krez Verlag, 1983), 85. 앞의 책에서 재인용.

35 앞의 책, 144.

르게 된다. 세상의 모든 사람은 죽음으로부터 도피할 수 없다. 성서에 의지하지 않더라도 모든 인간이 죽는다는 것은 부정할 수 없는 사실이다. "성서가 일반적으로 이야기하는 노년은 부정성이 극단화되어 죽음 안으로 사라지게 되는 시기를 의미한다."[36]

이러한 부정성으로서의 노년의 특징을 말하면서 이관표는 거기에 매몰되지 않고, 부정성의 의미를 새롭게 해석한다. "놀라운 것은 그러나 이 부정성이라는 것이 우리에게 분명 한계이고 두려운 것이지만, 이와 동시에 인간이 이 한계를 넘어설 수 있게 해 주는 분명한 가능성의 근거라는 사실이다. 다시 말해 자기 자신 안에 어쩔 수 없이 들어와 있는 부정성과 한계를 직시함을 통해 이제 인간은 삶 안의 고착된 것을 허물고 새로운 실존을 향해 나아감과 동시에 세계 안에 고착되어 있는 억압과 착취의 관계를 허물고, 새로운 존재의 관계를 향해 '초월'해 나아갈 수 있다."[37]

노년의 부정성을 새롭게 이해하는 과정을 통해 노년의 사회로부터의 거리두기를 긍정적으로 해석할 수 있다. "노년은 사회를 위한 충분한 노동의 시간을 '이미' 보내왔고, 이제 육체적 깨어짐, 즉 노화 때문에 더 이상 사회의 효용성을 만족시킬 필요가 없는 단계에 이르렀다. 만족시킬 수도 없고, 만족시킬 필요도 없다. 다시 말해 그는 이제 노화되었고, 그의 일을 이미 충분히 수행하였으며, 그래서 사회는 그에게 자본주의적 효율성을 따르는 노동을 요구할 수 없고, 요구해서도 안 된다."[38]

---

36 앞의 책, 145.
37 앞의 책, 148.
38 앞의 책, 149-150.

노년에 맞게 되는 부정성의 극단을 긍정적으로 재해석하는 과정을 통해 이관표는 노년의 신학적 의미를 새롭게 규명하는데, 이는 우리의 논의를 위해서도 시사하는 바가 크다. 그에 의하면 "부정성 앞에 극단적으로 마주하게 되는 노년이 가지게 되는 첫 번째 신학적 의미는 그가 기존의 종교적 자세에서 벗어나 참다운 종교적 삶으로 자기를 개방하여 들어서게 된다는 점이다. 다시 말해 노년은 부정성의 극단화 경험 안에서 자신의 유한성을 깨닫고, 그럼으로써 진정한 하나님의 나라에로 자신을 개방시킨다."[39]

부정성의 극단화로서의 노년의 두 번째 신학적 의미는 부활희망이라고 그는 말한다. "부정성의 극단화를 통해 자신을 억압하는 세상으로부터 초월해 나아가고, 그럼으로써 거기로부터 거리를 두며 해방될 수 있는 노년만이 부활을 희망할 수 있다. 이러한 노년만이 부활을 희망하면서 죽음을 당연시하는 현실의 질서에 거리를 두면서 죽음이 더 이상 존재하지 않고 모든 창조질서가 회복된 하나님 나라를 희망할 수 있다. 노년은 세상으로부터 초월하면서 하나님 나라와 부활희망을 꿈꾸고, 신앙과 신학의 이야기를 새롭게 경험하여 구성해 갈 수 있는 가장 알맞은 시기이다."[40]

노년에 대한 새로운 가능성 추구
— 탈인습적(postconventional) 노년기 교육과정 연구를 통하여

노년을 새로운 가능성의 대상으로 보고 그들을 위한 탈인습적 교육과정을 제시하는 김진영의 연구는 노년을 위한 신학적 과제를 지

---

39 앞의 책, 150.
40 앞의 책, 153-154.

향함에 있어서 좋은 길잡이가 된다.

일반적으로 노인들이 경험하는 상실은 신체적 상실, 물질적 상실, 관계적 상실로 드러난다. "이러한 상실들은 노년기의 문제점으로 쉽게 연결될 수 있는데, 즉 신체적 상실로 인한 질병, 죽음에 대한 두려움, 관계적 상실에서 오는 심리적 단절감, 우울감, 소외감 그리고 물질적인 상실로 인한 노후 대책 및 노후 복지와 관련된 문제들이다."[41] 이러한 노인들을 위한 교회 공동체의 대처도 미흡하다는 것이 김진영의 견해이다. 특별히 노인을 위한 교회 교육의 문제를 지적한다. "한국교회는 교회 내 노년층들의 증가 및 주변인으로서의 자리매김 그리고 역삼각형 구조의 인구 비율과 같은 현상에 상응하여 교육적 대안 마련이 시급하지만, 일반적으로 부족한 예산, 열악한 환경, 노년층을 대상으로 한 교육에 대한 이해 부족, 전문 사역자의 부족 등과 같은 한계로 인해 적절한 교육적 수행에 어려움을 겪고 있다."[42]

노년기에 접어든 학습자를 기존의 부정적인 시각에서 새로운 가능성의 시각으로 재조명하는 과정을 통하여 김진영은 탈인습적 교육과정을 제안한다. 이러한 교육과정은 노인을 사회적 약자, 생산적인 존재라기보다는 소모적인 존재, 무기력한 주변인 등으로만 여기는 기존의 사고 틀을 벗고 앎(knowing)과 함(acting)의 수행이 가능한 창조적인 교사로서의 탈인습적 정체성을 발견함을 지향한다. "생산성(productivity)을 중심으로 인간을 평가하는 자본주의 문화 속에서 노년기 학습자들은 노화(aging)에 따른 신체적, 정신적, 사회적 변화를 겪으면서 과거에 경험하지 못했던 상실감, 두려움, 고독, 소외 그리고

---

41 김진영, "탈인습적 노년기 교육과정 연구," 「신학논단」 80(2015), 118.
42 앞의 논문, 122.

의존적 경향 등에 의해 스스로를 무기력한 주변인으로 여길 수 있는데, 이러한 학습된 무기력증(learned helplessness)과 같은 노화에 대한 소극적 태도는 노년기에 이르러서야 수행 가능한 앎과 함의 역할 가능성을 간과하게 하거나 좌절시킬 수 있다."[43] 이에 반하여 탈인습적 교육과정은 노인의 삶의 경험을 중요한 자원으로 자리매김하여 교회 공동체 안에서 중요한 자원이 되도록 이끄는 것이다.

구체적으로 노년을 위한 탈인습적 교육과정이란 무엇일까? 이에 대해 김진영은 기존 노년기 학습자를 위한 인습적 교수·학습 과정과 탈인습적 교육과정을 대비시킨다. 인습적 학습 과정은 교수자의 일방적 강의와 학습자의 경청으로 구성된다. "이러한 교수·학습 과정은 생애 주기 속에서 아직 전반적인 정보를 경험하지 못했거나, 기회가 없었던 아동기에 수행되는 주입식 교수·학습 과정과 다름없어 보인다."[44] 그러나 노년기 학습자들은 많은 경험과 삶의 성찰을 가지고 있는 대상들이다. 이에 탈인습적 교육과정은 "노년기 학습자들의 경험 속에서 이끌어 낼 수 있는 교훈적 주제들을 한편에 두고, 노년기 학습자들을 위해 필요한 창조적인 교사로서의 앎과 함을 위한 교육 내용을 다른 한편에 두면서 양편의 내용을 관계성, 평등성, 개방성을 바탕으로 한 상호 간 변증법적인 대화를 통해 교수 내용을 계획함으로써 노년기 학습자들의 적극적인 참여를 유도하도록 한다."[45]

탈인습적 교수·학습 과정이 구체적으로 갖추어야 할 덕목으로 김진영은 '참여', '성 차이에 대한 고려', '전유된 지혜'에 주목하기를 든

---

43 앞의 논문, 127.
44 앞의 논문, 128.
45 앞의 논문, 128-129.

다. 이 세 가지 덕목에 대한 소개 및 추가로 고려해야 할 내용을 정리하고자 한다.

첫째, 탈인습적 교수-학습 과정은 참여적이어야 한다. 이는 사회적, 심리적으로 소외를 겪고 있는 노인들이 사회적, 심리적 단절을 극복할 수 있는 단초를 제공함과 동시에 새로운 관계성을 제공할 수 있다. 구체적으로는 "자신의 인생의 경험과 추억에 대한 신앙적 회고 및 타인에게 이야기하기, 혹은 글을 씀으로 자신을 성찰할 수 있도록 하기, 신체적인 여건이 허락하는 한 기념비적인 역사적 장소의 방문이나 성지순례에 참여하기"[46] 등이다.

둘째, 탈인습적 교수-학습 과정은 남성과 여성의 성 차이를 고려할 수 있어야 한다. 전통적으로 왜곡된 남녀 관계를 불식하는 내용으로 남녀 간의 평등성에 기초한 내용이어야 한다. 이를 위한 구체적인 내용으로 성 차이를 고려한 역지사지의 역할극이나 특정한 딜레마 상황에서 남성과 여성이 선호하는 해법에 대한 변론, 경청하기 등을 들 수 있다.[47]

김진영이 제안하는 성 차이를 고려한 탈인습적 교수-학습 과정에 덧붙여 남성과 여성의 가정과 사회 속에서의 구체적 역할에 대한 학습도 필요하리라 생각한다. 베이비부머 연령 이상의 남성 노인들은 ─극히 일부를 제외하고는─ 집안에서의 일에 무능하다. 왜곡된 남녀상은 여성을 사회적으로 소외시키며 무능하게 만들었을 뿐 아니라 남성을 가사로부터 소외시켜 무능하게 만들었다. 가사의 경우에도 여성과 남성이 담당하는 일이 구분되었다. 그리하여 노인이 되어서

---

46 앞의 논문, 129.
47 앞의 논문, 130.

필연적으로 겪게 될 사별의 경우 홀로 남은 노인은 다른 성의 역할에 대해서는 무능한 노인이 될 수밖에 없다. 남성과 여성의 성 차이를 고려한 탈인습적 교수-학습 과정은 결여된 상대방 성 역할에 대한 학습도 포함되어야 한다. 예컨대 남성은 무엇보다도 요리, 바느질, 청소 등을 배워야 한다. 전통적으로 여성의 일로 여겨져 왔던 영역에 대한 학습이 무엇보다 중요하다. 홀로 남은 남성 노인이 홀로서기를 할 수 있는 능력이 절실하다. 그뿐만 아니라 자녀들과의 따뜻한 관계 맺기 등도 여성의 능력으로부터 배워야 할 일이다. 반대로 여성은 전통적으로 남성이 담당해 왔던 가정의 기술적인 문제를 해결하는 능력을 배워야 한다. 예컨대 간단한 수리, 전기 공사 등에 대한 능력이 필요하다. 위의 두 가지 문제들이 문제가 되지 않는 경우라면 더없이 좋은 일이다. 그러나 대부분의 노인들은 상대방 성의 구체적 역할과 능력에 대해서 무지한 편이다. 탈인습적 교수-학습 과정은 이러한 구체적인 커리큘럼을 제시해야 할 것이다.

셋째, 탈인습적 노년기 교수-학습 과정은 노년기 성인에게 전유된 지혜에 주목할 필요가 있다. 여기서는 유동적 지능(fluid intelligence)과 결정적 지능(crystallized intelligence)이 중요하게 대비된다.[48]

레이먼드 캐텔(Raymond Cattel)은 인간의 지능은 유동적 지능과 결정적 지능으로 구분된다고 주장하였다. 그에 의하면 유동적 지능은 내용을 결정하고 인식하는 기본적 기능으로서 외부의 정보를 유동적으로 받아들이고 가공하는 원천이 된다. 유동적 지능은 지각 및 일반적 추리력, 암기력

---

48 최성훈, 『고령사회의 실버목회』, 78-79.

등의 능력과 관계되는 것으로, 신경생리학적 체계에 기초를 두므로 연령의 증가, 즉 노화에 따라 저하된다. 반면, 결정적 지능은 노화 또는 나이와 관련 없는 지능으로서 연습과 훈련, 경험과 교육 등의 사회화 과정에서 일생을 통해 축적된 지식으로 형성된 것이므로 생의 말기까지 지속된다.[49] 결정적 지능은 자발적 학습과 교육을 통하여 지속적으로 향상되며, 60세 이후로도 향상이 가능하다고 알려져 있다.[50]

흔히 노년이 되면 지능이 쇠퇴한다고 하는데, 연구에 의하면 사람이 나이가 들수록 유동적 지능은 쇠퇴하나, 즉 새로운 지식을 습득하는 능력이나, 참신하고 창조적인 해결을 도출하는 지능은 쇠퇴하나, 결정적 지능, 즉 축적된 지식의 활용이나 지난 경험을 통한 성찰의 지능은 오히려 증가할 수도 있다는 것이다. 이러한 결정적 지능, 다시 말해서 "노년기 학습자들의 지혜에 상응하는 교수-학습 과정을 마련하는 것은 그들의 지혜를 발휘하게 하는 일일 뿐만 아니라 다음 세대를 위한 교육적 지원을 가능하게도 한다. 그러므로 이러한 지혜에 대한 적극적인 수용과 격려에 있어서 필요한 역량이 있다면 개방성일 것이다. 이는 노년기의 목소리에 대한 열린 마음으로서 그들의 인생 경험과 삶의 성찰에 대한 긍정적 수용이다."[51] 이러한 교수-학습 과정은 당사자들 뿐 아니라 그 과정에 참여하는 다음 세대들을 위한 일이

49 Raymond B. Cattell, "Theory of Fluid and Crystallized Intelligence: A Critical Experiment," *Journal of Educational Psychology* 54(1), 1963, 1-22, 앞의 책에서 재인용.

50 Alan B. Knox, *Adult Development and Learning: A Handbook on Individual Growth and Competence in the Adult Years for Education and the Helping Professions*, San Francisco, CA: Jossey-Bass, 1977. 앞의 책에서 재인용.

51 김진영, "탈인습적 노년기 교육과정 연구," 「신학논단」 80(2015), 131.

기도 하다는 점이 특별하다. 다양한 주제를 다룰 때, 다양한 세대로 구성된 모둠(group) 토의를 통해서 세대 간 교수-학습 과정을 활성화할 수 있다. "다음 세대들과 함께 구성된 모둠을 통해 이러한 지혜를 계발하고 활성화하는 활동은 당사자들에 의한 다음 세대들에게 지혜를 전수할 수 있는 세대 간(inter-generation) 교수-학습 과정이 될 수 있다."[52]

여기에 덧붙여 세대 간 교수-학습 과정은 쌍방향 교육과정이어야 한다고 생각한다. 노인 세대가 다음 세대에게 전수할 지혜가 있다면, 노인 세대가 다음 세대로부터 배워야 할 지식도 존재한다. 그러므로 세대 간 교수-학습 과정은 서로가 서로에게 배우고 서로를 가르치는 쌍방향 교육과정이어야 한다. 여기서 중요하게 인식되어야 할 점은 교수자와 학습자가 다른 존재로 분리되어 있는 것이 아니라 교수자이면서 학습자로서 자신을 그리고 상대방을 인식해야 한다는 점이다. '나는 가르치는 자인 동시에 배우는 자이다.' 이러한 마음가짐을 노인 세대가 먼저 가지고 모범을 보여야 한다.

서두에 이야기했듯이 고령화 문제는 이 시대 기독교 신학이 회피할 수 없는 문제이다. 아니 고령화 문제는 사실상 이 시대 모든 정치, 경제, 사회, 문화를 아우르는 전 학문 분야가 회피할 수 없는 문제이다. 동일한 문제에 대해서 각 학문 분야가 제시하는 대안은 각각의 학문의 성격에 따라서 상이할 수 있다. 그렇다면 기독교 신학은 어떤 대안을 내놓아야 하는 것일까? 고령화되어가는 오늘날 교회 공동체의 문제를 다루는 데 국한될 것인가? 아니면 사회 전반의 문제를 다루

---

52 앞의 논문, 132.

어야 하는 것일까? 사회 전반의 문제를 다루기에는 신학이 가진 전문성이 미흡하지 않을까? 그럼에도 불구하고 지구촌 전반의 문제로 접근한다면 도대체 어떻게 접근해야 할 것인가?

앞에서 살펴본 것처럼 노년기에 관해서는 일반적으로 가지게 되는 부정적인 견해가 주를 이루는 가운데, 그럼에도 불구하고 고령화를 새롭게 맞이하게 될 가능성으로 긍정적으로 평가하는 흐름이 있다. 이 두 가지 견해는 상충하는 듯 보이지만 그 저변에 깔려 있는 사유의 틀은 노년층의 능력에 대한 상반된 평가이고, 동일한 대상에 대한 해석의 차이일 뿐이며, 그 근저에는 노년층의 **효용성**에 관한 평가가 자리하고 있다. 다시 말해서 노년층을 질병, 가난, 일로부터의 소외, 사회적 부담으로 보고 그 사람들을 처리하기 위해서는 가정적, 사회적 비용이 발생하는 소모적인 계층으로 평가하든 혹은 오늘날 사회적 다수를 차지하는 베이비부머로 특징지어지는 새로운 노년층의 특징에 의거해서 노년층이 불러올 사회적 변화의 가능성을 꿈꾸든 그 두 견해의 차이는 노년층의 사회적 효용성과 가치에 대한 상반된 평가에 의거한 것이다. 그러므로 이 두 가지 상반된 견해는 사실상 상반된 견해가 아니라 효율성으로 가치를 평가하는 신자유주의적 사유가 상반된 두 방향으로 연장된 것에 지나지 않는다. 어떻게 평가하든 그 근저에 자리한 신자유주의적 가치 평가는 이미 전제된 것이다. 그리고 그러한 가치 평가는 개념적 집단으로서의 노년층을 긍정적으로 평가하는 경우에서조차 그러한 사회적 효용성을 갖추지 못한 노인 계층은 변두리로 내몰아 배제하고 소외시켜 소수자로 전락시키는 역할을 한다.

우리가 직면하고 논의해야 할 문제는 노년층이 사회적 가치가 있느냐 없느냐의 문제가 아니다. 노년층이 재정적으로 건전한지 아닌지의 문제가 아니다. 개인으로서의 노인이 건강한지 아닌지의 문제가 아니다. 노인이 되어서도 일자리가 있는지 아닌지의 문제가 아니다. 노인들이 사회적, 기술적 변화에 얼마나 잘 적응하느냐의 문제가 아니다. 이러한 논의들은 노인에 관한 논의처럼 보이지만 본질상 노인의 문제가 아니다. 특별히 노인에게 해당되는 가치 평가의 척도가 아니라 대상이 노인이든 젊은이든 그 누구든 상관없이 그들이 지니고 있는 능력과 소유로 판단하는 평가이다. 이러한 평가는 사실상 노인층의 배제가 아니라 **무능력한** 노인층의 배제인 것이며, 나이에 의한 구분이 아니라 능력과 무능력으로 구분하여 무능력자를 배제하는 논리의 연장인 것이다. 이렇게 볼 때 노인층을 배제하는 논리는 노인층의 배제가 아니라 노인이라는 집단으로 추상화된 무능력의 배제이다. 이러한 배제를 통하여 사회의 나머지 구성원은 평안을 구가한다. 이러한 배제의 논리는 경쟁을 통한 효율성을 강조하는 신자유주의 통치의 본질이다.

방향을 전적으로 바꾸어서 생각할 필요가 있다. 노인의 문제는 베이비부머로 대변되는 새로운 노년 계층의 긍정적인 요소들을 부각시킴으로써 해소되는 문제가 아니다. 그것은 애처롭기까지 한 새로운 배제이다. 과거에는 배제당했던 노인층이 다수가 되고, 부를 소유하고 있고, 예전보다 건강하고, 지식이 있고, 사회적으로 세력을 가진다고 하는 사실에 의거하여—사실상 베이비부머 세대의 잠재력은 막강하다— 노인층의 힘을 과시하며 계속 사회의 주역이고자 하는 것 또한 배제의 논리이다. 새로운 사회의 주역은 젊은이들이 되어야 한다. 베이비부머가 젊은 시절 사회의 주역이었던 것처럼 새로운 사회의 주역은 현재 젊은이들이어야 한다. 지니고 있는 힘에 의지하여 그 주역 자리를 놓지 않으려는 태도는 젊은이들을 사회의 주역 역할에서 배제시키는 태도이다.

기독교 신학은 바로 이러한 점에 착안해서 하나님 나라의 새로운 가치관을 전해야 한다. 젊은 세대와 노인 세대가 서로를 배제하는 논리로 평행선을 그을 것이 아니라 어떻게 하면 서로 포용할 수 있을까를 고민하여 그 포용을 통한 새로운 꿈을 같이 만들어 가야 할 것이다. 그러나 이러한 포용은 자동적으로 만들어지는 것이 아니다. 무엇보다도 글로벌 고령화의 문제를 직시하여 그 문제를 배제의 논리가 아닌 포용의 논리로 어떻게 승화시킬 수 있을까를 고민해야 한다.

이 점에서 칼 바르트의 선언은 의미심장하게 다가온다. 기독교 공동체는 세상에 그 존재 자체로 빛을 발하는 공동체여야 한다. 그런 기독교 공동체의 실존 자체가 세상을 향한 기독교 선포이다. 칼 바르트는 이런 역학 관계를 다음과 같이 표현한다. "기독교 공동체는 언어로만 선포하지 않는다. 그 공동체는 세상 속에서의 그의 실존 자체로 이미 선포한다. 그것은 또한 세계의 문제들에 대한 고유한 입장과 태도로 선포하는 것이다. 특별히 세상 속에서 연약한 자들, 눌린 자들, 곤궁한 자들을 위한 말 없는 봉사를 통해서 선포하는 것이다."[53]

기독교 공동체는 세상의 다른 문제에 대해서도 모범을 보임으로써 세상에 하나님의 진리를 선포해야 하는 공동체이듯이, 고령화 문제에 대해서도 배제가 아니라 포용의 논리로 진리를 선포해야 할 의무가 있다. 일반적으로 교회에서 노인들은 보살핌의 대상으로 인식

---

53 Karl Barth, *Einführung in die evangelische Theologie*, EVZ-VERLAG ZÜRICH, 1962, 46.

된다. 신앙의 선배지만 신체적, 경제적, 사회적, 인지적인 면에서는 약자로 취급받는 대상이 된다. 보살핌의 대상인 것은 당연하나 그러다 보니 노인층은 교회의 사역에서 배제되기 쉽다. 일반 사회에서와 마찬가지로 교회에서도, 존재는 인정받지만, 실제 중요한 사역에서는 배제되는 존재가 된다. 이는 일차적으로 노인들을 보살핌의 대상으로만 인식하는 데서 비롯된다. 이러한 인식은 일반 사회의 인식이 교회 공동체 안으로 연장된 것이다. 변화하는 사회 속에서 더 이상 유효하지 않은 자원으로서의 노인층이라는 인식이 교회에서도 노인들에 대한 효용성의 잣대로 등장한다. 이러한 그릇된 가치관을 뒤엎고 서로 포용하고 협력하는 주체로서 젊은이와 노인층을 아우르는 사역의 새로운 방향을 설정함으로써 고령 사회에도 새 가치를 선포하는 것이 교회가 보여 주어야 할 첫 번째 모범사례이다. 노인들의 장점을 잘 살리면 사역의 중요한 역할을 공유할 수 있다. "노인들은 이야기를 나누고 감정을 교류하기를 원하며, 자원봉사 활동 등을 통하여 보살핌과 돌봄을 제공하는 것을 좋아한다. 마지막으로 노인은 건강이 허락하는 범위 내에서 적당히 바쁜 삶을 즐기며, 자신이 가진 믿음을 단순한 방법으로 나누며 다음 세대를 사랑하고 품으려 한다."[54] 이러한 교회 내 노인들의 특징으로 비롯되는 건전한 사역의 모범사례가 사회로 연장되어 노인들의 주체적 역할을 이끌어 내는 일을 교회가 선도할 수 있다.

이와 함께 교회 공동체가 보여줄 수 있는 두 번째 구체적인 모범사례가 있다. 고령화 현실에서 가장 첨예하게 등장하는 문제는 세대

---

54 최성훈, 『고령사회의 실버목회』, 135.

간 갈등이다. 일반 사회에서 세대 간 갈등의 문제는 정치, 경제, 문화 등 여러 방면에서 다양하게 발생하기 때문에 조절하기가 쉽지 않다. 이러한 세대 갈등의 문제를 구체적이고 좁은 영역에서의 모범사례를 통해서 해결하는 단초를 만들어 보자는 것이다. 갈등을 해소하는 방법적이고 전략적인 접근은 그 갈등을 가능한 한 단순화시키는 것이다. 그리고 구체적인 방안들을 구상함으로써 실제적인 효과를 도출하는 길을 차근차근 밟아가는 것이다. 이를 위하여 사회 전반적으로는 이룩하기가 쉽지 않은 일이나 교회 공동체 안에서는 가능한 갈등 해결의 방안으로 세대 간 상호 교수-학습 과정을 들 수 있다. 앞에서 이야기했지만 이러한 상호 교수-학습 과정은 쌍방향 교육 과정이어야 한다. 젊은 세대와 노인 세대가 배울 필요가 있고 가르칠 능력이 있는 내용들을 상호 교수-학습하는 방식으로 진행되는 쌍방향 교육 과정은 서로의 필요를 충족시킬 뿐 아니라 세대 간의 상호 이해를 돕는 역할을 한다.

이러한 세대 간 상호 교수-학습 과정을 최성훈은 간세대 교육으로 칭한다. 물론 추구하는 내용은 동일하다. 그의 정의에 따르면 간세대 교육은 "두 세대 이상이 상호작용하여 학습의 목표를 달성하는 것을 의미한다."[55] 간세대 교육의 목적은 "서로 다른 세대를 수용함으로써 평등한 세대 간의 관계를 형성하고, 세대 간의 그릇된 고정 관념을 수정함으로써 상호 간에 배움의 기회를 증진하는 것이다."[56]

세대 간 상호 교수-학습 과정이 세대 간 갈등을 해소하고 서로 간의 이해를 증진한다는 점에서 절실한 교육 활동이지만, 실제로 일

---

55 앞의 책, 177.
56 앞의 책, 179.

반 사회에서 이러한 교육과정을 구현해 내기는 쉽지 않다. 이에 반해 교회 공동체에서는 구성원들이 의미와 열의를 가지기만 하면 이러한 쌍방향 교육 과정을 비교적 쉽게 구현할 수 있다. 구체적인 쌍방향 교수-학습 과정 프로그램을 통하여 노인들 뿐 아니라 젊은 세대들도 필요한 내용을 습득할 수 있고 서로가 가질 수 있었던 세대 간 갈등도 해소할 수 있다. 이러한 세대 간 교수-학습 교육과정을 사회의 각 영역으로 확산시켜 세대 간 갈등 구조를 원만하게 해소하는 발판이 되는 것이 교회 공동체가 모범사례로서 기여하는 일이다. 교회 공동체에서의 가능한 선한 사역을 모범사례로 삼아 사회에 확대 전파하는 일이 바로 신학과 선교의 핵심이라고 할 때, 노년을 위한 신학적인 이론 정립 및 실천은 이 시대 교회가 직면한 가장 귀한 소명이다.

3) 효율성의 신화에서 효율적 이타주의로

"효율적 이타주의란 다른 사람들에게 이익을 끼치는 가장 효과적인 방안을 추구하기 위하여 이론이나 실증들을 사용하는 철학과 사회 운동을 일컫는다. 효율적 이타주의는 개인들로 하여금 모든 원인들과 행동들을 고려하여 각자의 가치에 근거한 가장 긍정적인 효과를 창출할 수 있는 방식으로 행동하도록 용기를 북돋운다."[57] 이러한

---

57 "effective altruism," Wikipedia, http://en.wikipedia.org/wiki/Effective_altruism. 효율적 이타주의를 표방하며 여러 각도로 실천과 이론화 작업을 수행하는 학자들과 그 저술들은 다음의 것들이 있다. 피터 싱어 지음/이재경 옮김, 『효율적 이타주의자』(파주: 북이십일 21세기북스, 2016); 윌리엄 맥어스킬/전미영, 『냉정한 이타주의자』(서울: 부키, 2017); 피터 싱어/박세연, 『더 나은 세상. 우리 미래를 가치 있게 만드는 83가지 질문』(서울: 예문아카이브, 2017); 애비게일 마시/박선령, 『착한 사람들』(서울: 미래엔, 2017); 프란스 드 발/

사전적 정의보다는 실제로 효율적 이타주의를 선도하는 피터 싱어의 말이 효율적 이타주의를 이해하는 데에 더 도움이 되리라 생각한다. "이타주의는 자신의 안위만을 생각하는 이기주의(egoism)의 반대 개념이다. 분명히 말하지만, 효율적 이타주의는 자기희생을 요구하는 개념이 아니다. 자신의 이익에 반하는 결정을 전제하지도 않는다.… 효율적 이타주의자의 대다수는 본인의 행동이 희생이라는 생각을 거부한다. 그래도 그들은 이타주의자다. 그들의 최우선 관심사는 선의 최대화이기 때문이다."[58] 효율적 이타주의를 이렇게 정의하는 피터 싱어는 효율적 이타주의의 다양한 형태를 인정한다. 그가 예로 드는 효율적 이타주의자들의 일은 다음과 같다: 검소하게 살면서 수입의 상당 부분을 가장 효율적인 구호단체나 활동에 기부한다; 효율적인 구호 활동이나 단체를 조사한다; 세상에 보탬에 되기 위하여 능력과 적성이 허락하는 한 돈을 가장 많이 버는 커리어를 선택한다; 오프라인이나 온라인으로 사람들과 기부에 대해 논의하고, 효율적 이타주의 확산에 노력한다; 혈액, 골수, 신장 같은 몸의 일부를 모르는 사람에게 기증한다.[59]

다양한 이타주의의 길에도 불구하고 효율적 이타주의가 선택하는 일에는 분명한 원칙이 있다. 이 원칙을 규정하는 중심 논리는 **효율성**이다. '더 좋은 세상을 위해, 더 효과적인 방법으로'[60]라는 슬로건을 생각할 때, 효율적 이타주의가 선택할 수 있는 행동의 스펙트럼은 방

오준호, 『착한 인류』 (서울: 미지북스, 2014).

58 피터 싱어 지음/이재경 옮김, 『효율적 이타주의자』, 18-19.

59 앞의 책, 18.

60 앞의 책, 28.

법론적으로 다양하지만 동시에 논리적으로는 지극히 제한적이다. '다양'과 '제한'이라는 두 가지 모순된 듯 보이는 원리들을 규정하는 원칙은 '효율성'이라는 원리이다. 다양한 이타주의의 형태를 긍정하는 것도 효율성이요, 이타적 행동에 이성적 제약을 가하는 원칙도 효율성이다. 피터 싱어에 의하면 "효율적 이타주의자들은 가치 판단에서 자기를 분리할 줄 아는 사람들이고, 그렇게 해서 지금의 삶의 방식에 이른 사람들이다."[61] 이런 효율적 이타주의자들의 초연함은 이성적 사유에 기인하는 것이기에 그들은 이성적 사유나 판단에 의해서가 아니라 개인의 기질이나 애착에 따라 기부하는 것에 반대한다.[62]

개인의 기질이나 애착으로부터 비롯된 이타적 행위에 대한 거부는 이타적 행위의 효율성에 대한 철저한 견지로 파악된다. 그들은 말 그대로 효율성에 철저하다. 가난한 사람들을 돕는 행위에서도 그들은 그들의 기부 행위가 가장 효율적인 대상을 찾는다. 효율적 이타주의자들에게 있어서 자국민인가 아닌가 하는 것은 고려의 대상이 되지 못한다. 그들에게 중요한 것은 그들의 이타적 행위가 가장 효율적으로 제공될 대상이 누군가인가 하는 것이다. 그리하여 경제적 혹은 의료적 지원에 관한 한 그들의 최우선 관심사는 지구상 최빈국에게

---

61 앞의 책, 117.
62 피터 싱어가 제시하는 구체적인 예들을 통해서 이러한 효율적 이타주의의 실천 방식을 잘 이해할 수 있다. "다음은 효율적 이타주의자들이 거부하는 기부 동기들이다.
  ○ 나는 아내를 유방암으로 잃었다. 그래서 유방암 연구를 후원한다.
  ○ 나는 예술가를 꿈꿨지만 꿈을 실현할 기회가 없었다. 그래서 유망한 예술가에게 재능 개발 기회를 제공하는 단체들에 주로 기부한다.
  ○ 나는 자연경관을 촬영하는 사진작가다. 그래서 국내 국립공원 보호를 위해 기부한다.
  ○ 내가 미국인이므로 최우선 원조 대상은 아무래도 미국의 빈민층이다.
  ○ 나는 개를 좋아해서 우리 지역 동물보호소에 기부한다." 앞의 책, 117.

로 향한다. 피터 싱어의 다음 말은 이 사실을 분명하게 해 준다. "내가 미국 청중에게 세계 최빈곤층 원조를 제안하면 가장 흔한 반응은 그래도 자국민부터 도와야 하지 않느냐는 질문이다. 하지만 미국의 빈곤과 개발도상국의 빈곤은 차원이 다르다. 빈곤한 나라의 빈곤은 정말로 비현실적이어서 실상을 제대로 알면 누구나 놀라움을 금치 못한다. 자국민 구호에 우선순위를 두는 것이 타당하다고 보는 사람들조차 생각이 바뀔 정도다. 세계 최빈곤층 원조보다 미국 같은 경제 대국의 저소득층 돕기에 우선권을 둔다면 국경 밖 사람들의 생명과 권익을 무참히 평가 절하하는 것인데, 과연 이런 판단이 옳을까?"[63]

앞에서 우리는 신자유주의가 표방하는 효율성과 효율적 이타주의가 강조하는 효율성을 살펴보았다. 이 둘은 효율성이라는 동일한 표현을 사용하고 있으나 사실은 정반대의 현실을 지향하고 있음을 알 수 있다.[64] 신자유주의가 효율성을 주장할 때, 그것은 기업의 이윤 극대화를 지향하는 효율성이다. 이미 문제로 제기된 것처럼 이윤의 극대화를 추구하는 신자유주의의 효율성은 이윤 추구와 자본 증식이라고 하는 그 자체의 목적을 위해서는 그 어떤 희생도 감수하는 것을 효율성이라는 언어로 포장한다. 여기서 첨예하게 대립되는 구도는 자본과 노동의 관계이다.

신자유주의 경영법칙을 대변하는 중요한 원칙은 주식의 가치로

---

63 앞의 책, 147.

64 사실 효율적이라는 말은 영어로는 'efficient'와 'effective' 두 가지가 있으며, 신자유주의의 효율성은 'efficient'의, 이타주의의 효율성은 'effective'의 번역이다. 이 두 가지 영어 단어의 용도는 분명히 다르다. 'efficient'는 단순히 기능적이고 능률적인 효율성 내지 능률성을 의미하는 반면 'effective'는 좋은 결과를 도출하는 것까지를 의미한다. 그러나 본 논문에서는 그 용어들 자체의 의미나 용법보다는 용어가 사용된 전체 의도 입장에서 고찰하고자 한다.

기업을 평가하는 제도하에서 발생한다. 거대 기업의 경영이 전문 경영인의 손에 맡겨진 후, 그들과 주주들의 이익을 조율하는 일이 최대 관심사로 등장하게 된 것이다. 여기서 중요한 것은 이러한 논의에서 기업의 기초적인 중심을 이루는 노동자의 문제는 전혀 고려되지 않는다는 점이다. 아무튼 주주들과 전문 경영인의 조율은 극적으로 이루어졌다. 때로 이익이 서로 충돌하던 그들의 관계에 해법을 제공한 것은 바로 주주 가치 극대화 원칙이었다. "1980년대에 이르러 마침내 성배가 발견되었다. 바로 주주 가치 극대화 원칙이었다. 이것은 주주들에게 얼마나 큰 이익을 안겨 주느냐에 따라 전문 경영인들의 보수를 정해야 한다는 것을 내용으로 하고 있다. 주주들의 몫을 크게 하기 위해서는 먼저 임금이나 투자, 재고, 중간 관리자 등의 비용을 무자비하게 삭감해 수익을 극대화해야 한다. 다음에 그 수익 중에서 최대한 많은 부분을 배당금 지급이나 자사주 매입(share buyback) 형태로 주주들에게 분배해야 한다. 경영자들이 이런 식으로 행동하게 만들기 위해서는 그들의 이익과 주주들의 이익을 동일시하도록 경영자들의 보수 가운데 스톡옵션의 비중을 늘릴 필요가 있다."[65]

이러한 방식의 주주 가치 극대화 경영 방식은 단기적으로는 회사의 수익을 높이는 듯이 보이지만 장기적으로는 경제 발전에도 도움이 되지 않지만, 기업 자체에도 전혀 이롭지 않다. 왜냐하면 우선 이러한 주주 가치 극대화 방식은 기업 자체의 흥망성쇠에는 관심이 적고 오직 주식의 가치 증대에만 관심을 가지는 주주들이 기업 정책을 세우는 주체가 된다는 사실이다. 그들은 기업의 흥망과 그들의 운명

<hr>

65 장하준/김희정 · 안세민 옮김, 『그들이 말하지 않는 23가지. 장하준, 더 나은 자본주의를 말하다』, 39.

을 공유하지 않는다. 그들은 자유롭게 그들이 보유한 주식을 팔고 이윤을 챙기기만 하면 된다. 그래서 그들의 관심은 기업의 장기적 발전보다는 단기적 이익에 집중된다. 문제는 그들이 기업의 운명을 결정하는 힘을 지니고 있다는 사실이다. 실제로 "전문 경영인들과 주주들 간에 결성된 이 '비신성 동맹'(unholy alliance)은 기업의 기타 이해 당사자들을 착취한 자금으로 유지되었다. 일자리는 무자비할 정도로 줄었고, 수많은 노동자들은 일단 해고당한 뒤 더 낮은 임금에 복지 혜택도 거의 없다시피 한 비(非)노조원 자격으로 재고용되었다. 임금 인상은 중국이나 인도 같은 저임금 국가로 설비 이전이나 해외 아웃소싱을 통해, 혹은 그렇게 하겠다는 위협만으로도 억제되었고, 납품업체나 그 종업원들은 지속적인 단가 인하 압박에 시달려야 했다. 정부 또한 법인세가 낮고 기업 보조금이 많은 나라로 설비를 재배치하겠다는 위협으로 인해 끊임없이 법인세 인하 및 보조금 확대 압력에 휘둘려야 했다."[66]

역사 속에서 언제나 그러했지만, 오늘날 세계적인 신자유주의 체제하에서 자본은 이전보다 훨씬 긴밀하게 국제적 금융 정치 세력과 협조 체제를 구축하고 있다. 이전의 소위 비효율적인 경제 체제를 효율적으로 변화시키기 위하여 신자유주의 구조조정적 통치원리가 집중하는 두 가지 요소는 화폐와 노동력의 관리 형태의 변화로 볼 수 있다. 여기서는 신자유주의 체제하에서 수행되는 노동시장의 유연화를 다루고자 한다. 노동시장의 유연화라는 말 자체가 사실은 가치 중립적인 말이 아니라 철저히 기업가와 자본의 편에서 창안된 말이다.

---

66 앞의 책, 40-41.

왜냐하면 노동시장의 유연화는 "기업이 경기상황에 따라 자유롭게 고용수준과 임금수준을 조정할 수 있도록 노동시장제도가 시장 중심주의적으로 바뀌는 것"[67]을 의미하기 때문이다. 노동시장 유연화 정책은 철저히 시장 중심적 경제 원리에 따르는 것으로 여기에는 노동의 본원적 가치나 노동자의 생계와 복지 문제는 고려의 대상이 안 된다. 앞에 말한 것처럼 주주 가치 극대화 방식의 기업 운영과 신자유주의적 세계 경제 질서가 추구하는 주주의 최대 이윤을 획득하기 위한 방식에 기초한 것이 노동시장 유연화 정책이기 때문에 거기에는 이미 모든 정책이 자본과 이윤을 위한 것으로 규정되어 있다.

노동시장 유연화는 다양한 방식으로 수행되지만, 김준현은 다음의 네 가지로 구분한다.

첫째, 임금의 유연화이다. 이는 임금을 기업조직의 성과와 생산성에 연동하여 결정하는 것을 의미하는데, 개별 노동자들이 이러한 방식에 의하여 임금을 지급받게 되면 생산성 향상을 위하여 노력할 것이라는 논리에 근거하고 있다. 둘째, 수량적 유연화이다. 이는 고용노동자의 규모를 시장 수요변화에 따라 자유롭게 결정할 수 있게 되는 것을 의미한다. 즉, 기업이 노동자를 자유롭게 해고할 수 있고, 임시직, 일용직 등 다양한 고용방식을 선택할 수 있게 되는 것을 의미한다. 기업은 수량적 유연화에 의하여 노동비용을 절감할 수 있다. 셋째, 기능적 유연화이다. 이는 기업이 변화하는 시장 여건에 좀 더 쉽게 적응하기 위하여 생산품을 다양화하고 신기술에 대한 노동자들의 적응력을 향상시키는 것을 의미한다. 직무순환, 다기능

---

67 김준현, 『경제적 세계화와 빈곤문제 그리고 국가』 (파주: 집문당, 2008), 182-183.

화, 부서 이동 등은 기업들이 기능적 유연화를 위해 채택하는 대표적인 전략의 예이다. 기업들은 기능적 유연화를 통하여 노동자들의 노동력 향상을 꾀할 수 있다. 넷째, 노동의 외부화이다. 이는 기업이 자체적으로 육성하기 어렵거나 일시적으로 필요한 작업부분을 외부의 전문회사나 생산조직이 담당하게 하는 것을 의미하며, 외주하청(outsourcing)이 대표적인 방식이다. 기업은 노동의 외부화를 통하여 노동비용을 절감하고 업무수행의 효율화를 기할 수 있다.[68]

이상의 노동시장 유연화 정책을 살펴보면, 그 네 가지 방식 모두가 지향하는 바는 기업의 생산비 절감과 생산성 향상임을 알 수 있다. 이러한 노동시장 유연화 정책에 의하여 노동자들은 자본 앞에서 무력한 스스로를 발견하는 동시에 자본의 확대재생산을 위한 도구로써 스스로를 자리매김하게 된다. 애덤 스미스가 강조한 것처럼 노동이 가치의 척도라고 하는 원칙은 사라지고, 이제 신자유주의 노동시장 유연화 정책하에서 노동은 철저히 기업의 생산성을 향상시키기 위한 산출의 도구로서만 기능하게 된다.

이에 반하여 이타주의가 강조하는 효율성은 전혀 다른 방향성과 성격을 띤다. 효율적 이타주의를 대변하는 철학자 윌리엄 맥어스킬의 저서 제목은 효율적 이타주의의 기본자세를 설명해 준다. 우리말로는 『냉정한 이타주의자』로 번역된 그의 책의 원래 제목은 'Doing Good Better'이다.[69] 이 책의 제목 자체가 효율적 이타주의가 지향하는 바가 무엇인지 정확히 알려 주거니와, 그는 선한 일을 더 잘(효율적으

---

68 앞의 책, 183-184.
69 윌리엄 맥어스킬/전미영, 『냉정한 이타주의자』.

로) 할 수 있는 5가지 사고법을 제시한다. ① 얼마나 많은 사람들에게, 얼마나 큰 혜택이 돌아가는가? ② 이것이 가장 효율적인 방법인가? ③ 방치되고 있는 분야는 없는가? ④ 우리가 돕지 않았다면 어떻게 됐을까? ⑤ 성공 가능성은 어느 정도이고, 성공했을 때의 효과는 어느 정도인가?[70] 이러한 각 주제어마다 실제적 사례를 들어 비교 분석하고 있는 그의 이론을 여기서 상세히 소개하기는 무리다. 하지만 분명한 것은 효율적 이타주의자들이 지향하는 바는 그들의 만족감이나 그 사업 자체의 자기 효율성이 아니라 그 사업이 향하는 대상에 미치는 결과의 효율성이라는 점이다. 여기에 신자유주의에서 주장하는 효율성과 이타주의자들이 강조하는 효율성 간의 근본적인 차이가 있다.

첫째로 신자유주의가 주장하는 효율성은 자본의 이윤 극대화를 추구하는 이기적 효율성이다. 그러한 이기적 효율성을 추구함에 있어서 노동자들이 겪는 해고, 비정규직화, 임금 저하 등을 포함한 모든 어려움은 기업의 이윤과 경제 발전이라는 목적을 위하여 노동 유연화라는 그럴듯한 가면 뒤로 숨겨진다. 이에 반하여 이타주의가 추구하는 효율성은 철저히 타자를 위한 효율성이다. 이타적 행동을 함에 있어서 그 이타적 행동의 대상에게 가장 도움이 되는 일은 어떤 일이며, 또 그 도움이 가장 절실한 대상은 누구인가를 철저히 모색하여 실천하는 내용이 효율적 이타주의를 구성한다.

둘째로—이것은 첫 번째 차이의 결과이기도 하지만— 신자유주의가 주장하는(여기서 나는 주장이라는 용어를 사용한다. 왜냐하면 그것은 사실이 아니라 헛된 주장에 불과하기 때문이다) 효율성이란, 사실은 전체 시

---

70 앞의 책, 44-142.

스템의 효율성이 아니라 사회적 부를 일부 계층에게 집중해서 몰아주기 위한 효율성이다. 그러므로 그것은 극히 일부 계층에게만 유리한 경제 정책이자 전체 사회의 부를 그 일부 계층에게 몰아주는 경제 정책을 정당화하는 구호에 불과하다. 그리고 앞에서 지적한 것처럼 신자유주의 정책 이후 실제 경제적 효과가 그러했다. 이에 반해 효율적 이타주의자들이 세심하게 추진하는 이타적 행동 정책은 그 선한 행위가 대상자들에게 가장 효과적인 결과를 가져오는 방식으로 진행되고 있으며, 그러한 방식은 지속적인 반성을 통하여 더 효율적인 방식으로 진화하고 있다.

셋째로 신자유주의에서 주장하는 효율성은 가치 중립적 내지 몰가치적인 속성을 지닌다. 최대 이윤을 획득하기 위한 전략에 윤리나 도덕은 거추장스러운 장식물일 뿐이다. 오히려 신자유주의가 주장하는 최대의 효율성을 획득하기 위해서는 비윤리적일 뿐 아니라 비인간적인 전략도 동원된다. "'효율성'이라는 개념은 '더 짧은 기간 내에 거두는 이윤'이라는 진짜 규범을 은폐한다."[71] 반면에 효율적 이타주의에서의 효율성은 철저히 윤리적 가치에 따른다. 이미 이타주의 자체가 윤리적 결단의 소산이다. 효율적 이타주의자인 피터 싱어의 말은 이타주의의 윤리성을 잘 드러내 준다. "사람들은 흔히 자선을 도덕적으로 선택, 가능한 일이라고 여긴다. 하면 좋지만 하지 않았다고 해서 잘못된 것은 아니라고 생각한다. 사회는 타인을 다치게 하거나 죽이거나 물건을 훔치거나 사기를 치는 등 범죄를 저지르지 않는 한 사람을 '도덕적인 시민'으로 인정한다. 흥청망청 소비하면서 자선

71 파울 페르하에어 지음/장혜경 옮김,『우리는 어떻게 괴물이 되어가는가. 신자유주의적 인격의 탄생』(서울: 반비, 2015), 182.

단체에는 한 푼도 기부하지 않는 사람이라도 말이다. 하지만 사치를 누릴 여유가 있으면서도 소득의 작은 일부를 가난한 이들과 나누려 하지 않는 부자에게는 기부를 통해 막을 수 있는 죽음에 대한 책임이 있다. 이제 우리는 1퍼센트라는 최소한의 기준조차 지키지 않는 부유한 사람을 도덕적으로 잘못된 삶을 살아가고 있다고 바라봐야 한다."[72]

기독교가 이타적 종교임은 부인할 수 없는 사실이다. 이는 예수 그리스도의 삶으로 우리에게 드러난다. 본회퍼는 예수 그리스도의 삶을 한 마디로 '남을 위한 현존'(Für-andere-dasein)이라고 규정한다. 이 말보다 예수의 삶을 더 포괄적으로 그리고 깊이 있게 표현할 수 있는 말이 있을까? 본회퍼는 이 '남을 위한 현존'으로서의 예수 그리스도의 삶 속에서 하나님의 초월을 경험하며, 기독교인이 하나님과 맺어야 하는 관계를 이야기한다. "예수의 '남을 위한 현존'이 초월 경험이다! 자기 자신으로부터 자유함, 죽음에 이르기까지 '남을 위한 현존'으로부터 비로소 전능, 전지, 편재가 비롯되어 나온다. 신앙은 바로 이러한 예수의 존재에 동참하는 것이다. … 우리가 하나님과 맺는 관계는 '남을 위한 현존' 안에서의, 예수의 존재에 동참하는 속에서의 새 생명이다. 초월이란 무한하고 도달할 수 없는 과제가 아니라, 언제나 우리에게 주어져서 도달할 수 있는 이웃이다."[73]

본회퍼의 말을 상기할 때, 우리의 과제는 명백하다. 예수의 삶과 죽음이 그러했듯이, 그것은 '남을 위한 현존'으로 살아가는 일이다.

---

72 피터 싱어/박세연, 『더 나은 세상. 우리 미래를 가치 있게 만드는 83가지 질문』(서울: 예문 아카이브, 2017), 195.

73 Dietrich Bonhoeffer, *Widerstand und Ergebung: Brief und Aufzeichnung aus der Haft*, 15, durchges. Aufl. (Gütersloh: Kaiser, 1994), 205.

문제는 '남을 위한 현존'으로 살아가는 일이 오늘날 우리의 현실에서 구체적으로 어떻게 드러나야 하는가 하는 일이다. 신자유주의의 권세가—효율성이라는 가면을 쓰고서— 모든 인간을 경쟁과 다툼의 전쟁터로 몰아가고 있는 현실 앞에서 기독교 신학은 어떤 진리를 선포해야 하는가? 우리가 현재 살아가고 있는 대한민국의 현실은 예수의 뒤를 따르는 기독교인들이 감내할 수 없는 현실이다. 인간의 생명과 각자 고유한 인격의 가치가 사회적으로 획득한 지위와 부에 따라 차별적으로 평가되는 시대 가치, 경제적인 가치가 모든 가치 위에 존재하는 맘모니즘이 지배하는 사회, 기업의 이윤을 극대화하기 위한 세제 정책과 기업에 대한 규제 완화, 이에 반해 점점 더 증가하는 개인에 대한 눈에 보이지 않는 규제, 정부 발표에 따르더라도 전체 임금 노동자의 1/3에 이르는 비정규직 노동자[74] 등등.

신자유주의라는 구체적 악의 현실 앞에서 기독교 신학의 과제도 구체적 형태를 취해야 할 필요가 있다. 무엇보다도 먼저 기독교 신학은 신자유주의가 스스로의 정체를 가리는 효율성의 가면을 벗겨 내어야 한다. 그런 후에 기독교 신학은 구체적인 새로운 가치관을 수립하는 일에 전력을 기울여야 한다. 오늘날 사회가 점점 더 비인간화되어 갈수록, 사회 내 인간들의 연대감이 상실되어 갈수록, 투쟁과 경쟁으로 점철된 사회상이 점점 더 그 모습을 선명하게 드러낼수록, 물신 숭배 풍조가 사회적 현실성으로 자리 잡아 갈수록, 사회적 불평등과 비윤리성이 극에 달해 갈수록 그리고 이 모든 현상이 무한 경쟁을 통한 개인의 이기적 성공을 최고의 가치로 평가하는 신자유주의가

---

74 장하성, 『한국 자본주의』, 41.

빚어낸 비극적 결과임을 통감할수록 기독교 신학은 그 물결에 거슬러 다시금 우리가 살고 있는 사회 내의 참 가치를 선포해야 한다. 이것이야말로 경제학보다 기독교 신학이 더 잘할 수 있는 역할이며, 바르게 할 수 있는 역할이다.[75]

　지금까지 기독교 신학은—특히 신자유주의 시대에서의— 실천의 문제에서 약점을 드러냈다. 이런 점에서 신자유주의 가치관과 대척점을 이루는 효율적 이타주의 운동이야말로 기독교 신학이 공유하며 발전시켜야 할 일로 생각한다. 신자유주의의 문제를 다루는 일이 기독교 신학의 중요한 과제라면 그 대안을 모색하는 다양한 일 또한— 그것이 기독교의 이름으로 행해지든 아니든— 기독교 신학의 과제이다.

---

75 박숭인, "신자유주의 시대와 기독교 신학의 과제," 「신학논단」 80(2015. 6.), 165.

에필로그

　"신자유주의와 상황신학의 새로운 패러다임"이라는 주제의 책을 서술하기로 결심한 것은 나로서 어느 정도는 무모하고도 과감한 결심이었다. 상황신학이라는 주제에 관해서는 젊을 때부터 관심을 가졌던 주제이고, 나의 박사학위 논문에서 다루었던 주제이기에 그리고 그 이후 여러 편의 논문에서 명시적 또는 암묵적으로 다루었던 주제이기에 그동안 연구한 내용들을 다시 되짚어 보면서 정리하면 될 것 같았다. 물론 '새로운 패러다임'이라는 주제가 덧붙은 이상, 상황신학에 대해서도 새로운 접근은 필요하다고 생각했다. 그러나 "상황신학의 새로운 패러다임"이라는 주제는 나의 그동안 연구의 연장선상에 있는 주제이기에 큰 두려움 없이 시작할 수 있었다.

　문제는 '신자유주의'라는 주제이다. 어느 정도는 인지하는 동시에 그에 대한 비판적 의식도 가지고 있지만, 어느 정도 안다는 것과 그에 관한 학문적 연구를 발표한다는 것은 전혀 다른 차원의 일이기에, 또한 부분적으로는 공부했으나 전체적인 내용에 대해서는 학문적으로 천착해 보지 않았던 신자유주의라는 주제에 관하여 연구 저서를 쓴다는 것이 송구스러운 마음이 드는 것이기에 주저하는 마음이 있었다.

그러나 본문에서 말했듯이 오늘날 사회가 점점 더 비인간화되어 갈수록, 사회 내 인간들의 연대감이 상실되어 갈수록, 투쟁과 경쟁으로 점철된 사회상이 점점 더 그 모습을 선명하게 드러낼수록, 물신숭배 풍조가 사회적 현실성으로 자리 잡아 갈수록, 사회적 불평등과 비윤리성이 극에 달해 갈수록 그리고 이 모든 현상이 무한 경쟁을 통한 개인의 이기적 성공을 최고의 가치로 평가하는 신자유주의가 빚어낸 비극적 결과임을 통감할수록 기독교 신학은 그 물결에 거슬러 다시금 우리가 살고 있는 사회 내의 참 가치를 선포해야 한다는 소명이 연구를 시작하여 진행할 수 있게 해 주는 계기가 되었다. 그리고 이것이야말로 경제학보다 기독교 신학이 더 잘할 수 있는 역할이며, 바르게 할 수 있는 역할이라는 자각이 자신감으로 작용했다.

과감한 결단은 나에게 새로운 인식의 지평을 열어 주었다. 막연하게—나는 상식적으로, 일반적으로 아는 지식을 막연한 것이라고 표현한다. 그리고 막연한 지식은 참 지식에 이르는 길에 장애가 되는 경우도 있다— 알아 왔던 신자유주의라는 괴물의 실체를 더 상세히 아는 계기가 되었다. 그렇다. 신자유주의는 인간이 만들어 내었으나 이제는 인간의 통제를 벗어난 괴물이다. 효율성의 가면을 쓰고 등장함으로써 성장 신화를 추구하는 현대인들이 비판 없이 따르게 만드는 사이비 종교와 같은….

신자유주의에 대한 연구를 이미 유행에 뒤처진 연구라고 말하는 사람도 있다. 그러나 나는 생각이 다르다. 그렇게 유행처럼 신자유주의를 연구하고 방치한 결과가 오늘날 신자유주의의 가치가 전 세계를 횡행하게 만든 원인이다. 신자유주의에 비판적 대안을 제시해야 하는 연구가 일시적으로, 유행적으로 그리고 지속적이지 않은 대안을 실험적으로 제시하고 마는 사이에 신자유주의는 자체 성장과 발전을 거듭하여 이제는 세계 정치, 경제를 비롯한 모든 질서의 모범으로 자리 잡았다.

구체적인 예를 대학 교육의 현장에서 볼 수 있다. 대학 교육을 담당하면서 대학 내 행정의 많은 부분에 관여했던 나는 신자유주의 통치 이론이 대한민국의 대학 교육을 얼마나 왜곡시키고 있는지 절감한다. 미래 사회의 지도자를 키우는 산실 역할을 해야 하는 대학의 순기능은 무한 경쟁을 위한 인적 자본, 소위 스펙의 양성소로 전락했다. 교육을 담당하는 교수 사회조차 계급 사회로 전락했다. 경쟁과 상대평가를 통치의 원리로 채택하는 신자유주의 통치원리가 대학을 비롯한 사회 구석구석에 만연해 있다. 특별히 대학을 예로 언급하는 이유가 있다. 대학 교육은 가장 늦게 타락해야 한다는 것이 나의 신념이기 때문이다. 대학 교육을 담당하는 교수는 시대적 유행에는 가장 무능력해도, 진리에 관한 한 가장 담대해야 한다고 믿기 때문이다. 그러나 오늘날 대한민국의 대학교는 대외적 압박과 대내적 자체 모순으로 인하여 대학교 본연의 기능과 능력을 상실했다. 나는 이러한 퇴행을 신자유주의적 통치의 결과라고 생각한다. 그래서 본문에 대학구조조정 정책을 상세히 설명했다. 일반인들이 자세한 내용을 알지도 못하는—사실상 대학교 교수들도 상세한 내용을 잘 알지는 못하는— 방식으로 대학교 구조조정을 강요하는 정책의 배후에는 신자유주의 통치원리가 자리하고 있다.

대학교가 퇴행하는 모습을 아프게 경험하는 기독교 신학자로서 신자유주의를 신학의 주제로 삼는 것은 선택의 문제가 아니라는 생각이 들었다. "신자유주의와 상황신학의 새로운 패러다임"이라는 연구는 그러므로 내가 수행해야 하는 필수적인 연구로 자리매김하게 되었다. 그뿐만 아니라 연구를 수행하는 중에 나도 진화하게 되었다. 모든 연구는 연구하는 만큼 연구자를 성장시킨다. 그러나 본 연구를 진행하는 중에 경험한 것은 단순한 성장이 아니라, 제목에 등장하는 것처럼 패러다임의 변화였다. 신자유주의라는 전 지구적, 전 사회적, 전 방위적 실체에 대응하는 상황신학의 패러다임이 변해야 한다는 스스로의 자각과 요청에서 시작한 연구가 나에게는 신학 함을 새롭게 되묻게 만드는 경험으로 작용했다.

역사적으로 신학은 시대적인 상황에 직면하여—긍정적인 방향으로든, 부정적인 방향으로든, 혹은 절충적인 방향으로든— 나름대로 응답을 해왔다. 그리고 그 응답은 단순히 시대적 상황에 대한 평면적인 응답이 아니라, 시대에 선포되어야 할 하나님의 말씀에 입각한 응답이었다. 로마제국의 통치하에서의 교회제도 확립, 자연과학과의 학문적 충돌과 조화, 자본주의 경제 체제와의 갈등과 순응, 세계화 상황에 직면한 신학과 교회의 자세, 정치적 독재와 폭력에 직면한 신앙인들의 입장, 가난과 빈곤의 문제에 직면한 신학과 교회의 자세 등 다양한 상황에 따라 신학적 응답은 여러 갈래로 나뉘었고, 각각의 응답에 따라 신학적 체계가 형성되었다. 오늘날 신학이 직면한 가장 엄중한 상황은 바로 신자유주의이다. 그리고 이 엄중한 상황은 신학적으로 책임 있는 응답을 요청한다. 책임 있는 응답을 회피할 때, 신학은 학문으로서의 생존 의미를 상실한다. 이 시대 신자유주의에 대한 책임 있는 신학적 응답은 신학의 존폐에 관련된 의미를 지닌다.

신학이 수행해야 할 과업을 방기하는 동안 신자유주의의 거센 쓰나미는 이미 교회 문턱을 넘었다. 어떤 면으로는 너무 늦은 대응일 수도 있다. 그러나 아직은 교회 전체가 신자유주의의 물결에 잠기지는 않았다. 어떤 면으로는 너무 늦은 지금이 아직 남은 기회의 시간이다. 지금이라도 신자유주의는 신학적으로 엄밀하게, 지속적으로, 학제 간 연구로 자리 잡아야 한다.

"신자유주의와 상황신학의 새로운 패러다임"이라는 이 연구는 그런 점에서 완결된 연구가 아니라 물꼬를 트는 연구다. 계속 변화하며 진화할 신자유주의 그리고 그에 따라 제기되는 긍정적, 부정적 현상들, 시대의 발전에 따라 새롭게 등장할 상황적 도전들, 이 모든 상황에 응답하며 새로운 신학적 패러다임을 제시해야 할 의무가 신학에는 있다. 다시 말하지만 이런 응답은 결코 신학의 권리나 선택의 문제가 아니라 신학이 회피할 수 없는 의무다.

본서의 끝부분에 제기한 새로운 신학적 담론들 또한 앞으로 지속적으로 신학이 짊어져야 하는 과제이다. 기본소득, 글로벌 고령화, 이타주의 등은 신학의 과제이자, 엄정한 학제 간 연구를 요청하는 주제들이다. 크게는 상황신학의 새로운 패러다임 속에 삽입되는 이러한 주제들도 지속적인 신학적 연구로 자리 잡기를 바라고 다짐하며 본서를 마무리한다.

참고문헌

가이 스탠딩/김병순.『불로소득 자본주의』. 파주: 여문책, 2019.

강남훈. "기본소득 도입 모델과 경제적 효과."「진보평론」45 (2010. 9.): 12-43.

강남훈. "왜 기본소득인가."「기독교사상」(2016. 6.): 44-55.

강상구.『신자유주의의 역사와 진실』. 서울: 문화과학사, 2000.

곽호철. "신자유주의의 기독교적 한 대안. 수정된 기본소득제도."「신학논단」83 (2016.
    3.): 121-154.

김동환. "4차 산업혁명 시대, 기본소득에 대한 기독교 윤리적 고찰."「기독교사회윤리」
    제44집 (2019): 49-82.

김성건. "고도성장 이후의 한국교회: 종교사회학적 고찰." 한국기독교역사연구소「한
    국기독교와 역사」38 (2013. 3.): 5-45.

김성호. "고령사회 속 기독교 노인복지의 화두."「기독교사회윤리」43집 (2019): 9-37.

김성호. "한국사회의 기본소득 논쟁에 대한 기독교 윤리적 실천방안 연구."「기독교사
    회윤리」제38집 (2017): 113-142.

김영동. "교회 노인학교와 노인선교의 전망."「장신논단」21 (2004. 6.): 305-329.

김정희. "노인 부양의 공적 책임에 대한 기독교적 이해."「신학논단」88 (2017. 6.):
    55-83.

김준현.『경제적 세계화와 빈곤문제 그리고 국가』. 파주: 집문당, 2008.

김진영. "자유주의 정치경제학의 과제: 신자유주의의 퇴진과 그 이후."「국제정치연
    구」제19집 2호, 221-247.

_____. "탈인습적 노년기 교육과정 연구" 80 (2015. 6.): 111-139.

김현미·강미연·권수현·김고연주·박성일·정승화.『친밀한 적. 신자유주의는 어떻게
    일상이 되었나』. 서울: 도서출판 이후, 2010.

달라이 라마·타니아 싱어 외.『보살핌의 경제학』. 파주: 나무의마음, 2019.

문화신학회 엮음,『소수자의 신학』. 서울: 도서출판 동연, 2017.

박광선. "노인목회 계획을 위한 이론 실제."「기독교사상」36 (1992. 12.): 266-279.

박득훈. "한국교회, 자본주의의 예속에서 해방되어야." 대한기독교서회.「기독교사상」52(1) (2008. 1.): 32-57.

박숭인.『기독교 신학의 첫걸음』. 서울: 지성과 실천사, 2006.

_____. "신자유주의 시대와 기독교 신학의 과제."「신학논단」80 (2015. 6.): 141-169.

박신경. "아름다운 마무리. 노년을 위한 기독교교육의 방향성."「신학과 목회」36 (2011. 11.): 159-179.

박윤희, "중년기의 성공적 노화에 대한 인식이 노후준비 행동에 미치는 영향 – 노후준비교육의 매개효과 검증"(사회복지학 박사학위 논문, 2017).

박창현. "고령화 사회와 교회의 역할."「신학과 세계」84 (2015. 12.): 495-525.

박충구. "자본주의와 기독교." 대한기독교서회.「기독교사상」36(12) (1992. 12.): 43-71.

양명수. "자본주의 윤리와 한국교회." 대한기독교서회.「기독교사상」52(12) (2008. 12.): 56-66.

박화경. "기독교 경제교육의 필요성과 방향." 한국기독교교육정보학회.「기독교교육정보」(35) (2012. 12.): 385-428.

사토 요시우키/김상운 옮김.『신자유주의와 권력』. 서울: 후마니타스, 2014.

서문진희. "고령 초고령 사회의 사역 방향성에 관한 연구."「한국기독교신학논총」104 (2017. 4.): 309-331.

서울사회경제연구소 엮음.『신자유주의와 세계화』. 파주: 한울아카데미, 2005.

석재은. "기본소득에 관한 다양한 제안의 평가와 과도기적 기본소득의 제안: 청장년 근로시민 기본소득이용권."「보건사회연구」38(2) (2018): 103-132.

설은주. "평생교육의 장을 만들자."「기독교사상」49 (2005. 5.): 46-59.

수전 조지/정성훈.『수전 조지의 Another World. 폭압적 신자유주의 세계화에 대한 실천적 제안서』. 부산: 산지니, 2005.

안청시 외 8인.『현대 정치경제학의 주요 이론가들』. 서울: 아카넷, 2000.

애덤 스미스/최호진 · 정해동 옮김,『국부론』. 서울: 범우사, 1994.

애비게일 마시/박선령.『착한 사람들』. 서울: 미래엔, 2017.

앤디 스턴 · 리 크래비츠/박영준.『노동의 미래와 기본소득』. 서울: 갈마바람, 2019.

양명수. "자본주의 윤리와 한국교회."「기독교사상」52 (2008): 56-66.

오성주. "노인신학과 기독교 교육적 과제에 대하여."「신학과 세계」54 (2005. 12): 33-67.

유종일, "신자유주의, 세계화, 한국 경제." 최태욱 엮음.『신자유주의 대안론. 신자유주의 혹은 시장만능주의 넘어서기』. 파주: 창비, 2009.

유호근. "신자유주의적 세계화 패러다임: 비판적 검토와 대안적 전망."「아태연구」16(1) (2009): 123-140.

윤상우.『신자유주의와 자본주의의 사회학』. 파주: 한울엠플러스, 2018.

윌리엄 맥어스킬/전미영.『냉정한 이타주의자』. 서울: 부키, 2017.

이관표. "소수자로서의 노년에서 꿈을 꾸는 노년으로 – 노년의 신학적 의미에 대한 연구." 문화신학회 엮음.『소수자의 신학』. 서울: 도서출판 동연, 2017.

이정배. "자본주의시대의 기독교 신학과 영성 – 작은 교회 운동의 신학적 성찰을 중심하여."「신학연구」(64) (2014. 6.): 108-140.

장윤재. "광야로 돌아가자. 신자유주의 무한 경쟁 시대에 교회가 본질적으로 회복해야 할 것들."「기독교사상」49(10) (2005. 10.): 50-57.

장윤재. "경제 세계화와 하이에크의 신자유주의에 대한 비판"「시대와 민중신학」8 (2004. 10.): 235-268.

장하성.『한국 자본주의』. 성남: 헤이북스. 2014.

장하준/김희정·안세민 옮김.『그들이 말하지 않는 23가지. 장하준, 더 나은 자본주의를 말하다』. 서울: 도서출판 부키, 2010.

_____/김희정.『장하준의 경제학 강의』. 서울: 부키, 2014.

정용한. "기본소득 논의를 위한 성서적 제언. 공관복음서의 희년과 하나님 나라 운동을 중심으로."「신학논단」95 (2019. 3.): 251-279.

조혜신. "희년법 원리의 제도적 구현 가능성에 관한 小考 – 기본소득 제도를 중심으로"「신앙과 학문」23(3) (2018. 9.): 263-294.

지주형.『한국 신자유주의의 기원과 형성』. 서울: 책세상, 2011.

_____. "신자유주의의 복합질서: 금융화, 계급권력, 사사화."「사회과학연구」제19집 1호(2011): 194-269.

채수일. "신자유주의에 대한 교회의 대응: 돈으로 하는 에큐메니컬 운동."「기독교사상」 45(1) (2001. 1.): 87-102.

최성훈.『고령사회의 실버목회』. 서울: 기독교문서선교회. 2017.

최태욱 엮음.『신자유주의 대안론. 신자유주의 혹은 시장만능주의 넘어서기』. 파주: 창
비, 2009.

최한수. "각국의 기본소득 실험과 정책적 시사점."「재정포럼」 251 (2017. 5.): 32-58.

칼 폴라니/홍기빈 옮김.『거대한 전환』. 서울: 도서출판 길, 2009.

크리스티안 마라찌/심성보 옮김.『금융자본주의의 폭력』. 서울: 도서출판 갈무리,
2013.

토마 피케티/장경덕 외 옮김.『21세기 자본』. 파주: 글항아리, 2014.

토마스 무어/노상미.『나이공부』. 서울: 소소의책, 2017.

파울 페르하에어 지음/장혜경 옮김.『우리는 어떻게 괴물이 되어가는가. 신자유주의
적 인격의 탄생』. 서울: 반비, 2015.

폴 어빙 엮음/김선영.『글로벌 고령화 위기인가 기회인가』. 서울: 글담출판사, 2016.

프란스 드 발/오준호『착한 인류』. 서울: 미지북스, 2014.

프리드리히 A. 하이에크/김영청 옮김.『노예의 길』. 서울: 자유기업센터, 1999.

피터 싱어 지음/이재경 옮김.『효율적 이타주의자』. 파주: 북이십일, 2016.

_____/박세연.『더 나은 세상. 우리 미래를 가치 있게 만드는 83가지 질문』. 서울: 예문
아카이브, 2017.

하랄트 슈만. 크리스티아네 그레페/김호균.『신자유주의의 종언과 세계화의 미래』. 서
울: 영림카디널, 2009.

한스 베르너 진/이헌대.『카지노 자본주의』. 서울: 에코피아, 2010.

헨리 지루/변종헌 옮김.『신자유주의의 테러리즘』. 고양: 도서출판 인간사랑, 2009.

KT경제경영연구소『한국형 4차 산업혁명의 미래』. 서울: 한스미디어, 2017.

Beer. Peter. *Kontextuelle Theologie: Überlegungen zu ihrer systematischen
Grundlegung*. Padersborn: München: Wien, 1995.

Bonhoeffer. Dietrich. *Widerstand und Ergebung: Brief und Aufzeichnung aus der
Haft*. 15. durchges. Aufl. Gütersloh: Kaiser, 1994.

George. Susan. "A Short History of Neoliberalism: Twenty Years of Elite Economics and
Emerging Opportunities for Structural Change." Global Policy Forum. March
24-26. 1999.

Hutchison. T. W. *Before Adam Smith: The Emergence of Political Economy,
1662~1776.* Oxford, 1988.

Küster. Volker. *Theologie im Kontext: zugleich ein Versuch über die
Minjungtheologie.* Nettetal, 1994.

Niebuhr. H. Richard. *Christ and Culture.* New York. Hagerstown. San Francisco. London,
1951.

Schreiter. Robert J. *Abschied vom Gott der Europäer: Zur Entwicklung Regionaler
Theologie.* Salzburg, 1992.

Waldenfels. H. "Kontextuelle Theologie." *Lexikon Missionstheologischer
Grundbegriff.* Hg. von Müller. Karl und Sundermeier. Theo. Berlin, 1987.